国家社科基金项目《构建中国特色社区警务反恐模式研究》
（项目批准号：15CZZ031）

Policing Terrorism

Research Studies into Police Counterterrorism Investigations

警务反恐

反恐侦查专题研究

［英］大卫·罗伊 David Lowe 著
曹雪飞 李永涛 译

中国人民公安大学出版社
群 众 出 版 社
·北 京·

图书在版编目（CIP）数据

警务反恐：反恐侦查专题研究/［英］大卫·罗伊著；曹雪飞，李永涛译. —北京：中国人民公安大学出版社，2017.5

书名原文：Policing Terrorism：Research Studies into Police Counterterrorism Investigations

ISBN 978-7-5653-2912-8

Ⅰ.①警… Ⅱ.①大…②曹…③李… Ⅲ.①反恐怖活动—刑事侦查—研究 Ⅳ.①D815.5②D918

中国版本图书馆 CIP 数据核字（2017）第 095130 号

本书版权登记号：图字：01-2016-8184

Policing Terrorism：Research Studies into Police Counterterrorism Investigations / by David Lowe / ISBN：978-1-4822-2683-6

警务反恐：反恐侦查专题研究

［英］大卫·罗伊 David Lowe 著

曹雪飞 李永涛 译

出版发行：中国人民公安大学出版社
地　　址：北京市西城区木樨地南里
邮政编码：100038
经　　销：新华书店
印　　刷：北京市泰锐印刷有限责任公司

版　　次：2017 年 6 月第 1 版
印　　次：2024 年 9 月第 4 次
印　　张：15
开　　本：787 毫米×1092 毫米 1/16
字　　数：280 千字

书　　号：ISBN 978-7-5653-2912-8
定　　价：54.00 元

网　　址：www.cppsup.com.cn www.porclub.com.cn
电子邮箱：zbs@cppsup.com zbs@cppsu.edu.cn

营销中心电话：010-83903254
读者服务部电话（门市）：010-83903257
警官读者俱乐部电话（网购、邮购）：010-83903253
教材分社电话：010-83903259

中译本序

恐怖主义以其血腥的暴力活动为显著标志，在世界各地制造混乱，造成社会的动荡不安。恐怖袭击活动不仅会造成重大人员伤亡、财产损失，而且会给人们的心理造成难以弥合的创伤以及无法言喻的恐惧，其毁灭性的潜在影响难以估计。美国“9·11”恐怖袭击事件更是以空前的破坏力和冲击力使恐怖主义活动达到前所未有的恶化程度，给世界政治、经济、军事、国际秩序带来深刻的系列变化，迫使世界各国再度聚焦恐怖主义，重新评估恐怖主义危害，并把反恐工作纳入国家安全的战略层面。国际社会普遍认识到，恐怖主义活动已演变为21世纪人类所面临的共同之敌，打击防范恐怖主义活动亦随之上升为各国政府、世界人民共同的任务与责任。

多年来，国际社会各界从不同的角度尝试着各种合作，积极采取多种措施，与形形色色的恐怖主义活动进行着艰难而毫不退却的斗争。其中，反恐实战部门与理论研究界的密切结合是探索有效反恐策略不可或缺的重要组成。David Lowe先生的著作——《警务反恐：反恐侦查专题研究》（Policing Terrorism：Research Studies into Police Counterterrorism Investigations）一书就是这方面重要成果之一。David Lowe先生现在是英国利物浦约翰穆尔大学法学院（Liverpool John Moores University Law School）的首席讲师，有着27年从警经历，主要从事侦查工作，曾在英国特别反恐处任职。他从法学与实务角度对反恐侦查进行了专题研究，其著作内容既涵盖反恐方面的重要成文法典，亦吸纳了英国、美国、加拿大和澳大利亚等国的典型案例，融法律研究与实证研究于一体。该著作第一部分研究成果从宏观维度集中介绍、比较、分析反恐法律，第二部分成果聚焦反恐侦查实战。全书涉及恐怖主义法律定义、反恐政策、防范措施、国际反恐情报交换、关于资助恐怖主义的法律规制、反恐侦查高压式警务、反恐侦查中的线人使用等诸多方面的热点与关键问题。

正如作者所言，反恐侦查是警务工作中最具有挑战性的工作之一，而在反恐侦查工作中最大的挑战是侦查人员所面临的防恐于未然的压力。这是因为大多数恐怖袭击发生的地方是人们日常生活之处，且恐怖袭击者与受害人之间没有直接因果关系，令无辜民众难以预料，一旦发生恐怖袭击事件，民众就会丧失安全感，甚至会对政府政策与执政能力产生质疑。受多种因素影响，目前我国国内反恐形势依然严峻。党的十八大后，随着“中国共产党中央国家安全委员会”的成立和《中华人民共和国反恐怖主义法》的颁布实施，我国反恐工作体制基本健全，而公安机关在反恐工作中承担着重要的任务，是国家反恐工作体制中的重要一环。然而，由于我国反恐工作起步相对较晚，公安机关在反恐工作中的职能定位、内部协同侦办恐怖活动犯罪案件、对外协调办理涉恐案件工作体制，以及反恐侦查、防范和应急的程序、措施和手段等都有待进一步完善。有鉴于此，学习借鉴西方国家警方在打击防范恐怖犯罪活动方面的有益经验是完善我国警务反恐工作的有效途径之一，也是开展国际反恐警务合作之必须。

David Lowe 先生基于其独特经历所撰写的这本最新著作，对完善我国反恐工作体制、机制具有非常高的参考价值。

曹雪飞与李永涛两位博士将该著作译成中文，为我们学习借鉴西方警务反恐工作开启了一扇富氧之窗。我与雪飞、永涛两位博士相识二十余年，他们既是我的学生，亦是我的益友。两位博士一直从事犯罪侦查、反恐对策等方面的研究，有着诸多合作成果，是该领域杰出的青年学者。他们不仅具有扎实的警务专业知识，而且都在澳大利亚查尔斯特大学攻读了博士学位，造就了他们得天独厚的英语素养。阅读完译稿，甚是为两位博士感到自豪。我不只是学到了更深入的西方国家反恐主义法律知识与警务实战经验，更体会到两位博士为了达到“信、达、雅”的翻译标准而孜孜不倦的治学精神。

愿与读者分享此书，共享知识，为打击防范恐怖主义犯罪活动共勉，共建和谐社会，共创美好生活。

是为序。

中国刑事警察学院二级教授

许　昆

2017 年 4 月

译者说明

当“基地”组织对世界造成的恐怖阴霾尚未完全散去时，国际极端组织“达伊沙”（DAESH）① 让世人再次领略了恐怖主义杀戮、残忍与冷血的特性。全世界爱好和平与发展的人们正在觉醒并逐步团结起来寻求防范和应对恐怖主义的有效措施与方法。在此过程中，译者选择将 David Lowe 的最新著作介绍给中国读者，主要出自于以下两个方面的考量：

一方面的考量是本书的可读性和学术研究价值。所谓可读性主要针对从事于或感兴趣于国家安全和反恐议题的读者。本书通过生动、鲜活的恐怖案例，深入浅出地介绍了反恐工作中的一个重要环节——警务反恐工作，使读者了解警方在侦办恐怖案件过程中常常使用的措施、方法，并进一步理解反恐工作的特殊性与困难所在。所谓学术研究价值主要针对致力于反恐研究的学者和学生。警务反恐问题是国际学术界研究的热点，本书作者凭借其特殊的人生履历——从着装警察、反恐侦探到反恐学者，提炼出警务反恐工作中的困惑与问题，又从社会法学、犯罪学和侦查学等专业理论层面探讨解决问题的应然与实然路径，给国内外警务反恐学者和学生以深刻启迪。

---

① 2014 年 12 月 24 日，美国政府正式宣布今后不再用“伊斯兰国”称呼中东恐怖组织——“伊拉克和沙姆伊斯兰国”，而改成“达伊沙”（DAESH），同时也不再使用“ISIS”或“ISIL”称呼这一武装组织。美国方面解释称，DAESH 是阿拉伯国家对“伊拉克和沙姆伊斯兰国”的英文缩写，“DAESH”一词与阿拉伯文中的“踩踏”一词发音相似，用 DAESH 称该武装更能反映人们对它的愤怒和蔑视。另外，广大阿拉伯国家认为，使用“伊斯兰国”一词既亵渎了伊斯兰教，也会赋予该组织某些合法性。

另一方面的考量是警务反恐项目研究的需要。译者于2015年获立国家社科基金项目《构建中国特色社区警务反恐模式研究》，根据项目研究设计方案，通过研究和借鉴西方国家在构建其自身反恐工作模式中取得的经验和成果，洋为中用，服务于中国特色警务反恐模式的构建。反恐侦查属于警务反恐工作重要组成部分。遍寻相关研究成果，项目组一致认为此书既有实证案例研究，又有理论探索分析，对项目研究和中国警务反恐工作的健全与完善具有一定意义，故决定翻译全书。

译者翻译此书的大目标是致力于中国反恐工作体制、机制的健全与完善。在美国发生“9·11”恐怖袭击事件后，中国政府应声而动，首先完善国家法律，进而成立“国家反恐怖工作协调小组”① 等积极防范恐怖主义对国家和人民可能造成的危害。党的十八大后，随着“中国共产党中央国家安全委员会”的成立和《中华人民共和国反恐怖主义法》的颁布实施，我国反恐工作体制基本健全。公安机关在反恐工作中承担着重要的任务，是国家反恐工作体制中的重要一环，如何进一步明确公安机关人民警察在反恐工作体制中的职能定位，规范反恐侦查、防范和应急的程序、措施和手段，完善公安机关内部协同侦办恐怖活动犯罪案件、对外协调办理涉恐案件等工作体制是亟待研究和解决的问题。此书从理论和实践两个方面介绍了美、英、加、澳等国家在处理此方面问题中的研究与实务，对健全与完善中国反恐工作体制、机制具有非常高的参考价值。

翻译此书的小目标虽名之为“小”却也意义深远：为公安、政法类高校反恐怖方向的本科生、研究生提供一本专业学习参考书。中国刑事警察学院作为公安部直属的公安高等院校，自2015年起组建成立反恐怖方向，为全国各级公安、政法、军队部门培养立足于侦查专业的应用创新型高级公安反恐怖专业人才。“十年树木，百年树人”，随着依法治国纲领的全面实现，通晓国际情况、熟悉国内现实的公安反恐怖专业人才必将在维护国家安全和人民生命财产安全的反恐怖斗争中发挥更为关键的作用。

---

① “国家反恐怖工作协调小组”于2013年改组为“国家反恐怖工作领导小组”。

另外，需要说明的是，将书名译作“警务反恐”既是对原著书名 Policing Terrorism 的尊重，也是译者的学术观点，即警务反恐突出该项反恐工作的主体为警察，是由警察作为主导或引领的反恐工作的总称，与由其他相应主体主导或引导的“军事反恐”“外交反恐”“经（济）援（助）反恐”等相对应。译者认为“警务反恐”与国内一些学者所称“反恐警务”概念存在交叉，但不完全相同，“警务反恐”概念宽泛，可以包括“反恐警务”。相信读者在阅读本书的过程中，会逐步理解和接受译者的观点。我们亦尊重不同学术观点之间的讨论与辩驳。

囿于译者的能力和水平，加之翻译过程紧促，全书翻译同“信、达、雅”的至尚标准——“雅”——还有一定差距，但翻译中我们力求保证“信、达”之效果，将最新的国外反恐学术研究著作以尽可能准确的译作呈现给大家，以资国内警务反恐理论研究和实务之参考。对书中出现的失误，恳请读者批评指教。

2017 年 4 月

作者简介

David Lowe 是英国利物浦约翰穆尔大学法学院（Liverpool John Moores University Law School）的一位首席讲师。成为学者之前，他在英国的Merseyside地区当过27年的警官。在从事过几年着装警务工作之后，Lowe转为从事侦探工作，在此期间主要任职于英国特别反恐处。他在警务、反恐和安全方面的研究成果已经出版或发表，关于恐怖主义的最新著作是《政治暴力审视：恐怖主义，反恐怖主义与内战研究》（Examining Political Violence: Studies in Terrorism，Counterterrorism，and Internal War）。他与Dilip Das合编了《司法趋势：全球法官访谈》（Trends in the judiciary: Interviews with Judges from across the Globe）的第二卷，于2014年出版。他定期向万律法律百科全书投稿，研究反恐法律的相关问题。除了近期的著述之外，他还经常发表评论，媒体包括英国（尤其是BBC和LBC）和欧洲其他地区的电视、广播、平面媒体以及美国平面媒体（包括华尔街日报、华盛顿邮报、纽约时代周刊）。

前　言

本书对反恐侦查从社会法学的角度进行了研究，包括法律方面与实证方面。由于法律规范了侦查人员的行为，同时法律上的各种定义有助于明确各种犯罪活动的性质，那么研究并分析和恐怖主义相关的法律就显得尤为重要。本书法律方面的研究，既包括涉及反恐的各种成文的法典，又包括相关案例（主要包括美国、英国、加拿大和澳大利亚）。除了法律方面的研究之外，本书也包含一些实证方面的研究，这些研究涉及反恐侦查的方方面面。

作为一名之前从事过反恐侦查的侦探，在写作本书时，笔者既考虑到了一线人员的需求，又考虑到了安全及反恐专业学者以及相关专业学生的需求。反恐侦查是警务工作中最具有挑战性的工作之一，而在反恐侦查工作中最大的挑战是侦查人员面临着防恐于未然的压力。恐怖袭击的影响和后果是具有毁灭性的，不仅会造成人员的伤亡，而且会给人们带来精神恐惧。这种恐惧效应会给人们的心理造成伤害，包括那些身临恐怖袭击现场而肢体没有受伤的人，他们也要从灾难后遗症中恢复，甚至包括那些看了恐怖袭击媒体报道的人。在恐怖袭击过程中，加害方和受害方之间没有直接联系，因为大多数恐怖袭击发生在日常生活的地方，如日常工作、购物的地方。恐怖主义袭击的后果之一就是人们不再感到安全了。由于恐怖主义源于某种意识形态，常常是反对一国的政府，政府成了一个重要的利益攸关方，政府要确保侦查工作能防患于未然。这样一来，相较于反恐侦查工作的其他的任务和职责，政治方面的疏失后果尤为严重。因此，侦查人员防患于未然的压力就更大了。这就可以解释为什么各国推出了各种法律和政策，扩大反恐侦查的警察权力。

本书对恐怖主义、反恐相关的法律以及反恐侦查方法进行了警务研究。2014 年 10 月在加拿大渥太华政府大楼及 2015 年 1 月 7 日至 9 日在巴黎发生的恐怖主义袭击凸显了西方国家面临的灾难性威胁，特别是使用小型枪支的低级别恐怖主义袭击威胁是多么的可怕。在本书的写作过程中，巴黎发生了袭击《查理周刊》总部的悲剧，还有对犹太人超市的袭击出现得如此突然，以至于相关事实还不能发布。现已查明袭击《查理周刊》总部的是 Kouachi 兄弟。其实，法国情报部门早已侦知二人是潜在的恐怖袭击嫌疑人，他们图谋共同实施某种低级别的恐怖袭击。正当法国执法部门努力整合相关情报信息以便判断他们二人计划何时发动恐怖袭击时，《查理周刊》恐怖袭击事件就突然发生了。这显示了在反恐过程中，情报收集与分析多么重要。在当前，许多国家正面临着高恐怖袭击威胁，因此，各国反恐机构之间加强合作是绝对必要的，特别是应对国际恐怖组织更是如此。例如，“伊斯兰国”，“基地”组织分支，如 Jabhat al – Nusra Front。为便于合作，有人主张各国的反恐法律要兼容，以有助于相关国家的司法机构获得的证据也能被另外的国家认可采信。通过分析恐怖主义的法律定义、关于防范措施的法律规定、监视措施、线人的招募以及管理等，本书回应了与巴黎发生的恐袭事件相关的几个问题。由此，本书使警界学者们能够更全面地理解 21 世纪警务机构的职责和任务。

为便于理解，本书分为两个部分：第一部分主要着眼于规范反恐侦查的法律并且结合几个国家的法律进行比较研究；第二部分主要包含实证研究，研究了反恐侦查的诸多方面，包括实战侦查人员行使权力时的裁量权的尺度、恐怖主义的个体激进化、招募及管理线人。第一部分中的法律涉及恐怖主义的法律定义、法定的防范措施、监视行为以及资助恐怖主义等。鉴于国际恐怖主义组织对于各国安全的威胁——特别是类似于“基地”组织那样的“圣战者”组织，他们对于英国、美国、加拿大、澳大利亚这样的西方国家造成威胁——第一部分对相关法律做了比较研究。这样的比较研究使得读者有机会了解各国相关法律的相似点，也使得他们有机会研究彼此的不同，了解合作为什么不容易。第二部分比较研究了各国反恐机构业务流程，如如何使用线人，能让读者了解各国机构在此方面的异同。

目录 contents

第二部分 反恐侦查

绪　论

一说起恐怖主义，人们就会有各种各样的情感和反应，依据客观情况和主观立场，这些情感和反应可能是对于某次袭击所产生的恐惧，也可能是对于恐怖组织活动的理解和支持。对于反恐侦查人员而言，这些情感应搁置一旁，因为反恐侦查工作的目的就是防止恐怖主义。防范恐怖主义也是政府的主要工作之一，政府不仅要保证公民安全，还要向人民显示他们是称职的，于是就要把恐怖主义对民众的威胁化解掉。为了达成目标，政府已经通过立法或推出政策，给予侦查人员更大的权限，干涉涉嫌恐怖主义活动人员的生活。于是这就产生了关于这些权限的争论，一方支持这种出于国家安全需要的干涉；另一方则更支持保护个体的权利和自由。恐怖主义这个话题，只要人们谈起总会激起谈兴，而且观点极为对立。在写作本书时，“伊斯兰国”在伊拉克和叙利亚，特别是在西方世界的所作所为是众所周知的，如 2014 年“伊斯兰国”把西方人质斩首。运用社会法学研究方法，包含法律和实证研究，本书阐述了庭审案例中关于法律争论方面的某些观点。除了各种犯罪学角度的解释和观点，本书还考虑了这两种观点的平衡：一方面是国家安全的客观需要，另一方面是保护人权和自由。

第一部分，分析了规范反恐侦查的法律。第一章分析了恐怖主义的法律定义，主要涉及英国、欧盟、美国和加拿大的司法体系是如何定义的。虽然英联邦国家中的英国、加拿大和澳大利亚等国政府在法典中界定了恐怖主义的概念，但令人诧异的是美国却没有这样做，尽管美国政府引入了一个法律定义，也只是供联邦机构参照。虽然在美国《刑法典》第18卷第一部分第113章B中对何种行为构成国际恐怖主义进行了界定，但美国政府却让各个相关部门自行定义何种行为构成恐怖主义。虽然美国政府不愿意各个部门就这个定义达成共识而产生矛盾，但同样是联邦制国家的加拿大和澳大利亚，却对于恐怖主义形成了统一的定义。欧盟虽然不是联邦政府，但在立法草案中引入了对于恐怖主义的定义，而且28个成员包括英国都要在各自的法律体系中对此加以接受。看来类似于“基地”组织那样的国际恐怖组织所带来的威胁使得反恐的定义有了共性，包括美国各个联邦机构对于国际恐怖主义的定义。这很重要，因为反恐在客观上需要国际社会的协调和共识。由于各国反恐机构需要密切合作，侦查人员能在各自的法律条文中找到依据，明确什么是恐怖主义犯罪这一点是必要的。这对于侦查人员获取的证据能够在异地他国刑事审判中使用尤为重要。

通过对相关案例的研究，第一章重点强调了国际“圣战者”组织给许多国家安全带来的威胁。本章总结时不仅分析了法院如何认定引发恐怖主义的宗教诱因，还分析了需要哪些证据证明一个人是受到了宗教诱因的蛊惑而从事恐怖主义的。该分析考虑了在法律上如何定义宗教诱因。本章还研究了收集与持有信息，资助恐怖分子传播散发恐怖主义出版物的行为。在世界各地，有一些国家内部出现武装冲突，那里以宗教的名义实施的恐怖主义行为和合法的战争有什么不同，司法机构是如何区分的，对此本章做了分析。同时，本章也对在反恐相关的法律中是否应该加入宗教诱因进行了分析。这样做会拓展恐怖主义定义的范畴，因而把某些社会群体纳入国家监控视线，这可能导致对国家安全面临的风险或威胁做出有失比例的认定。

由于反恐侦查的主要目标是防患于未然，因此，第二章分析了政府的政策，这些政策是反恐立法和法定防范措施的基础。防范措施的分析主要包括两方面：一是防止拥有可能资助某人筹备或实施恐怖主义行为的物品，二是防范被明令取缔和禁止的组织。虽然法律的规定旨在防范恐怖主义，但授予侦查人员侵犯民众生活的权力的宽度还是受到了批评。本章分析了法庭如何解释侦查人员的权限，以及法庭是如何在某种程度上制约侦查人员和公诉方滥用权力的。对于防范恐怖主义的措施一直以来都有批评，大多数批评针对的是“准刑事”措施。为此，本章分析了英国的限制令，也称为《恐怖主义防范与侦查措施法案》（TPIM），还分析了限制令和其他司法权之间的关系。此外，本章讨论了如何对某个人行使拦截与搜查权，如对被认为携带了美国国家安全局前雇员爱德华·斯诺登在2013年窃取的秘密文件的人行使拦截与搜查权。本章分析认为，国家安全需要和保护个体自由之间必须做出平衡。

监视对于任何侦查人员都是一项非常重要的手段，对于反恐侦查更是如此。第三章分析了英美两国规范监视的立法事宜。在爱德华·斯诺登泄密案之后，此类分析的基础是美英当局如何依据法制原则进行合作。本章分析了在平衡国家安全和个体自由之间，法庭是如何运用法律上的适度性原则的。这一点很重要，因为对公民的私生活进行监视是具有侵犯性的。在当今电子通信时代，国家机构能够获得海量的私人交往信息，从电话记录到社交媒体的使用情况，在上述利益之间做出平衡，正逢其时，十分必要。对于法庭而言，确保相应的国家机构正确使用上述信息是十分重要且必要的。就这个问题，本章评估了美国国家安全局如何以法律为基础，在监视恐怖主义嫌疑目标时利用英国的政府通信总部（GCHQ）。

虽然实施某些恐怖袭击费用相对不算昂贵，但是经营一个恐怖组织却是投入不菲的事情，特别是当该组织计划实施长期袭击时。第四章分析了冻结涉嫌恐怖活动人员的资产的相关法律规定。本章重点分析了英美两国冻结令的使用情况，及授权各自财政部门按照联合国安理会决议（United Nation's Security Council Resolution，SCR）发出冻结资产的指令。本章分析了英美两国司法机构的相关裁决，也谈及加拿大司法机构对此的关切，上述三国司法机构的关切都涉及准刑事程序。在准刑事程序中，不经审判即可刑罚，没有司法监督却可以发出财产冻结令，司法机构对此表示担忧，原因在于这些冻结令的后果可能很严重，其影响不仅波及嫌疑人的财务状况，也会波及其家庭成员，司法机构担心这些举措会让他们家庭的生活苦不堪言。

第二部分，以实证的方式对反恐侦查加以研究。笔者作为英国特别反恐部门的前官员以及后来获得的允许，所有基础数据皆来自英国。第五章分析了一线人员在侦查过程中应该具有多大的自由裁量权。Brodeur 将警务分为两类：一类是高压式警务，另一类是常规警务。根据这样的区分，本章展示了负责反恐侦查的侦探们，不同于穿着警服的同事们，几乎没有自由裁量权来决定在何时何地实施逮捕和搜索。因为在反恐侦查过程中，利益攸关方很多，既有政府各部门又有国家安全机构。虽说如此，正如第一部分所说的那样，反恐人员有更大的权限对可疑人员采取行动，但反恐侦查有别于穿着警服巡逻之类的常规警务活动，在反恐侦查中只有高级别的警官才有权做出决定，而不是在现场执行任务的初级警务人员。

很多国家担心的是恐怖组织如何利用社会条件和社交媒体激进化个体成员，使他们转而支持恐怖主义活动。绝大多数国家据此出台了各种政策和措施，防止个人被激进转向恐怖主义勾当，鼓励公民意识和社会包容性。在分析恐怖组织激进化对于个体和社会造成的危害时，第六章从实证研究入手，运用数据分析了爱尔兰共和军（IRA）及其政治党羽 32 郡主权运动组织（32CSM）采用的各种极端化策略。除了分析上述两个组织在激进化过程中如何募集资金，如何使用组织标识之外，本章还讨论了恐怖组织如何有效利用网络资源和社交媒体，如脸书（Facebook）或 YouTube。就拿使用社交媒体来说吧，令人不解的是恐怖主义者的宣传竟然能够激发数以千计的人同情恐怖主义，能让数以百计的人采取进一步行动，积极参与恐怖主义活动。

正如第三章所讨论的，收集情报是重要的警务工作，特别是对于侦查有组织犯罪和恐怖主义而言。由于很难打入恐怖组织了解其内部运转的核心情报，而使用与恐怖分子有联系的线人能够为侦查提供重要情报。第七章讨论了在反恐侦查中招募线人的问题。在分析这个问题时，使用的基础数据来源于笔者当侦探时掌控的线人，运用了 Cooper 的角色理论（Cooper 2012）作为分析的理论依据，以此评估在招募线人过程中是否会出现崇高事业型腐败（noble cause corruption）的问题，特别是在从被拘捕和关押的人员中招募线人时。分析中探讨了招募处于羁押中的人员充当线人是否有损于警察诚信的问题，在分析警察招募线人使用的策略时，要充分考虑警察面临的防范恐怖主义发生的压力。本章的观点是，如果有任何诚信问题，那也只是警察对处于羁押中的犯罪嫌疑人玩的一种心理游戏（mind games）而已。

一旦被招募，线人必然由一线的警员所管控。第八章审查了英国、美国、澳大利亚和加拿大在使用线人中的相关法律和政策。在澳大利亚虽然有一些相关的法律规定，但只有在英国涉及线人的方方面面都由法律制约（2000 年《调查权规范法案》，RIPA），而在其他国家对于线人只有一些政策规定。美国的政策规定，特别是司法部长关于使用线人的指导意见主要适用于联邦机构。在美国的某些州和郡，没有相关的政策指导警察使用线人。这引起了关切，正如该章研究的管控线人的若干伦理问题，这既包括个体提供情报时的动机和诱因，又包括线人管控中会遇到的线人卷入刑事犯罪活动的问题。为了证明反恐侦查中线人使用会出现怎样的道德败坏的情况，1968 年至 1997 年爱尔兰动荡时期被作为一个典型的例子，当时竟然出现了线人管控者对线人从事的谋杀活动视而不见的情况。本章还研究了在刑事审判中采用线人证据，线人可能免予起诉或被减刑的问题。这就涉及一个问题：在刑事审判中，要不要对于线人身份加以保密，这是本章要分析的重要问题，一方面被告有权获得公正审判，有权获得机会面对控方，但是另一方面，一旦身份暴露，该线人就失去了价值，更糟糕的是，其本人及家人可能性命堪忧。

第一部分

反恐侦查的法律规定

第一章 恐怖主义的法律定义

引言

本章研究了恐怖主义的法律定义，警务机构在侦查时会依据相关法律定义评价某一行为是否构成恐怖主义。本章重点分析了英国、欧盟、加拿大和美国的相关法律定义。本章也阐述了 2001 年“9·11”恐怖袭击事件对于美国的巨创是怎样影响西方国家立法的。这些国家此后对于恐怖主义的定义颇有相同之处，而法律上的相同之处对于情报交换及各国反恐机构的合作都十分重要。虽然各国司法程序中的证据规则存在微小差异，但法律方面的兼容性允许了某个国家调查机构人员获得和使用的情报可以在另一个国家的刑事审判中予以一定程度的采信。

对于绝大多数国家而言，安全的最大威胁来自主张“圣战”的恐怖主义者。本章分析了法庭如何解释煽动恐怖主义的宗教诱因的构成要件，即必须向法庭出示哪些证据才能让法庭根据恐怖主义的法律定义认定某些行为属于宗教诱因。能够呈堂的证据多种多样，包括收集或持有的相关信息及可能有助于恐怖分子用于传播恐怖主义的出版物。需要注意的还有一种情况，即某人离开自己的祖国，出于宗教目的而参与到外国的冲突战争中。本章分析了法庭是如何区分这种冲突是合法的战争还是恐怖主义行为。本章的最后分析了宗教诱因是否应被纳入恐怖主义的法定定义中的问题，如果这样做，可以把某些社会群体纳入国家监控视线，但这可能导致对国家安全面临的风险或威胁做出有失比例的认定。

恐怖主义的法律定义

对于诸多学者而言，认定哪些行为构成恐怖主义一直是个难题，因为恐怖主义的表现形式多种多样，有地缘政治属性的团体，如爱尔兰共和军、西班牙的埃塔组织，也有国家恐怖主义（Laqueur 1987，pp. 142 – 145；Weinberg et al.，2004，pp. 777 – 778；Martin 2013，p. 35）。就像 Martin 所指出的那样，虽然在法律上对于什么是恐怖主义有一定的共识，但是对于哪些种类的暴力或诱因构成恐怖主义却没有达成一致（Martin，2013，P35）。这个问题从最早开始就伴随着恐怖主义而存在，对此 Laquerer 说道：

恐怖主义是一般的暴力行为，还是特定的暴力行为，说法不一；在确定恐怖主义时，重点是在它的政治属性上、斗争形式上，还是战略的不寻常上，人们对此说法不一（Laqueur 1987，p. 143）。

要达成法律上的共识，并据此提出一个法律上的定义，这个定义能够完整地界定恐怖主义，上述做法虽然有难度，但反恐机构在侦查过程中正是依据这样的定义来确定被监控对象的行为是否是恐怖主义行为的。研究法律定义的另一个原因在于，确保反恐机构在法制原则内依法侦查同样至关重要。在民主国家给予秘密机构广泛的干涉公民权利的同时，要确保这些机构的运转是在法律的框架之内，确保这些机构对司法机构负责，对议会常务委员会负责，并接受这些机构的监督，上述原则是不可动摇的（Government of Canada 2013，p. 10；Council of Europe 2005a，p. 12）。本节分析英国、欧盟、加拿大的法律定义，以及美国联邦部门提出并使用的定义。

英国对于恐怖主义的定义

在推出 2000 年《反恐怖主义法案》之前，英国对于恐怖主义定义的法律依据是 1989 年《防范恐怖主义（暂行规定）法案》的第 20 条，即恐怖主义

源于使用暴力:

……为了政治目的，包括旨在使全体或部分公众陷入恐惧的任何暴力之使用。

该定义关于何种行为构成恐怖主义的界定比较狭隘。除此之外，1989 年《防范恐怖主义（暂行规定）法案》的局限性还在于该法案是专门为了应对爱尔兰恐怖组织而起草制定的，如针对爱尔兰动荡时期的爱尔兰共和军（1968—1997）（Punch 2012）。立法者并未考虑将该定义用于界定国际恐怖主义活动的情况，主要是因为在起草该法案时还未认识到恐怖主义对英国的威胁。1998 年在贝尔法斯特，英国政府、爱尔兰共和派和忠于英国统治的组织签署了《好运星期五协议》，停止了分裂北爱尔兰地区的暴力冲突（Nolan 2012，pp. 19 –22），英国才开始关注国际恐怖主义。这一转变在一定程度上源于欧洲邻国的说服。

到了 1998 年，欧盟内部经历了一系列的政治事件，其一就是英国成为欧盟的成员国。1957 年《罗马条约》的签订促成了欧洲自由贸易“共同市场”的形成，只是给成员国提供贸易便利化，但是 1992 年《联盟条约》（Treaty of Union，TEU）的签订将欧盟从成立初期的“共同市场”转变为联盟成员国公民的基本自由。《联盟条约》创设了司法与内政事务理事会与委员会（JHA）来处理涉及欧盟的刑事事务，同时也创设了欧盟外交事务理事会与委员会（Kaczorowska 2011，pp. 17 –21）。自从 1999 年开始，司法与内政事务理事会与委员会一直在实施刑事相互承认原则，协调成员国国内的刑事诉讼，确保有效地起诉罪犯（Peers 2011，pp. 655 –656）。对于刑事诉讼法的调整涉及恐怖主义的罪名（Murphy 2012，pp. 27 –28）。欧盟成员国，特别是法国与法属北非殖民地有种种联系（不仅如此，这些前殖民地的人民经常移居法国），面临着来自基于“圣战”恐怖活动的国际威胁，这种威胁针对的不仅包括个别的成员国家，而且有可能波及整个欧盟（Joffe 2008，p. 154）。雪上加霜的是支持“圣战”的人数的增加，这些人在 20 世纪 80 年代末和 90 年代得到了英国政府的避难许可。赋予他们难民资格时，英国对于申请避难的“圣战者”的甄别不够严格，因为当时英国政府专注于爱尔兰恐怖组织对英国本土及北爱尔兰的威胁。于是伦敦成了国际“圣战”冲突各方活动的中心，在这里，“圣战”支持者们为了那些“圣战”事业募集资金，以至于法国情报机构戏称伦敦为“伦敦斯坦”（Londonistan）（Pantucci 2010，p. 254）。由于当时英国政府的注意力在北爱尔兰，而国内的一群激进分子和非英国公民的穆斯林在此期间逐渐衍生为主要的恐怖主义威胁，不仅威胁英国，而且威胁着整个西方国度（Bamford 2004，p. 740）。Pantucci 对这种危险趋势做了总结，并说道：

当时看起来微不足道、没什么关联的事情竟非常有效地把英国一大批对现实不满的穆斯林年轻人吸引到特殊的伊斯兰全球化事业中来，在某些案例情形下促使他们参加了全球“圣战”（Pantucci 2010，p. 253）。

在 1999 年坦帕会议上，鉴于上述有组织犯罪对于欧盟成员国造成的威胁，司法与内政事务理事会（由各成员国司法部门代表组成）在欧盟范围内创设了一个区域“……公民资格，自由，安全和正义”（Council of European Communities 2005，p. 2）。英国上诉法院的法官们在进行反恐立法审查时，建议采用美国联邦调查局对于恐怖主义的定义（Douglas 2010，P 295），同时结合欧盟和英国之间的双边协议，这样一来，英国对恐怖主义的法律定义就会考虑法国、德国对于国际“圣战”组织带给欧洲安全威胁的关切（Joffe 2008，P155）。于是，英国 2000 年《反恐怖主义法案》第 1 条有如下规定，恐怖主义有如下特征：

1. ……使用或威胁使用某种行为：

a. 该行为符合第 2 款的描述。

b. 旨在影响政府或国际组织，① 或恐吓全体或部分公众。

c. 目的在于实现某种政治、宗教、种族，② 或意识形态目的的事业。

2. 以下行为属于本款之规定：

a. 针对某人使用严重暴力。

b. 严重破坏财产之行为。

① An amendment brought in by section 34 （a）Terrorism Act 2006.

② An amendment brought in by section 75 （1）Counter – Terrorism Act 2008.

c. 威胁到他人的生命安全，而不是行为人本人的生命。

d. 对公众或部分民众的健康或安全造成严重威胁。

e. 意欲严重干扰或破坏电子系统。

3. 不管是否满足第 1 款 b 项，只要使用火器或爆炸物，使用或威胁使用的行为符合第 2 款的规定，即可认定为恐怖主义。

4. 本条中:

a. “行为”包括在英国境外的行为。

b. 所指“人”或“财产”指的是不特定人和财产。

c. “公众”包括英国以外的公众。

d. “政府”指的是英国政府、英国某个地区的政府和他国政府。

5. 本法提及的恐怖主义活动包括支持被取缔的恐怖组织。

1998 年《防范恐怖主义法案》(PTA) 和 2000 年《反恐怖主义法案》之间的差别在于后者对于恐怖主义的定义可能让更多的族群和人群进入反恐机构的视线范围之内。这个定义随后被反恐立法所修正，即要看该行为是否旨在实现政治、宗教、种族或意识形态的目的，要看该行为是否旨在影响政府或国际组织（如欧盟、联合国，甚至可以算上 G8）。说到基于意识形态的目的，当该法案在议会审议时，英国的消防队员正举行全国罢工，英国下院的议员询问当时的内政大臣罢工是否构成恐怖主义，因为消防队员的罢工可以视为意在影响政府提高他们的薪资、改善工作状况，而且他们以停工为手段，威胁着人们的生命安全。内政大臣对此做了澄清，他认为罢工不构成恐怖主义，但是诸如生态恐怖主义、反堕胎人士、动物解救人士的某些行为只要符合本法，就可以视为相关条款所指的基于意识形态之目的（Walker 2009, p. 10）。

2000 年《反恐怖主义法案》第 1 条第 4 款包含了国际恐怖主义威胁，认为恐怖主义行为不仅包括针对英国，而且包括针对世界上任何国家实施或谋划的行为。之所以有人觉得第 1 条反映了反恐的国际性，是因为此规定不想让英国事实上成为或有可能被视为任何国籍恐怖分子的避风港。[①] 英国上诉法院解释为何如此规定：

……在世界任何地方针对某国的武装力量采取的暴乱行为，只要是寻求影响政府并且是基于政治目的的，即为恐怖主义。对于那些参与武装暴乱、武装斗争的人不可不追究。[②]

在定义政府的构成要件时，英国上诉法院认为一个民主政府应该基于公民的共识，服从法制原则，成为现代社会之表率，那些坚持《欧洲人权公约》标准的国家，那些坚持其他人权公约标准的国家都被视为民主政府。上诉法院还认为即使国家对于自由有侵犯，只要这种侵犯与要实现的目的相比是相符的，这样的政府也是民主政府。但是上述的描述不适用于奴役人民的暴政。正如 Saul 指出的那样，民主无论在理论上还是在实践上都有着高度的争议。他提出了这样的问题：如果说恐怖主义是对民主的犯罪，那么对于非民主国家（或践踏人权的国家）实施暴力就不是恐怖主义了？联合国决议，包括人权决议，都认为恐怖主义是犯罪，没有正当性，应当被禁止，不能视为保护人权的手段。上述看法与英国法院涉及某些暴政政府的判决相左，英国法院认为针对暴政的武装斗争是合法的，但是英国法院也认为某些参与境外的活动构成恐怖主义。英国法院的判决和联合国决议并不矛盾，这是因为英国法院认为只有在适度并合法的情况下，国家才可以剥夺人权。

各国在反恐法律上的相通性很重要，这样做会消除政治上的障碍。尽管在宏观层级上，国家领导人的合作很重要，但在微观层级上，法律的相通性反映了各国一线部门的合作水平。英国上诉法院 R v Mohammed Gul 案件中体现了这种法律相通的必要性。正是国际法体现的共同立场才使得人们在和平时期和恐怖主义尚未波及的地方认识恐怖主义。

欧盟对于恐怖主义的定义

为便于成员国反恐机构的合作，欧盟规定成员国在各自的立法中体现欧

---

① England & Wales Court of Appeal R v F［2007］EWCA Crim 243，paragraph 16.

② R v Mohammed Gul［2012］EWCA Crim 280，paragraph 16.

盟的法律规定，欧盟对此会给予支持。为创建一个体现公民精神、自由安全和正义的区域，欧盟司法与内政事务理事会说明了将欧盟及其成员国的法律加以融合的必要性，对此欧盟有如下表述：

保护公民的生命和财产是核心任务，有了这个核心任务，公众权利和公共政策才有了合法性，人民自然期待着在欧洲的层面消除那些威胁他们安全和健康的因素（Conncil of European Communities 2005，p. 2）。

2001 年“9·11”恐怖袭击之前，在欧盟层面没有反恐立法，在成员国层面上有的国家有反恐立法，有的国家没有具体的反恐法规，只以普通的刑法和其他法律来打击恐怖主义。“9·11”恐怖袭击成了欧盟立法的催化剂，之后欧盟推出了框架决策（EC Commission 2007，p. 10）。[①] 欧盟框架决策规定了如下的恐怖主义构成要件：

1. 对生命构成伤害，甚至可能导致死亡。

2. 对于人的生理完整构成伤害。

3. 绑架或劫持人质。

4. 对政府设施、公共设施、交通体系、基础设施、信息系统、大陆架上的固定平台、公共地点、私人财产造成巨大破坏，有可能危及生命或导致重大经济损失。

5. 抢夺航空器、船舶及其他公共运输或货物运输工具。

6. 制造、占有、获得、运输、供应使用武器、爆炸物、核武器、生物武器或化学武器，或研发生物武器或化学武器。

7. 释放危险物质或引发火灾、洪水、爆炸，足以威胁生命。

8. 破坏供水、供电等重要自然资源的供应以致威胁生命。

9. 威胁使用上述行为。

上述行为旨在影响一个国家或者是一个国际组织，具体内容如下：

1. 严重恐吓公众。

2. 不具正当性地强迫一个政府或国际组织履行或不履行某种行为。

---

① 欧盟框架决策并不需要欧洲议会的审查，但是要想通过并生效需要欧盟司法与内政事务理事会全体成员的同意。一旦同意，各个成员国要将欧盟框架决策融入各自的法律中。

3. 严重地破坏或紊乱国家或国际组织基本的政治、宪法、经济或社会制度。

可以看出，欧盟框架决策中对于恐怖主义的定义和英国2000年《反恐怖主义法案》相关定义的相似性，这种相似性表现在对于恐怖主义的目标和目的的表述上，而不同之处在于框架决策明确了恐怖主义的行为及其他要件。

加拿大对于恐怖主义的定义

加拿大《刑法》第83条第1款b项把恐怖主义定义为在加拿大境内或境外实施的下列的作为或不作为：

1. 整体上或部分地基于政治、宗教或意识形态的目的、目标或原因。

2. 整体上或部分地意图恐吓公众的安全，包括经济安全，或迫使一个人或一国政府，国内组织或国际组织实施或不实施某种行为，无论上述公众、个人、政府、组织是否在加拿大境内。

故意地：

1. 通过使用暴力造成死亡或严重身体伤害。

2. 危及生命。

3. 对公众或部分公众的健康或安全造成严重威胁。

4. 造成巨大的财产破坏，无论是公共财产，还是私人财产，如果此破坏可能导致1至3中所指的损害。

5. 严重破坏、干扰重要的服务、设施或系统（无论是公共的还是私人的）。但是如果破坏是出于拥护某种主张、抗议、表达不同意见、罢工，并且并不意图导致前述1至3的后果，将被排除在外。

上述行为包括共谋、企图威胁实施某种作为或不作为，包括案发后作为同谋、咨询、顾问，但是上述干扰或破坏不包括下列作为或不作为，只要这些作为或不作为是在武装冲突中实施的，或者这种作为或不作为实施的时间、地点符合适用的国际法或冲突地的法律，或者这样的作为或不作为是由军队或国家在履职时所实施的，只要这种行为符合国际法的要求。①

国际恐怖主义组织影响了各国法律对于恐怖主义的定义，这在加拿大反恐立法中可以看出来。对于恐怖主义行为的目的（政治的、意识形态的、宗教的）、目标人群、主观故意等要件在加拿大的法律也有类似的界定。但是加拿大的定义明确区分了产业纠纷和抗议与恐怖主义的区分，这两者并不一定构成恐怖主义。此外，加拿大的定义进一步指出在武装冲突中，只要符合国际法，不会以恐怖主义的定义追究个人的行为。有趣的是，英联邦国家如加拿大、澳大利亚和英国在反恐立法上措辞相似（Douglas 2010，p. 295），澳大利亚 2002 年《反恐及安全法修正案》对 1995 年《刑法》给予了修正，该修正案界定了什么是恐怖主义。具体地说，根据该修正案，恐怖主义必须是为了实现政治的、宗教的或意识形态的目的，② 力求影响或恐吓某个政府，不管是否为澳大利亚政府，③ 旨在恐吓全部或部分公众。④ 澳大利亚法律明确指出恐怖主义行为不适用于抗议、表达异见或罢工。⑤

在加拿大政府起诉 Khawaja（R v Khawaja）案件中，⑥ 论证了什么是国际法规定的武装冲突中的个人行为。Khawaja 声称自从 2002 年阿富汗的局势就进入了战争状态，符合国际法对于战争的定义。但是加拿大最高法院认为 Khawaja 的行为超越了阿富汗范围，包括在英国和巴基斯坦也从事基于"圣战"理念的暴力活动，而且在阿富汗国内的破坏行为是针对阿富汗政府的叛乱，"……叛乱者的信条是拿起武器反抗任何支持非伊斯兰统治的人，叛乱者认为对平民实施自杀式袭击是正当的，符合'圣战'的目的"⑦。最高法院还认为武装冲突豁免权的目的是"……赦免武装冲突中符合国际法规定的行为"⑧。

---

① Criminal Code R. S. C. 1985, c. C-46.

② Section 100. 1 (b) Criminal Code 1995 (Australia).

③ Section 100. 1 (c) (i).

④ Section 100. 1 (c) (ii).

⑤ Section 100. 3 (a).

⑥ 2012 SCC69 [2012] 3 S. C. R. 555.

⑦ 2012 SCC69 [2012] 3 S. C. R. 555, paragraph 102.

⑧ 2012 SCC69 [2012] 3 S. C. R. 555, paragraph 100.

美国对于反恐侦查的定义

令很多人吃惊的是美国法律中没有单一的、明确的恐怖主义概念。最接近的概念是美国《刑法典》第18卷第一部分第113章B中第2331条所区分的两个概念：一个是国际恐怖主义，另一个是国内恐怖主义。

1. “国际恐怖主义”指的是如下活动：

a. 暴力行为或者威胁生命的行为，按照美国或任何他国的刑法属于犯罪，或者上述犯罪行为一旦在美国或其他国家发生，就会被认定为刑事犯罪行为。

b. 旨在：

i. 威胁或强迫平民。

ii. 威胁或强迫政府决策。

iii. 以大规模破坏、刺杀、绑架来影响政府的行动。

c. 主要发生在美国领土之外，或者下列要素超越了国与国之间的边界，如其犯罪的手段，恐吓或强迫的对象，或犯罪者行动或隐匿之地……

2. 国内恐怖主义指的是如下活动：

a. 涉及威胁生命的行为，该行为违反了美国或他国的刑法。

b. 意欲：

i. 恐吓或强迫平民。

ii. 以恐吓或强迫方式影响政府决策。

iii. 以大规模毁灭、刺杀或绑架影响政府的行为。

c. 发生在美国的领土上，属于美国司法管辖。

与英国及欧盟的相关定义相比较，我们就会看到美国的定义与前者的相似性，这些相似性体现在对于恐怖主义威胁的解读，反映在对于恐怖主义力求达成的目标的描述。但是在美国，《刑法典》第18卷中第2331条并不是反恐部门使用的唯一定义。Jacobson解释了为什么在美国没有一个单一的、法律上的恐怖主义定义，“……因为美国政府本身就很矛盾”，FBI、美国国土安全部、国防部都按照自己的恐怖主义定义行事。① FBI 把恐怖主义定义为：

……基于政治的或社会的目标，为了恐吓强迫政府、平民，非法地对人身或财产使用暴力或武力（Staniforth 2010，p. 5）。

这个定义很宽泛，因为这个概念未能明确什么样的行为是以“社会目标”为目的的恐怖主义。FBI 的文件提供了一些标准来说明“社会目标”的构成要件，如攻击堕胎诊所、医疗研究设施（通常是由动物权益人士所为），企业被控破坏环境（生态恐怖主义者）。② 上述活动有可能被视为恐怖主义。FBI 还指出侵犯个人财产也可能是恐怖主义，只要该行为基于意识形态的原因，是由恐怖组织实施的，力图对公众造成恐吓或威胁。英国、欧盟、加拿大和澳大利亚对此意见一致，这就会带来一种危险，即上述概念的外延过于膨胀。

为了制约警务机构将反恐法规扩张到普通刑事调查中，美国的法院发出一些指令，对于恐怖主义的范围加以明确，特别是在审理涉及恐吓强迫平民的犯罪行为时。③ 在 People v Edgar Morles 一案中，④ 在 Bronx 区，“圣詹姆斯男孩”的一个成员参与了“圣詹姆斯男孩”和一个墨西哥帮派的冲突，并导致了几个人死亡，由于他们的行为，在调查人员看来，旨在恐吓或强迫平民，所以他们被控恐怖主义。出现这种情况是由于美国没有明确的、严格的法律上的定义来说明什么是恐怖主义（而在英国、欧盟、加拿大却可以找到这样的定义），这就使得各方机构自由解释恐怖主义的构成要件，但是纽约州上诉法院采取了一个实用主义的解读方式来说明恐怖主义的构成要件。该法院认为如果对恐怖主义做扩张解释，那么每次黑帮企图谋杀就会让人想到一系列的恐怖主义，上诉法院解释说：

恐怖主义的内涵独特，如果随意使用此概念，与我们对恐怖主义的一般

① Jacobson, L. (2013) "What's the definition of terrorism" Tampa Bay Times Politicfact July 9, 2013 retrieved from http://www.politifact.com/truth-o-meter/article/2013/jul/09/whats-definition-terrorism/ [accessed August 22, 2013].

② FBI (Counterterrorism Division) "Terrorism 2002 - 2005" retrieved from http://www.fbi.gov/stats-services/publications/terrorism-2002-2005 [accessed September 4, 2013].

③ Penal Law article 490. 25 [1].

④ No. 186, NYLJ 1202581035138 at 1 (Ct. of App., Decided December 11, 2012).

理解不相符的话，就会降低这个概念的重要性。[①]

宗教诱因的界定与证明

在能够激发恐怖主义行为的四类诱因，即政治、宗教、种族和意识形态当中，法院认为最具有争议、最难把握的是确定什么要素构成宗教诱因。

定义恐怖主义时明确诱因的重要性

英国2000年《反恐怖主义法案》第1条中的定义是其他事项的基础，有了这个基础才可以评判特定的行为是否构成恐怖主义，才可以明确使用何种防范措施。2006年《反恐怖主义法案》第20条规定，2000年《反恐怖主义法案》第1条中的相关定义适用于煽动恐怖主义罪。在宣判时，法院会考虑两部法之间的联系，[②] 然后判决是否应将参与这种鼓动的人视为恐怖分子。同样重要的是，2000年《反恐怖主义法案》的定义明确了在英国以外的哪些行为构成恐怖主义。[③]

何为宗教诱因?

Blackstone的《反恐手册》把宗教诱因描述为在经受了对宗教的解读之后采取的恐怖主义的行为（2010 paragraph 1. 1. 3），这种刺激来自于某种信仰，这种信仰相信有另外的一个力量，令行禁止一切行为（Martin 2013, p. 188）。也许最明显的例子要属“基地”组织，该组织寻求在一场“圣战”中将全世界的穆斯林教徒团结起来。在这里有必要区分宗教为辅、政治为主的情况。例如，1968年至1997年爱尔兰动乱时期，当时支持爱尔兰的人主要是罗马天主教徒，支持英国的人主要是新教教徒，造成这种动乱的是政治诱因而不是宗教原因。因为爱尔兰共和主义者要求北爱尔兰6个郡与南方的26

① No. 186, NYLJ 1202581035138 at 1 (Ct. of App., Decided December 11, 2012), paragraph 10.

② R v Abu Baker Mansha [2006] EWCA Crim 2051.

③ Terrorism Act 2000 s. 1 (4).

个郡统一由都柏林的议会来治理，而亲英国的保守党人要求北爱尔兰6个郡依然由女王统治。伊斯兰宗教团体中也会出现宗教从属于政治目的情况。例如，在俄罗斯高加索地区的印古什共和国和塔基斯坦共和国，这两个共和国恐怖主义活动是基于政治矛盾，因为这两个共和国想脱离俄罗斯自己独立；此外，尼日利亚博科圣地的主要诱因是寻求尼日利亚东北部三个州的自治。无论是法律还是学界，一直以来都很难明确界定政治、宗教、种族还是意识形态的诱因。“基地”组织和各种各样的附属团体，如马格里布的“基地”组织，索马里青年党，以及叙利亚的努斯拉阵线，这些组织看上去都有政治目标，但是他们明显是宗教性质的，因为他们都使用了流传已久的主流的宗教概念（Sedgwick，p. 808）。

宗教诱因的证据

把宗教诱因和政治诱因、意识形态诱因、种族诱因区分开来，这个问题法庭从来不敢轻视。下面的例子说明了英国的法庭是如何处理的。

出于宗教诱因收集或占有可资敌情报

英国2000年《反恐怖主义法案》第58条规定了一种防控举措，此举措针对的是收集可能有助于某人实施或筹备恐怖主义活动的情报，[1] 或者持有包含此类信息的文件或记录。[2] “有可能”这个词扩张了“相关资料”的外延，调查人员有可能主观的加以解释。“相关资料”这一点在K v R案中有所体现，[3] K持有一份“基地”组织训练手册的CD、一份纸质版的Zaad－e－Mujahid，这个文件宣传参与和组织“圣战”，还有一本《消失的义务》，该书主张穆斯林有义务为建立“伊斯兰国”而效力。K声称，上述资料是有宣教

① Terrorism Act 2000 s. 58 (1) (a).

② Terrorism Act 2000 s. 58 (1) (b).

③ [2008] EWCA Crim 185.

意义的，或者可以说是有宣传性的，但第58条对此并未有明确规定。①

在对第58条进行解释时，上诉法院认为足以定罪的材料，必须能够对于实施或筹备恐怖主义行为的人给予实际支持，同时又说一种文件如果仅仅是鼓励实施恐怖行为，并不属于第58条的定罪范围。② 法院认为第58条并不包括宣传材料，所以驳回K的上诉，这样一来，法院解释了第58条所规定的“相关材料”应该确定其是否有力地支持一个人从事恐怖行为，这种确定工作应在陪审团组成之前加以解决。③ 在R v G和R v J两起案件中，④ 上议院审查了J这个人持有的一份电子版的“基地”组织训练手册、一份恐怖分子的手册、一份军训文件、一份名为《怎样训练自己成为“圣战者”?》的文件。上议院认为，依据第58条，定罪的关键在于被告对相关材料包含信息的实质必须是明知的。⑤ 上议院认为依据第58条定罪必须满足3个标准：（1）被告控制的材料所包含的信息很有可能对某人实施或筹备恐怖行为具有实质性帮助；（2）被告知道自己拥有这样的材料；（3）被告也清楚该材料所包含的信息。⑥

在传播恐怖主义宣传物时的宗教诱因

英国2006年《反恐怖主义法案》第2条对宗教诱因也进行了相关规定。该条适用于传播恐怖主义出版物。所谓传播，包含赠予、出售、借给他人恐怖主义出版物，即不仅包含提供相关出版物以便出售、出租，还包含提供服务使得他人得以获得、阅读、收听或者观看这样的出版物。⑦ 实施上述行为之人的意图是使这样的行为直接或间接诱导他人实施、筹备或煽动恐怖主义行

---

① K v R [2008] EWCA Crim 185, paragraph 5.
② K v R [2008] EWCA Crim 185, paragraph 13.
③ K v R [2008] EWCA Crim 185, paragraph 16.
④ [2009] UKHL 13.
⑤ In R v G, R v J [2009] UKHL 13, paragraph 47.
⑥ In R v G, R v J [2009] UKHL 13, paragraph 50.
⑦ Terrorism Act 2006 section 2 (a) – (d).

为,[①] 或者是为实施或筹备恐怖行为提供帮助,[②] 或者对于他人的行为是否会产生恐怖行为的后果采取放任的态度，则构成犯罪。[③] 2006 年《反恐怖主义法案》的第 20 条清楚地规定，只要符合 2000 年《反恐怖主义法案》第 1 条之规定，就符合 2006 年《反恐怖主义法案》对于恐怖行为的规定,[④] 这当中包括了出于宗教诱因的恐怖主义行为。

在 Ahmed Raza Faraz v R 案件中,[⑤] 上诉法院对于伊斯兰出版物的问题，进行了深入的思考。Faraz 经营着一家伊斯兰教书店，有实体书店和网上服务，包括发布及销售支持伊斯兰“圣战”的书籍、文章、视频或 DVD。[⑥] 作为呈堂证据，能够证明和宗教诱因有关的材料有《里程碑——特别版》，作者为 Sayid Qutb，此人为穆斯林兄弟会的头面人物，该书的附录列出了其他人的作品，总体看来，该书言辞激烈支持“圣战”运动，鼓励对异教徒实施暴力。此外，控方提出的证据还有一部名为《21 世纪十字军》的纪录片，该片呈现了全世界穆斯林的苦难，其中采访了一个戴着面具的人，他为“基地”组织发起的恐怖袭击辩护，还提出多个书面材料，这些材料支持本·拉登的领导。控方的意见重点在于以下事实：控方认为上述出版物寻求（蛊惑）伊斯兰信众袭击非穆斯林，蛊惑其为“圣战”事业献身，按照英国 2006 年《反恐怖主义法案》第 2 条的规定，这是一种鼓励行为。因为这种行为提供了某种宗教的正当性去袭击非穆斯林，同时，此举赞美恐怖分子或武装分子的战绩。[⑦] 而上诉法院认为上述证据不能证明恐怖主义的宗教诱因，法庭做出上述判断关键在于要判断大量的读者是否认为上述出版物直接或间接地鼓励恐怖主义。法院不能找到上述证据相关的证明力。

在 R v Gul 案例中,[⑧] 发现 Gul 电脑中存有的一些恐怖组织视频被上传到

---

① Terrorism Act 2006 section 1 (a).
② Terrorism Act 2006 section 1 (b).
③ Terrorism Act 2006 section 1 (c).
④ Terrorism Act 2006 section 20 (2).
⑤ [2012] EWCA Crim 2820.
⑥ Ahmed Raza Faraz v R [2012] EWCA Crim 2820, paragraph 6.
⑦ Ahmed Raza Faraz v R [2012] EWCA Crim 2820, paragraph 17.
⑧ [2013] UKSC 64.

多个网站上。最高法院采取的立场类似于 Faraz 案中的上诉法院的立场，双方的依据都是英国 2006 年《反恐怖主义法案》的第 2 条。最高法院一方面承认，客观上国家有必要给予警务或安全部门更大的权力涉入公民生活，以便防患于未然；另一方面也因为在 2006 年《反恐怖主义法案》的基础上，对于控方的权限又进一步进行了扩张，而担忧上述权力过于宽泛。[1]

《欧洲人权公约》第 10 条规定的言论自由权，也是法院在做出相关判断时需要考虑的一个因素。例如，在 Faraz 案中，上诉法院有明确表示不可以因为相关资料含有宗教观点，陪审团就据此定罪，侵犯公民的言论自由权。在 Faraz 案中，法庭已经指出在确立恐怖主义的宗教诱因时，必须有证据表明该资料在很多读者看来鼓励实施恐怖袭击。[2] 法院认为，有必要扩大警方安全部门的权限去分析并明确相关资料的内容是否触犯了相关的反恐法规。但是接下来在确定指控和起诉时的证据是否充分时，相关证据必须表明对于鼓励他人加入恐怖活动能产生重大影响，或相关证据必须表明相关资料能明显有助于实施或筹备恐怖主义行为。

以宗教为名义的武装冲突

根据英国 2000 年《反恐怖主义法案》第 1 条第 4 款的规定，反恐法规也适用于英国境外的恐怖活动。此外，反恐法规也要考虑恐怖活动的诱因是什么。在 CF v SSHD 案件中（根据《恐怖主义防范与侦查措施法案》的规定，内政大臣签发了司法审查令），[3] CF 是一个索马里裔的英国公民，在 2008 年，因企图去阿富汗参加恐怖主义活动，此人受到起诉，庭审后被释放，但是 2009 年他去了索马里，并参加恐怖分子的军事训练。在 2009 年至 2011 年，他加入了“圣战”组织 Al Shabaab（“基地”组织分支机构），并于 2011 年返回英国。法庭认为 CF 和恐怖主义的宗教诱因干系重大，此人不仅仅与 Al

① R v Gul [2013] UKSC 64, paragraph 63.

② Ahmed Raza Faraz v R [2012] EWCA Crim 2820, paragraph 54.

③ [2013] EWHC 843 (Admin).

Shabaab 有交集，而且与该组织一起训练、一起战斗，不是个小角色。[①]

在评估某个行为是否符合 2000 年《反恐怖主义法案》第 1 条第 4 款的规定时，法庭重点考虑在英国境外的武装冲突的本质是什么。在 R v F 一案中，[②] F 是一名利比亚人，有一份手抄本详细地说明了怎样建设一个“基地”组织及怎样采取“圣战”的方式反抗前卡扎菲少校的暴政。[③] 这个文件中的“圣战”内容并不能充分地证明该案是出于宗教诱因，而不是出于政治诱因。因为根据 2000 年《反恐怖主义法案》第 1 条第 4 款，上诉法院认为：

……考虑到对于恐怖活动采取的保护措施的随机性，利比亚人民应免受由那些居民实施的恐怖主义活动之苦（第 26 段）……

在评论 2000 年《反恐怖主义法案》第 1 条关于恐怖主义定义的外延时，上诉法院表达了担忧，有人把恐怖主义描述为正当性的事业并为此辩护或申述，但这个定义没有考虑这种情形。这是因为 2000 年《反恐怖主义法案》第 1 条第 4 款没有明确说明相关规定仅适用于英国认可的代议制政府。在 R v F 案中，法院认为“……恐怖主义就是恐怖主义，无论恐怖分子的动机是什么”。这种表述就包含了宗教诱因的情况。[④]

在甄别和定义宗教诱因和其他诱因时会遇到问题，这个问题不是英国独有的，类似问题在加拿大也有。在 Khawaja v R 一案中，[⑤] 加拿大最高法院不得不反复权衡宗教诱因的构成要素是什么。本案中，由于痴迷于本·拉登和他的事业，Khawaja 开始与那些以伊斯兰为名义从事暴力的人联系（包括该伦敦恐怖组织的负责人）。[⑥] 在已查明的 Khawaja 的物品中发现了一些学习资料，有关于制作炸弹的，有关于军事的，有关于“圣战”的。[⑦] 还有证据表明他之前参与过恐怖组织，学习过如何使用武器，目的是强化恐怖组织在全世界

① CF v SSHD [2013] EWHC 843 (Admin), paragraph 44.

② [2007] EWCA Crim 243.

③ R v F [2007] EWCA Crim 243, paragraph 5 and 6.

④ R v F [2007] EWCA Crim 243, paragraph 27.

⑤ [2012] 3 SCR 555.

⑥ Khawaja v R [2012] 3 SCR 555, paragraph 4.

⑦ Khawaja v R [2012] 3 SCR 555, paragraph 7.

发动恐怖袭击的能力。[1] 加拿大《刑法》第 83 条对于恐怖主义的定义和英国 2000 年《反恐怖主义法案》的定义很相似，如根据规定，恐怖活动无论是在加拿大境内还是境外实施的，都视为恐怖主义。

根据加拿大《刑法》第 83 条 01（1.1）之规定，在分析宗教诱因的构成要素时，加拿大最高法院明确指出，恐怖活动不包括非暴力的宗教信仰、宗教观点、宗教思想表达，[2] 不得根据个人的宗教观点来追究刑责，警方不能因为宗教观点将一个人视为嫌疑人，司法体系不得因为宗教观点起诉一个人。在 Khawaja 一案中，有充分证据表明他的宗教信仰和动机与“圣战”有关，因此构成宗教诱因。[3]

宗教诱因应当被纳入恐怖主义法定定义中吗?

Carlile 爵士曾经担任过英国反恐立法的独立评论人。他在报告中指出，英国 2000 年《反恐怖主义法案》第 1 条应该包含宗教诱因，这样与很多国家法律的规定（2007 paragraph 54）、很多国际组织条约相一致。这样一来，宗教诱因得到合理扩张，根据扩张后的恐怖主义定义来解释恐怖主义的诱因是什么［2007 paragraph 86（4）］。有报告称，有别于欧洲其他国家，英国面临的最大威胁是来自本土的伊斯兰暴力极端主义，导致许多英国人因为宗教诱因参加恐怖活动并被逮捕，而欧洲其他国家没有这么多人（Vermeulen 2014，p. 293）。David Anderson 目前是反恐立法的独立评论员，他反对在 2000 年反恐立法中包含宗教诱因，他认为改变相关规定时机并不成熟（2013 paragraph 4. 9)，因为在随后的审判中，关于宗教诱因的证据就会水到渠成浮现出来。David Anderson 确信参与审判的各方会谨慎考虑嫌疑人所声称的正当性到底是什么，这与“……和平方式从事宗教毫不相干”（2013 paragraph 4. 13）。如同上述案例所显示的，在案情中出现了宗教诱因的情况下，如果控方要成功地起诉恐怖主义者的话，此人的行为必须超过了非暴力的、被动的行为范围，

---

① Khawaja v R［2012］3 SCR 555，paragraph 12.

② Khawaja v R［2012］3 SCR 555，paragraph 82.

③ Khawaja v R［2012］3 SCR 555，paragraph 89.

必须是以宗教的名义明显使用暴力。

恐怖主义的宽泛界定是否会导致恐怖威胁评估的夸大?

在美、英、加三国以及欧盟的司法体系中，我们看到了非常宽泛的恐怖主义定义，美国就更宽泛了，让联邦机构自行定义恐怖主义的构成要件。纽约上诉法庭在 The People v Edgar Morales 一案中，对恐怖主义的构成要件加以某种约束，我们看到了各国关于恐怖主义定义的共同点，这不仅可以帮助各国在国际合作中达成协议，而且有助于各国相关机构可能为了消除恐怖主义威胁，把监视目标扩大至更大范围的社团、群体以及个人。长久以来，人们一直对国家机构拥有的调查权力，特别是防范犯罪的权力心存忧虑。通过对 20 世纪 70 年代英国警方曾不断地把黑人视为街头抢劫嫌疑人的现象的研究，Hall 等人发现这种“控制文化”在英国普遍存在。在研究中，他们分析了警方的执法行为，尤其是特别行动处在运用相关法律的表现，他们得出结论，在法院做出自由解释之后，警方对于法律运用是对法律的延伸。Hall 及研究者又说，法院对于警方运用法律进行自由解释，实质上是延伸了法律。这一点可以从特别行动处增加的监视和情报收集中可见一斑（Hall et al. 1978，p. 85）。Hall 等人以马克思主义为基础，对于警方如此运用法律给出了解释，即这一切都是出于统治的需要，在资本主义国家，经济上占统治地位的统治阶级把法律制度，如法律、警察、法庭、监狱视为一种工具确保自己的统治，镇压敢于挑战的人（Hall et al. 1978，p. 194）。由此，国家运用法律作为阶级统治的工具（Hall et al. 1978，p. 196）。

在 20 世纪 80 年代，Cohen 就担心法律成了社会控制的工具，这种情况下，监视、强化对于目标嫌疑人的侦查、主动警务行动都构成了对于离经叛道行为的干预（今天，这种离经叛道行为包括了国际恐怖主义威胁，特别是“圣战”恐怖主义活动）（Cohen 1985，p. 232）。Cohen 认为对于个体进行监视是国家强硬的一面，尽管这些社会控制方法都是被认可的犯罪控制方法，但在现实中，社会控制方法创造了一群“替罪羊”，这些“替罪羊”被视为国家及人民的威胁，这相应地强化了部分人的团结（Cohen 1985，p. 233）。通过将一群人视为威胁，使国家机构对这群人采取的惩罚性、侵犯性行为具有了正当性，这样才能确保更多民众的安全。

宽泛的恐怖主义定义的一个明显影响是对监控的使用达到了无所不及的程度，目的就是消除恐怖主义带给公民和国家机构的安全威胁。情报对于消除恐怖主义威胁至关重要，但是在 Ericsson 和 Haggerty 看来，这一点却让警务机构不知所措，因为情报资讯的工作量太大了，警务和安全机构：

……由于外部信息的需求，有一种强烈的组织危机和不安全感；感到资讯不足；感觉一些系统性的缺陷能够通过更好的沟通原则、沟通方式、沟通技术加以改正（Ericson and Haggerty 1997，p. 295）。

对于 Ericson 和 Haggerty 而言，一个有风险的社会就是一个需要管制的社会。要想锁定危险人物需要相关机构不仅对个人，还要对涉嫌的群体加以监视。Garland 认为更宽范围的监视是一种社会秩序，这种社会秩序由构成现代社会中的各种社会团体和社交惯例加以重新规范和整合，“……这是为了确保协调之要务……而不是为了构建规范之共识”（Garland 2001，p. 183）。恐怖主义犯罪是选举政治的主要话题，它可以使一个团体中的个体或部分荧惑整团体。下面是英国的一个例子，这个事例能形象地说明如何将恐怖主义加以政治化，并迎合英国选举政治的。英国政府曾多次试图以恐怖主义的罪名将伊斯兰激进教士 Abu Qatada 引渡至约旦受审，但这样做花费了英国纳税人 170 万英镑，导致内政大臣表态只要是恐怖主义嫌疑人，那么他们的社会福利就应被削减，从中可以看出哪怕是空穴来风，恐怖主义的威胁足以让人们对英国的穆斯林社区千夫所指。[①] 将类似的恐怖威胁置于具体情形之中时，Loader 和 Walker 指出这类事件对穆斯林信众将产生明显的冲击。尽管有人大声疾呼这种冲击将会侵犯穆斯林的民主权利和自由，很多人还是显示出对于少数族群的敌意，他们认为这些民主权利是在保护恐怖主义者，反过来就是威胁公众安全（Loader and Walker 2007，p. 87）。

---

① BBC News July 8，2013 “Terror suspect benefits could be cut—Theresa May” retrieved from http：//www. bbc. co. uk/news/uk－23230421 [accessed September 12，2013].

上述现象与 Pantucci 在研究政府反恐政策中提出的观点相契合。Pantucci 认为，通过把宗教诱因融入恐怖主义的法定定义中来，政府会拉拢他们眼中的“好穆斯林”，而自动默认那些没有被拉拢过来的都是“坏穆斯林”（Pantucci 2010，p. 262）。在争论是否将宗教诱因纳入法定定义时，Fenwick 认为，恐怖主义的法律定义并不意味着成为一名恐怖分子就会构成刑事犯罪。她认为，如果将宗教诱因纳入法定定义，被怀疑从事与恐怖主义相关活动的人员或群体可能会受到特殊制裁，这时国家机构连指控他们到底犯有哪些特定罪行都不必了（Fenwick 2008，pp. 260 – 261）。这样一来，国家机构可能鼓励对个人进行种族和宗教甄别。在加拿大的反恐怖主义立法制定过程中，这方面的问题引起了许多议员的担忧。议员们认为这样做可能使得国家机构侵犯宪法保护的权利，于是要求将宗教诱因从定义中删除（Douglas 2010，p. 305）。Sedgwick 在区分政治、宗教或意识形态诱因时，提出了一个有说服力的观点，以最为西方国家妖魔化的“基地”组织为例，他认为该组织可以被认为以宗教为终极目标，因为该组织利用了广为接受的或主流的宗教概念，但是“基地”组织与其他恐怖组织一样，同样具有政治性目的（Sedgwick 2004，p. 808）。这说明各种诱因之间的界限不明显，但是法定的定义以及反恐机构所获得的广泛权力不仅可以扩张监视网，还可以使反恐机构约束那些人离经叛道的行为。

结论

在分析相关各国对于恐怖主义的定义时，毫无疑问的是，明确构成恐怖主义的行为要件，拓宽构成恐怖主义的各种诱因，让安全机构有了更大的权力将个体或公民的活动纳入自己的视线。有很多案例证明，在海外的武装冲突只要不违法，就不能构成恐怖主义。在本书写作时，叙利亚内战尚未平息，伊拉克即将进入内战，各派斗争明显，包括逊尼派、意欲在伊拉克西北部建立哈里发的“伊斯兰国”、控制着伊拉克东北部的库尔德。[①] 根据法律上的定义，正如相关例子显示的那样，一个人去了叙利亚或伊拉克，如果是为了某个派别，而不是为叙利亚和伊拉克政府而战，就会被视为恐怖分子，在英国就是如此，[②] 法国是以“个人参与恐怖主义行动”的罪名禁止涉嫌的恐怖分子去往叙利亚和伊拉克。[③] 尽管有一点十分清楚，即各国法律中对于恐怖主义的定义明确针对的是“圣战”组织，如“基地”组织及其在马格里布的分支、在叙利亚的努斯拉阵线。但是，需要什么样的证据证明宗教诱因对于法院而言殊为不易。法院现在已明确的是，宗教诱因必须是超出了非暴力的、被动的行为界限，必须与利用宗教之名使用暴力有着重大联系。

① BBC News 2014 “Iraq rebels seize nuclear materials” retrieved from http：//www. bbc. co. uk/news/world – middle – east – 28240140 [accessed] July 10，2014].

② BBC News 2014 “Three arrested in Syria terrorism probe” retrieved from http：//www. bbc. co. un/news/uk – england – berkshire – 28227003 [accessed July 10，2014].

③ BBC News 2014 “France proposes anti – terrorism travel ban” retrieved from http：//www. bbc. co. un/news/uk – england – berkshire – 28227003 [accessed July 10，2014].

第二章　政府政策和法定防范措施

我不想做这样的首相，在恐怖事件发生后不得不面向公众，解释自己本可以做得更多，防止不幸的发生。

大卫·卡梅隆
2014 年 7 月 14 日①

大卫·卡梅隆的这句话代表了绝大多数国家领导人的意愿，也反映了大多数国家人民及反恐侦查人员的心声。由于恐怖主义行为的灾难性后果，反恐的首要任务在于防患于未然，而不是侦查恐怖分子。本章分析了反恐政策，特别是追踪方面的政策，因为这方面的政策包含恐怖主义的侦查，且侧重于防范措施。

各国可以采取的一个举措是授予反恐人员更大的权力，允许他们可以更多地侵入涉嫌恐怖主义活动的人员的生活，不管他们的行动看起来与恐怖活动多么不相干。本章分析了一些这样的法律规定以及相关案例。本章研究的法定防范措施涵盖的违法行为包括占有或提供对于实施和筹备恐怖行为的人有价值的某些资料，也包括国家认定或禁止的威胁国家安全的非法组织。

本章也分析了准刑事措施，这些措施因为是政客制定的，而非司法机构制定的，所以久有争议，其一般使用在情报上显示某人与恐怖组织或恐怖活

① BBC News 2014 "Emergency phone and internet data laws to be passed" retrieved from http://www.bbc.co.un/news/uk-politics-28237111 [accessed July 11, 2014].

动有关，但就是没有充分证据指告相关人的情形。本章结尾时提到了一个案例，探讨的是英美两国相关机构对于爱德华·斯诺登事件发出的边境和口岸控制令一事。这个案例讲述了这样一件事：英国反恐机构拦截了一位新闻记者的同伴，这位新闻记者据说带有美国国家安全局前员工爱德华·斯登诺提供的文件，并将文件泄露给《卫报》。

恐怖主义防范或先发制人的政府政策：风险评估是适当的，威胁是现实的

除了反恐立法，各国还制定了政府部门的反恐政策，在战略层上应对恐怖威胁。英国的策略可称之为“4P”政策：追踪（Pursue）、防范（Prevent）、保护（Protect）、准备（Prepare）。准备指的是确保各个机构就位，能够在恐怖发生时采取措施（HM Government 2011，p. 93）；保护指的是加大边境安检力度，强化运输系统的安全性，改善人口密集场所安全状况（HM Government 2011，p. 79）；防范指的是防范极端化；追踪指的是逮捕和起诉恐怖主义嫌疑人（HM Government 2011，p. 59）。这种政策强调必须尽早侦测恐怖主义威胁，防止恐怖活动威胁到公众，而欲达到此目的，需要不断增加：

> ……情报目标的范围，无论是在国内国外……提高我们起诉工作的效率……推出更有效的非起诉行动……在别无他法的情况下破坏海外恐怖主义活动（HM Government 2011，p. 46）。

上述政策与欧盟的反恐战略异曲同工，后者的战略也由4个部分构成。欧盟政策中的防范和保护部分与英国完全相同，而欧盟政策中的回应部分对应着英国的准备部分，两方对于追踪部分的内容相同（Council of the European Union 2005）。加拿大政府也提出了一个由4个部分组成的反恐战略。加拿大反恐政策的防范部分与英国、欧盟的非常相似，虽然其余三个部分名称不同，但在内容上与英国和欧盟的反恐政策大同小异。加拿大反恐政策中的反应（respond）和英国的准备相同，加拿大的剥夺（deny）和英国、欧盟的防范相同，而加拿大的侦测（detect）说的是反恐侦查（Government of Canada 2013， pp. 4 -5)。我们发现，澳大利亚政府的反恐政策也是由4个部分组成，即准备（preparedness)、防范（Prevention)、回应（response）和恢复（recovery)。但是这四个部分很难与英国、欧盟和加拿大的反恐政策完全匹配，因为澳大利亚不太关注防范激进化，而更关注防范恐怖主义行为（上述恢复部分更多地关注如何应对恐怖袭击）(Commonwealth of Australia 2012)。虽说美国没有一个类似英国的单一的政策文件，美国反恐国家政策还是包含了类似英国、欧盟、加拿大反恐政策的4个部分的内容。这个国家政策文件在说到类似于英国反恐战略中的追踪时指出，调查人员有权得到任何合法的手段和权力，情报工作流程已经得到加强以提高美国反恐能力，特别是防止恐怖主义行为发生的能力（National Strategy for Counterterrorism 2011)。

部分学者对政府反恐措施的收效存有一些批评和担忧。在对美国的战略做了研析后，Arreguin - Toft 认为，没有理由相信美国的战略能赢得反恐战争，因为国际恐怖主义主要是一个政治问题而非军事问题（Arreguin - Toft 2002，p. 550)。至于英国的反恐政策，Pantucci 发现不同反恐部门的任务存在着冲突，一方面是反恐的硬性手段部门，而另一方面是反恐的柔性手段部门，前者不得不与后者分享情报，对此前者自然满腹疑惑，他们说“军警和社区工作者怎么看都不般配”（Pantucci 2010，p. 257)。Pantucci 认为，英国反恐政策的另一个问题是那些从事社区工作的柔性手段部门的人员成了甄别工作的一部分，因为这些常规机构的人员被改造成为安全机构的前哨（Pantucci 2010，pp. 257 -258)。在扩张社会控制网时需要纪律与治理，如果能从这两个角度来思考，就能理解上述这个问题（Cohen 1985，pp. 56 -58)。现实中，我们看见的是多样化的多机构合作防范恐怖主义模式，在这个模式中，社会中的个体行为被加以比较、区分、分级、同质化，被排除在正常化过程之外(Foucault 1978，p. 183)。

在明确上述正常化的过程中，就可以看出来政府的反恐政策反映的是宏观的内容。反恐政策中的追踪和侦测对应的主要机构是警务部门或国家安全部门，而不是广大社会。但是当说到反恐政策中的防范时，非警务机构和社区的参与成了顺理成章的事。防范恐怖主义不是仅靠国家警务安全部门就能实现的。防范恐怖主义开始于社区，社区既可以帮助那些易受到极端化影响的人，又可以传递相关团体可能参与恐怖活动的情报。动员非警务的团体和机构，特别是动员那些处在恐怖活动边缘处的团体和机构可能看上去令人匪夷所思，但是这些在 Pantucci 看来，把以柔性手段处理社会问题的机构动员起来是必需的。

法定防范措施的例子

本节分析两个防范恐怖主义举措：一个举措关乎收集并占有可用于恐怖活动的物品，另一个举措关乎被取缔的恐怖组织。

占有及提供资助恐怖主义的资料

本节分析了英国和美国的一些罪名，这些罪名都和占有或提供可能资助恐怖主义的资料有关。这些罪名针对的是恐怖行为的准备阶段，对于什么是支持恐怖主义行为的定义范围很大。本节比较了英美两国在法律上的规定，这些规定体现了政府决策的侦测和追踪两个方面。

英国：出于恐怖主义目的占有、收集情报

为了有助于警方防范恐怖行为，英国设置了两个罪名。2000 年《反恐怖主义法案》第 57 条设置的罪名是为了实施或筹备恐怖活动而持有相关物品，而第 58 条设置的罪名仅仅是持有某种可能对某些人从事恐怖活动有用的物品。

2000 年《反恐怖主义法案》第 57 条规定，基于恐怖主义目的的占有：

1. 在实施下列行为时，即视为触犯本法：占有一个物品并导致合理的怀疑该占有的目的与实施、筹备或煽动恐怖主义行为有关。

2. 嫌疑人可以就第 57 条为自己辩护，证明他占有该物品的目的与实施、筹备或煽动恐怖主义无关。

3. 在审视本条所规定的罪名时，如果能证明一个物品：

a. 同时处于被告人所在的场所。

b. 被告为该地点的占有者或被告平日里使用该地点，法庭可认定被告占有该物品，除非他证明他不知道该地点上有上述物品，或他能证明自己并未控制该物品。

2000 年《反恐怖主义法案》第 58 条规定，收集情报：

1. 实施下列行为，则构成本罪：

a. 收集或制作一份记录，该记录的信息可能有助于实施或筹备恐怖主义行为。

b. 占有一份含有上述信息的文件或记录。

2. 本条所说的“记录”包括影音的和电子版的记录。

3. 被告可以为自己辩护，只要他能证明他有合理的理由解释自己的行为或占有。

对于 2000 年《反恐怖主义法案》第 57 条和第 58 条的司法解释

正如对恐怖主义定义的分析所见，对于何为可用于资敌的物品的定义如此宽泛，第 58 条的规定有可能把正常情况下与恐怖活动没有关联的公民置于反恐机构的监视之中。结果，在法律上已经引起诸多质疑，到底何种物品符合第 58 条所指的目的。在 R v K 的案件中，① 上诉法庭认为第 58 条从未试图将拥有宗教以及宣传材料加以定罪，② 并且说：

一份文件或一份记录只有在有可能给实施或筹备恐怖主义行为提供实际的帮助时，才属于第 58 条所规定的情报。一份文件如果只是鼓励实施恐怖行为则不属于 58 条范围。③

在 R v G 和 R v J 案件中，④ 上议院分析了第 58 条，根据关于 K 的判决，上议院认为，对于引用第 58 条做有罪判决时，被告不仅占有可能资敌的文

① [2008] EWCA Crim 185 [England & Wales Court for Appeal].

② [2008] EWCA Crim 185 [England & Wales Court for Appeal], paragraph 5.

③ [2008] EWCA Crim 185 [England & Wales Court for Appeal], paragraph 13.

④ [2009] UKHL 13.

件，同时被告必须知晓这份文件内容的属性。[①] 上议院强调这并不是说控方必须证明被告全面了解文件的内容，而是控方只要证明被告知道相关文件内容的属性即可。[②] 依据第58条定罪，控方必须证明被告人：

1. 控制着这份记录，记录的内容有可能对恐怖分子形成实际的帮助。

2. 知道自己拥有这份记录。

3. 知道记录的内容。[③]

J不服这个判决，上诉到欧洲人权法院，于是有了Jobe v UK一案。[④] J声称2000年《反恐怖主义法案》第58条违犯了《欧洲人权公约》第7条中“未经法律明确规定，不可实施刑罚”的规定。J诉求的基础在于《反恐怖主义法案》第58条的规定如此模糊不能成为法律，而且如果人权法院同意他的说法，《欧洲人权公约》第10条所规定的表达自由也受到了侵犯，因为《反恐怖主义法案》第58条从法律角度上并不符合法案的标准。欧洲人权法院认为并未违反《欧洲人权公约》第7条，而且英国上议院的裁决充分、清晰。欧洲人权法院能做出如此裁决的关键在于上议院裁判时对上述三个条件都进行了证明。[⑤] 此外，欧洲人权法院还认为没有违反《欧洲人权公约》第10条，因为之前的判决符合国家安全利益这个立法宗旨，而且之前的判决对于收集或占有资助恐怖活动的资料并未采取“一刀切”的定罪方式。[⑥]

美国：向恐怖主义提供资讯

对于向恐怖活动提供资讯，美国的主张与英国相似。这时，我们又一次看到了美国与英国立法关于向恐怖分子提供资讯的罪名构成要件的相同点。在这个罪名下辩护重点的不同之处在于各国司法程序的不同。关于提供资讯资助恐怖活动的美国的立法主要体现在美国《刑法典》第18卷第2339条A

① ［2009］UKHL 13，paragraph 47.
② ［2009］UKHL 13，paragraph 48.
③ ［2009］UKHL 13，paragraph 50.
④ ［2011］Application number 48278/09.
⑤ ［2011］Application number 48278/09，paragraph A.
⑥ ［2011］Application number 48278/09，paragraph B.

部分。向恐怖主义提供资讯罪有以下规定：

1. 罪行——提供资料或资源支持或者隐藏或掩盖情资的属性、地点、来源及所有权，知道或企图使这些资讯用于准备实施恐怖活动……（列举与恐怖活动相关的特定犯罪）……或者准备实施潜逃，或企图共谋上述行为，有上述行为者，应处罚金或判 15 年，或两罪并罚，如果致人死亡，刑期上限为无期徒刑。本法条规定的犯罪行为可以在行动地的任何一个法院审理，或依法在任何一个联邦法院审理。

2. 定义。

a. 本法所及的“资料或资源支持”指的是有形或无形的财产或服务，包括各种货币或金融工具、金融证券、金融服务、住宿、培训、专家建议或帮助，安全屋、假文件或假身份，通信设备设施、武器、致命物质、爆炸物、人员（一个人或多个人）运输，医药或宗教资料除外。

b. 本法所及的“培训”指的是传授或教授特定的技能而不是一般知识。

c. 本法所及的“专家建议或支持”指的是源自科学、技术或其他方面的专业知识的建议或支持。

对于法定防范措施的总结

美国对于可能用于筹备恐怖主义活动的资料的界定要比英国更加明确，尤其是英国的 2000 年《反恐怖主义法案》的第 57 条只是提到了“物品”。在英国的相关规定中，特别是 2000 年《反恐怖主义法案》第 58 条，一个人犯罪只是因为他占有的信息“有现实可能”被恐怖分子所用，这样的定罪门槛太低了，会给警方太广泛的权力。这样做背后的合理性在于有了广泛的权力，相关机构就可以进门搜查、逮捕拘禁涉恐嫌疑人。这些广泛权力来源于防范恐怖主义的政策，因为警务机构可以尽早对目标嫌疑人采取行动。正如英国法院对 2000 年《反恐怖主义法案》第 57 条和第 58 条所做裁决显示的那样，司法机构在一定程度上已经限制了警方对于相关法律的运用。为防范恐怖主义，司法机构允许调查机构有更大的操作空间，以便给予如搜查或逮捕嫌疑人那样的便利。但是这些行为还属于侦查阶段，在实施法庭的指令时，如果个体知道他们已被国家情报机构注意或监视，这时就会出现证据不足无法起诉的情况。这样一来，倒是有可能减少了某人与涉恐人员或组织的联系。

被取缔的组织或上名单的外国恐怖组织

列举出被取缔的组织（如在英国）、恐怖组织（如在美国）以及被禁止的恐怖团体（如在加拿大）是有用的。第一，在侦查阶段，上述组织的名称可以成为目标关键字。对于实施电子监控的机构，特别是英国政府通信总部和美国国家安全局，列举出相关组织尤其有用。第二，给侦查工作带来一定的确定性，因为侦查部门据此可知某个人的行动是否和恐怖主义有关联。第三，这样做可以遏制恐怖分子在宣布他们被禁止或取缔的国家里活动，同样也支持了那些受恐怖活动骚扰的国家，因为这传递了一个信号，拒绝恐怖组织的合法性诉求（Anderson 2013，p. 61）。

英国取缔的恐怖组织（2000 年《反恐怖主义法案》第 3 条与附则 2）

如果据信该组织涉嫌恐怖主义行为，英国的反恐法律允许内政大臣取缔相关组织。依照 2000 年《反恐怖主义法案》附则 2 的规定，65 个组织被取缔，包括国际恐怖组织和在北爱尔兰的恐怖主义组织。对于像爱尔兰共和军（IRA）这样的组织在列举时采用了不具体的组织名称，因为这样不具体的名称能够涵盖整个和 IRA 有关的组织。这一点是上议院在 R v Z 一案中确立的，[1] 该案中有一个从爱尔兰共和军分离出来的组织——“正宗爱尔兰共和军”（the RealIRA）声称他们没有被取缔，因为官方的名单上并没有他们。为此，Bingham 爵士说道：“……任何形式的爱尔兰共和军皆应被取缔。”[2] 这一点也适用于“基地”组织（Al Qaeda），在 2013 年 7 月英国政府的指令中明

① Section 3 (4) Terrorism Act 2000.

② R v Z [2005] 35, paragraph 14.

确声明 al – Nusra Front 和 Jabhat al – Nusrah li – ahl al Sham 都是“基地”组织。[①]“基地”组织马格里布分支、“基地”组织伊拉克分支、“基地”组织阿拉伯分支也是如此。一个组织被认定参与了恐怖主义，它必须：

1．实施或参与恐怖主义行动。

2．为恐怖主义行动做准备。

3．宣传或鼓励恐怖主义行为。

4．以“其他方式”参与恐怖主义。[②]

2006 年《反恐怖主义法案》的第 32 条拓展了 2000 年《反恐怖主义法案》第 3 条所列被取缔组织的范围，根据拓展后的定义，任何一个组织只要美化实施或筹备恐怖主义行为，或者该组织的行事风格能让人确信该组织与美化恐怖主义的言论有关联，那么这个组织即应被取缔。[③] 美化包括任何形式的褒奖或庆祝。[④] 这一罪名被纳入 2006 年《反恐怖主义法案》的第 1 条中，因为第 1 条设置了鼓动恐怖主义的罪名，在一个人发布声明时，主观上故意直接或间接地鼓励公众实施、筹备或煽动恐怖主义，[⑤] 或者他们对自己的声明是否会直接或间接地鼓励公众实施、筹备或煽动恐怖主义听之任之。[⑥] 涉恐的组织形态有以下三种：

1．成员——一个人事实上属于或者宣布属于一个被取缔组织。[⑦]

2．支持被取缔的组织——其中包括一个人呼吁请求支持被取缔的组织，[⑧] 这种支持不限于提供钱，也包括一个人安排、管理会议或辅助会议的安排，在这个会议上对于被取缔组织提供支持，[⑨] 或由来自被取缔组织的人员发言。[⑩]

---

① BBC News 2013 “Profiles: Syria's al – Nusra Front” retrieved from http: //www. bbc. co. uk/news/world – middle – east – 18048033 [accessed June 20, 2014].

② Section 3 (5) Terrorism Act 2000.

③ Section (5A) Terrorism Act 2000.

④ Section (5C) Terrorism Act 2000.

⑤ Section 1 (2) (b) (i) Terrorism Act 2006.

⑥ Section 1 (2) (b) (ii) Terrorism Act 2006.

⑦ Section 11 Terrorism Act 2000.

⑧ Section 12 (1) (a) Terrorism Act 2000.

⑨ Section 12 (2) Terrorism Act 2000.

⑩ Section 12 (3) Terrorism Act 2000.

3. 统一服装——本罪名涉及在公共场所穿着统一服装，佩戴、携带、展示某一物品，并引起合理的怀疑，令人相信他们是某个被取缔组织的成员或支持者。[①]

美国国务院取缔的外国恐怖组织

美国列举了外国恐怖组织，由国务卿根据1952年《移民及国籍法案》（此法于2012年9月修正）来加以确定，只要该恐怖组织对于美国构成威胁。[②] 美英两国的清单中相同点多于不同点。重大的差别在于美国的清单中对于“基地”组织及其分支机构单独列举，而且只有两个爱尔兰恐怖组织上榜，一个是正宗爱尔兰共和军，另一个是延续派爱尔兰共和军（Continuity IRA），却没有列举英国2000年《反恐怖主义法案》附则2中所列举的其他爱尔兰共和军组织或爱尔兰保皇派组织。但是，当前爱尔兰共和军的政治羽翼——32郡主权运动组织，虽然在英国未被列为被禁止的组织，但是在美国却榜上有名。[③] 上述的列举对于英美两国更好地分享情报、更好地合作至关重要，对此后文将有详述。

加拿大取缔的恐怖组织

加拿大列举的名单也差不多，[④] 包含46个被取缔的团体组织，其中最主要的是“圣战”组织。此外，加拿大的清单中包括了巴斯克分离主义者、埃塔（ETA）组织，却未包括任何爱尔兰共和组织。部分原因在于该清单是在美国“9·11”恐怖袭击之后才被引入2001年《反恐怖主义法案》中。[⑤] 取

---

① Section 13 Terrorism Act 2000.

② US Department of State Foreign Terrorist Organization as at September 28, 2012 retrieved from http://www.state.gov/j/ct/rls/other/des/123085.htm [accessed August 29, 2013].

③ US Department of State Archive retrieved from http://2001-2009.state.gov/r/pa/prs/ps/2001/2922.htm [accessed September 4, 2013].

④ Public Safety Canada—Currently listed Entities retrieved from http://www.publicsafety.gc.ca/cnt/ntnl-scrt/cntr-trrrsm/lstd-ntts/crrnt-lstd-ntts-eng.aspx [accessed October 20, 2013].

⑤ RSC 2001, c 41.

缔恐怖组织的法定权力见于加拿大《刑法典》第 2 部分的有关规定。[①] 在 2013 年 7 月，加拿大试图说服欧盟成员国取缔真主党（Hezbollah）（Bell 2013），虽然欧盟并未事实上取缔真主党，但欧盟取缔了他的军事机构——上帝党（the Party of God）。

对于被取缔组织的总结

很明显，三国所列出的被取缔组织各有不同。这份名单并不是固定的，每年各国都会加以调整，也有相关团体请求将自己从列表中删除，如根据英国 2001 年被取缔组织申请删除管理办法，[②] 个人或团体可以书面形式向英国内政部申请将其从清单中删除。申请人必须提出将他们从名单中删除的依据，[③] 审核条件非常严格。在 SSHD v Lord Alton of Liverpool and others 一案中，[④] "伊朗人民圣战"组织（PMOI）的申请被内政部拒绝，于是 PMOI 上诉至英国上诉法庭。该组织成立于 1965 年，在 1979 年伊朗国王被推翻后，该组织与宗教领袖霍梅尼领导的政府发生冲突。在伊拉克与伊朗的战争中，该组织迁移到伊拉克，并向伊拉克提供军事援助。[⑤] 从 2002 年以后，"伊朗人民圣战"组织不仅被英国取缔，被欧盟取缔和冻结资产，还被美国政府视为外国恐怖组织。[⑥] "伊朗人民圣战"组织声称在 2001 年以后，该组织永久地停止了暴力，并运用政治意愿给伊斯兰带来自由和民主。[⑦] 英国上诉法庭判决不能将"伊朗人民圣战"组织删除的一个重要考量，并不是之前该组织曾经使用暴力，而是该组织有可能参与恐怖主义，因为该组织的军事实力能够发动恐怖袭击。[⑧] 如 Anderson 指出，政府如果主张将之前被取缔的组织加以删除，

---

① RSC 1985, c 41.

② Statutory Instrument 2001 no 107.

③ Statutory Instrument 2001 no 107, paragraph 3 (2) (c).

④ [2008] EWCA Civ 443.

⑤ SSHD v Lord Alton of Liverpool and others [2008] EWCA Civ 443, paragraphs 7 – 9.

⑥ SSHD v Lord Alton of Liverpool and others [2008] EWCA Civ 443, paragraphs 10.

⑦ SSHD v Lord Alton of Liverpool and others [2008] EWCA Civ 443, paragraphs 16.

⑧ SSHD v Lord Alton of Liverpool and others [2008] EWCA Civ 443, paragraphs 36.

一旦该组织重蹈覆辙，那将会带来很大麻烦（Anderson 2013，p. 67）。综上所述，有了这个被取缔组织的名单，侦查人员就能够有效地运用资源，盯住那些与被取缔的恐怖组织有关联的嫌疑人，这样可以采取相应措施，防范恐怖袭击的发生。

准刑事防范措施：英国 2011 年《恐怖主义防范与侦查措施法案》（TPIM）

推出准刑事法定措施是反恐立法上的一个发展，但同时也招致了批评。准刑事措施是在证据不足的情况下无法以涉恐罪名逮捕、指控、审判时采用的措施。这方面的一个典例就是英国 2011 年《恐怖主义防范与侦查措施法案》中的相关规定。正如 Walker 指出，《恐怖主义防范与侦查措施法案》是在调查和起诉陷入山穷水尽时的权宜之计（Walker 2012，p. 429）。Walker 还说，《恐怖主义防范与侦查措施法案》作为一种特别的行政措施超出了刑事司法的范围，因为其可以提供某种风险管控，而刑事起诉工作却不可以提供这样的风险管控。《恐怖主义防范与侦查措施法案》中的一项措施是允许国家机构对某人实施长期监视，防止他实施与恐怖相关的活动。

《恐怖主义防范与侦查措施法案》（TPIM）的立法进程

2011 年《恐怖主义防范与侦查措施法案》废止了根据 2005 年《恐怖主义防范法案》签发的控制令，推出了一项新的限制令，即英国恐怖主义防范与侦查措施令。《恐怖主义防范与侦查措施法案》的法律源头可以追溯到 2001 年《反恐怖主义、犯罪与安全法案》的第 4 部分，允许内政大臣签发指令无限期羁押涉恐的外国公民。在上议院对 A and others v SSHD 一案做出判决之后，[①] 人们认为相关法律规定违犯了《欧洲人权公约》第 5 条（个人的

① ［2005］2 AC 68.

自由权和安全权）、第 6 条（公正审判权）和第 14 条（不受歧视的权利），因为在 2001 年的那部法案中没有规定对拘禁要加以司法审查。拘禁的决定完全由内政大臣根据各方面的情报做出判断，而且仅适用于非英国公民。依据 2005 年《恐怖主义防范法案》签发的控制令取代了这项措施，经过司法审查后，新的控制令既适用于英国，又适用于非英国的公民，并且对公民的活动加以严格的限制条件。在遭到了各种批评之后，MacDonald 爵士在审议反恐及安全机构的权力范围时指出，为了公共安全，为了不妨碍起诉工作，替代上诉控制令的举措应类似于传统的侦查取保候审的做法（Lord MacDonald 2011，paragraph 15）。由于 MacDonald 爵士的建议，在 SSHD v AP 一案中，[①] 英国最高法院认为控制令违反了《欧洲人权公约》第 8 条关于隐私权及家庭生活权的规定。从此英国政府用相对宽松的恐怖主义防范与侦查措施令（即限制令）代替了控制令。

《恐怖主义防范与侦查措施法案》（TPIM）的实施

根据《恐怖主义防范与侦查措施法案》第 2 条规定，内政大臣有权签发指令，但是要满足第 3 条第 1～5 项规定的条件。这些规定构成了对于某人发出限制令的先决条件，具体内容如下：

1. 内政大臣有理由相信某人现在或已经参与了恐怖活动。

2. 某人的全部或部分活动与新的恐怖活动有关。

3. 内政大臣有理由相信为保护公众免受恐怖主义威胁，有必要对相关人员采取防范及侦查措施。

4. 内政大臣合理地认为基于防范或限制某人参与恐怖活动的目的，得对相关人员采取防范及侦查措施。

5. 内政大臣在发出限制令时，要得到法院的允许［Section 3（5）（a）］。

根据《恐怖主义防范与侦查措施法案》第 6 条的规定，法庭的批准职能

---

① ［2010］3 WLR 51.

在于确定内政大臣的决定是否明显的有瑕疵，[①] 确定是否应该对特定人采取相应措施，[②] 同样要确定内政部授权内政大臣对个人签发限制令的决定是否有瑕疵。[③] 根据第5条的规定，如果情况紧迫，内政大臣可以发出限制令而不必得到法庭批准。[④]

涉恐活动（TRA）

《恐怖主义防范与侦查措施法案》第30条第1款关于恐怖主义的定义与2000年《反恐怖主义法案》的第1条的定义相同。[⑤] 但是，《英国恐怖主义防范与侦查措施法案》中对于涉恐活动的定义要宽于2000年《反恐怖主义法案》第40条的相关规定。[⑥] 在《恐怖主义防范与侦查措施法案》第4条中对涉恐活动有如下规定：

1. 涉嫌实施、筹备、煽动恐怖主义行为。
2. 实施支持、筹备、煽动恐怖主义行为或企图这样做。
3. 鼓动实施、筹备、煽动恐怖主义行为或企图这样做。
4. 在已经知情的情况下，支持实施、筹备、煽动恐怖主义的行为。

涉恐活动除了第4项所述的行为之外，其余的可以是具体的行为，也可以是不特定的行为，在《恐怖主义防范与侦查措施法案》第4条中加入上述情况，人们就会明白为什么在SSHD v BM一案中，Collins J说到《恐怖主义防范与侦查措施法案》中所说的涉恐活动要宽于2000年《反恐怖主义法案》第40条之规定。[⑦] 在评估某种行为是否适用于《恐怖主义防范与侦查措施法案》第4条时，Collins J强调，在确定某个行为是否为涉恐活动时，可以参照合理怀疑的标准，并不一定要更高的标准，他说道：

毫无疑问，有些事实令人确信是因为充分的依据，而有的事实则依靠对

---

① Terrorism Prevention and Investigation Measures Act 2011 section 6 (3) (a).
② Terrorism Prevention and Investigation Measures Act 2011 section 6 (3) (b).
③ Terrorism Prevention and Investigation Measures Act 2011 section 6 (9).
④ Terrorism Prevention and Investigation Measures Act 2011 section 6 (5) (b).
⑤ As per Lloyd Jones LJ in SSHD v CC and CF [2012] EWHC 2837 (Admin), paragraph 4.
⑥ Collins J, SSHD v BM [2012] EWHC 714, paragraph 5.
⑦ Collins J, SSHD v BM [2012] EWHC 714, paragraph 5.

来自多方证据的评估，但是确认某些涉恐活动时，并不必须依赖可能性很高的依据。[①]

犯罪

一个人被签发了限制令并生效后，如果他们没有合理的解释，则被认定为违反了《恐怖主义防范与侦查措施法案》的规定，他们就是犯罪。[②] 由于被实施了限制令的人还未被定罪，他们的身份是受到保护的。但是在英国，自从《恐怖主义防范与侦查措施法案》创始以来，共有10个人符合《恐怖主义防范与侦查措施法案》限制令的实施条件，其中2个人违反限制令的相关规定，结果他们的名字被公开了，在写作本书时，他们依然在逃。

《恐怖主义防范与侦查措施法案》附则1中的措施

在《恐怖主义防范与侦查措施法案》措施中，英国内政大臣可以对个人采取下列限制措施：

1. 过夜居住措施（附则1第1段）。这个重大的改变是最高法院在AP案做出裁决之后出现的，根据《恐怖主义防范与侦查措施法案》的规定，过夜居住措施可以安排在被限制人自己的住处，也可以由内政大臣安排在适合的地点，还可以由双方议定。[③] 所谓双方议定指的是被限制人和内政大臣就地点达成共识。[④] 根据附则1的规定，适当地点包括被限制人居住的地方，如果被限制人在英国没有住处，合适的地点可以指的是其亲属居住的地方，如果上述两种情况都不适用，合适的地点则由内政大臣选择。[⑤]

2. 出行措施（附则1第2段）——内政大臣可以限制个体离开英国。

3. 禁入措施（附则1第3段）——内政大臣可以限制个体进入特定地点。

---

① SSHD v BM [2012], paragraph 34.

② Section 23 (1) TPIM.

③ Schedule 1 paragraph 1 (3).

④ Schedule 1 paragraph 1 (5).

⑤ Schedule 1 paragraph 1 (4).

4. 行动限制措施（附则 1 第 4 段）——内政大臣可以限制个体在其行动时服从警察的指示。

5. 金融服务措施（附则 1 第 5 段）——内政大臣可以限制个体使用金融服务，限制措施包括只允许使用内政大臣指定的账户，关闭或不再使用特定账户，或者按照内政大臣指令不拥有、不掌握超过一定现金总额的账户。①

6. 财产措施（附则 1 第 6 段）——本措施限制财产转移，所谓的财产转移指的是向英国境外转移钱和其他财产。

7. 电子通信设施措施（附则 1 第 7 段）——内政大臣可以限制个人及同住者使用电子通信设施。被限制的固定电话、计算机、移动电话，② 或者任何可能存储、传输、接受图像、声音或电子信息的设施及上述设施部件。③

8. 交往措施（附则 1 第 8 段）——内政大臣可以限制个体与他人的交往或通信。

9. 工作或学习措施（附则 1 第 9 段）——个体只可以从事内政大臣规定的工作或学习。

10. 报告措施（附则 1 第 10 段）——根据内政大臣的要求，随叫随到，并且在报告时服从警察的指示。

11. 拍照措施（附则 1 第 11 段）——内政大臣可以要求个体在规定的地点和时间接受拍照。

12. 监视措施（附则 1 第 12 段）——内政大臣对个体的行动、通信及其他活动进行电子监控（包括佩戴电子标签）。

比例原则

限制令下的所有措施在实行过程中必须遵守比例原则。在 CF v SSHD 一案中，④ Wilkie 法官提出了法庭在评价内政大臣提出的举措是否适度时，法庭

---

① Schedule 1 paragraph 5（2）.

② Schedule 1 paragraph 7（3）.

③ Schedule 1 paragraph 7（5）.

④ ［2013］EWHC 843（Admin）.

可以采用如下标准：

1. 目的能证明限制自由是必要的，所以目的非常重要。

2. 相关措施必须用来满足特定目的，并与特定目的相关联。

3. 运用损害自由、权利的措施时，不可超过达成目标的必要水平。措施的影响越大，正当性的需要就越高，实施各种措施时就越要谨慎。所谓的必要性并不等同“有用的”“合规的”“明智的”。此外，法庭还需进行个案分析，不可以对请求一概照准。①

关于恐怖主义防范与侦查措施令（限制令）的争议

对于限制令以及之前的控制令的主要争议在于它们是准刑事措施（Gearty 2013，p. 46）。Fenwick 认为这些准刑事措施虽然是保卫国家安全的新方法，有着一定的程序上的公正，但是她批评这些举措针对的是嫌疑人，而英国无法把这些嫌疑人驱逐出境，也没办法以涉恐犯罪当庭起诉他们（2011，p. 130）。事实上，在没有充分证据指控并起诉的情况下，英国推出的举措拓宽了定罪范围，将相关人标签为恐怖分子。限制令在议会审议时受到批评，被视为一场英国政界导演的“政治秀”，目的在于向选民展示对恐怖分子的铁腕手段，与之前的控制令并没有什么明显不同（Hansard 2011）。

受到质疑的还有限制令的效能。在 2013 年皇家联合行动学院的一次讲话中，当时的军情处的主任 Andrw Parker 说道，有些人虽然出现在安全部门的雷达上，但是并不意味着他们处于安全机构的显微镜下，因为安全机构在特定的时间里只能盯着数量不多的案子（Parker 2013，paragraph 37 – 38）。这一点得到了证实，自从实施限制令以来，只对 11 人采取了相应的措施。通过举例，我们就可以看到案件中的相关人与恐怖主义的瓜葛。在 CC 与 CF 案中，两个人都去过索马里，而且与恐怖主义组织青年党关系密切，② 二人都参加了青年党的培训，积极参加了恐怖行动，以至于 Lloyd Jones 法官认为，他们两

① CF v SSHD [2013] EWHC 843 (Admin), paragraph 25 and 26.

② SSHD v CC and CF [2012] EWHC 2837 (Admin), paragraph 31 – 36.

人扮演着重要角色，安全机构对他们采取的措施“毫无争议”。[1] 在 BF v SSHD 一案中，记录显示 BF 伊斯兰思想极端激进，以至于 Silber 法官认为如果不对他采取限制令，BF 有可能参与恐怖主义活动。[2]

在实施限制令时，引人担忧的是缺少司法审查。MacDonald 曾审查过英国反恐及安全机构权限，认为限制令应先由高等法院发出，以便司法审查确保其必要性。如果是必要的，确保限制令与风险相匹配（Lord MacDonald 2011，p. 16）。目前，已有“恐怖主义防范与侦查措施审查工作组”对限制令进行正式审查。这个审查工作组由文职人员、警察、军情 5 处调查员、皇室检察官组成，但是审查工作组每个季度才见一次面，这会延误对于限制令有效性的评估（Middleton 2013，p. 577）。此外，审查工作组包含的侦查人员和公诉人员无法被视为真正独立。有人说他们有自己的既得利益，所以当 Middleton 在评估限制令时，说道应加大反恐法独立审查人员的作用，因为审查员的报告可能成为必要的协商过程的部分内容（Middleton 2013，p. 577），但是无论独立的审查还是审查工作组都不能替代司法审查提供的更加独立的审查。正如 Walker 指出的那样，在英国，只有在出现类似于 2007 年《反重罪法》和 2003 年《反性侵法》所规定的情况下，才适用法庭发出指令的模式，因为这样做不存在人员和设备的管理问题，而且通常是单方面实施相关规定（Walker 2012，p. 431）。英国政府已经拒绝这样的动议，原因在于保持政策的相互照应，这样限制令才能与其他安全措施，如金融限制、驱逐出境等 2010 年英国《资产冻结法案》所规定的措施保持一致。

对类似限制令这样的条例的实施加以司法审查并不是英国所独有。澳大利亚《刑法》第 104 条第 4 款规定，法庭有权在充分权衡之后，为防患于未然，发出控制令，这种控制令类似于英国的限制令，对特定人的行动加以限制。在 Thomas V Monbray 一案中，[3] 澳大利亚高等法院在审查控制令的有效性时，大多数审查人员认为法庭发出控制令并未违反权力制衡的原则。但是

---

① SSHD v CC and CF [2012] EWHC 2837 (Admin), paragraph 38.

② BF v SSHD [2013] EWHC 2329 (Admin), paragraph 35.

③ [2007] HCA 33.

Kirby 法官有不同意见，他担心的是法庭虽然企图防患于未然，然而并不是真正地行使司法权。在他看来根据澳大利亚《刑法》第 104 条第 4 款的规定，法庭行为的本质在于创造未来的权力——这种创造更像立法权或行政权。[①] Kirby 担心在发出法庭控制令时，法庭正在成为政府决策的“橡皮图章”。[②] 为消除上述担忧，Kirby 法官强调法庭的责任是防止不正当地背离基本人权和基本自由的情况发生。[③]

在仔细分析澳大利亚控制令限制个人行动的各种事由时，Kirby 法官注意到在 Thomas 一案中，英国法庭体现了保障自由和人权。具体地说，在保护个体的权利和自由时，英国法院对于内政大臣提出限制令的事由要么加以拒绝，要么加以限制。[④] 这就回归到比例性和必要性的原则。这两个原则关乎限制令是否恰当，是否相关。关于比例性原则，在 Guzzardi v Italy 一案中，[⑤] 欧洲人权法院认为剥夺自由和限制自由之间的差别是强度或程度的不同，而不是属性和本质的差异。[⑥] 在四个限制令的被执行人就限制措施提起诉讼后，法庭的判决如同 Wilkie 法官在 CF v SSHD 一案中的判决那样，认为对被执行人造成了不便，但是这种不便并未严重到能够证明限制令缺乏比例性。在发出限制令之前，法庭考虑了相关证据。在 SSHD v AM 一案，[⑦] 根据英国 2005 年《反恐怖主义法案》AM 被实施了控制令，对此他提出上诉，认为对他实施的控制令违反了法律规定，因为自从 2007 年以来，他并未参与恐怖活动。英国高院维持原判，指出由于 AM 之前参与过恐怖活动，发出控制令在所难免。[⑧] 虽然限制令可以视为英国 2005 年《恐怖主义防范法案》控制令的弱化版，对于被执行人已是从轻发落（Cochrane 2013，p. 43），但是问题在于是不是要适用限制令。正如英国政府 2011 年反恐审查所报告的那样，警方和安全机构对于恐

---

① Thomas v Mowbray [2007] HCA 33, paragraph 304.

② Thomas v Mowbray [2007] HCA 33, paragraph 329.

③ Thomas v Mowbray [2007] HCA 33,.

④ For example, BF v SSHD [2013] EWHC 2329 (Admin), paragraph 42.

⑤ [Application no. 7367/76].

⑥ [Application no. 7367/76], paragraph 93.

⑦ [2012] EWHC 1854 (Admin).

⑧ SSHD v AM [2012] EWHC 1854 (Admin), paragraph 24.

怖主义犯罪嫌疑人的监视并不意味着控制。[①] 一种可能的考量是废除控制令，转而以原来的警方和安全部门监视嫌疑人。这样做不仅可以让国家机构尊重人权，还可以消除人们对于高级官员可能滥用职权的指责。

美国国家安全局，“棱镜”计划，新闻资讯，英国2000年《反恐怖主义法案》附则7规定的权力：出现国际事件时采取恐怖主义防范性拦截搜查措施的案例研究

2013年8月18日，人们对于英国把反恐法律用于政治目的举动提出了批评。2013年6月，美国国家安全局前员工爱德华·斯诺登带走了大量的机密文件，并将之泄露给英国《卫报》。这些文件关乎美国国家安全局和英国政府通信总部日常的监视工作。其中就有关于“棱镜”计划的情报，斯诺登此举违反了保密法。英美两国都急于逮捕斯诺登，并索回相关文件。斯诺登将这些文件交给《卫报》记者Glenn Greenwald，Greenwald的同事David Miranda搭乘飞往巴西的航班时，在伦敦希思罗机场被反恐特别行动处扣押。特别行动处援引的是《反恐怖主义法案》附则7规定的拦截与搜查权。英国安全机构军情5处在这次拘捕的前两天，就查询到Miranda会在2013年8月18日抵达伦敦希思罗机场，向特别行动处发出实施抓捕请求，内容如下：

我们确信Miranda携带相关资讯，此资讯的泄露将危及他人的生命。此外，披露相关资讯或威胁披露相关资讯都是旨在威胁政府，而且此举基于政治或意识形态的诱因。这属于恐怖主义范畴，故此我们请求依据附则7的规定，审问该人（Anderson 2014，p. 29）。

由于斯诺登泄密案的严重性，原本名不见经传的英国警方权力引起全球关注。Miranda被拘留9个小时，接受问询，他的电子设备被扣押检查。[②] 这

---

① SSHD v AM [2012] EWHC 1854 (Admin), paragraph 13.

② BBC News August 19, 2013 “Heathrow detention: ’ They asked me about my whole life’ ” retrieved from http://www.bbc.co.uk/news/world-latin-america-23760966 [accessed September 2, 2013].

些电子设备包括笔记本、手机、记忆棒、DVD（O'Carrol and Norton - Taylor 2013）。

英国2000年《反恐怖主义法案》附则7规定的权力

英国2000年《反恐怖主义法案》附则7授权反恐官员收集关于嫌疑人行动的情报。[①] 附则7的权力仅限于港口和机场的警员[②]拦截与询问涉嫌实施、筹备、煽动恐怖主义活动的人员。[③] 警方可以搜身、查验随身携带的物品，[④]可以扣押该人及物品最多7天。[⑤] 媒体认为 Miranda 被拦截明显是警察权力的独断专行，对此最为尖刻的抨击莫过于 Greenwald 了，他写道：

很明显这是一个处心积虑对新闻采集和新闻业的反攻倒算。对新闻提供者起诉、判刑够糟的了，对于揭露真相的记者判刑更糟，但是拘禁与记者相关的人简直就是暴政（Greenwald 2013）。

尽管英国内政大臣为引用附则7规定的权力而辩护，但是他也承认扣押 Miranda 长达9个小时是不寻常的，对此《卫报》和其他媒体的抗议仍未平息。这些媒体认为 Miranda 手里拿的只是新闻素材而已，警方滥用权力是在侵犯新闻自由。可是新闻界的抗议中却只字未提斯诺登泄露的是窃取的国家文件，是英美两国政府的财产。

英国2000年《反恐怖主义法案》附则7所规定的权力的司法回应

英国2000年《反恐怖主义法案》附则7所规定的权力是否恰当，对于这

---

① Collins J CC v The Commissioner of Police of the Metropolis and Secretary of State for the Home Department [2011] EWHCX 3316 (Admin), paragraph 11.

② This applies to immigration officers and customs officers as well as police officers.

③ Schedule 7 Terrorism Act 2000, paragraph 2 (2) (b).

④ Schedule 7 Terrorism Act 2000, paragraph 8.

⑤ Schedule 7 Terrorism Act 2000, paragraph 11.

个问题法院必须回应。说来也巧，2013 年 8 月的 Sylvie Beghal v Director of Public Prosecutors 一案①诉至英国高院。在该案中 Beghal 质疑警方使用附则 7 规定的权力，因为警方一旦使用这些权力可能违反《欧洲人权公约》的相关规定。作为一个法国公民，一个恐怖分子的妻子，Beghal 在到达英国 East Midlands 机场后，被警方依据附则 7 的规定拘捕。警方没有认为她是恐怖分子，但警方要询问她是否涉嫌实施、筹备、煽动恐怖主义。② 由于 Beghal 案件和其他的几起案件都关乎附则 7 的权力，法院审查了该附则中的如下规定。

拦截的目的

英国 2000 年《反恐怖主义法案》附则 7 第 2 段规定，警方可以询问某人以便查明此人是否正在或已经实施、筹备、煽动恐怖主义。③ 正如法官 Collins 在 CC v The Commissioner of the Police of the Metropolis and Secretary of State for the Home Department 一案中指出的那样，④ 法庭必须考虑扣押某人的目的是否必要，是否符合《欧洲人权公约》的规定。除了找到涉恐行为外，Collins 认为必须由警员按照附则 7 的规定，自行判断被拘押的人是否和恐怖主义有关联。⑤ 他又说道：

……第 40 条第 1 款 b 项使用的语言是如此宽泛，不仅可以用来判断某人是否为恐怖分子，还可以用来判断此人的行为方式。除非附则 7 所规定的权力与恐怖主义无关，否则警方可以运用一切相关权力询问某人，只要此人有涉恐嫌疑，如此人之前从事过某种威胁外国政府的行为。⑥

2013 年 8 月，当 David Miranda 于希思罗机场被扣押时，问题的关键在于 Miranda 声称警方扣押他的目的不在于确定他是否参与恐怖主义活动，而在于

---

① [2013] EWHC 2573 (Admin).

② [2013] EWHC 2573 (Admin), paragraph 8.

③ Terrorism Act 2000, s. 40 (1) (b).

④ [2011] EWHC 3316 (Admin).

⑤ CC v The Commissioner of the Police of the Metropolis and Secretary of State for the Home Department [2011] EWHC 3316 (Admin), paragraph 15.

⑥ CC v The Commissioner of the Police of the Metropolis and Secretary of State for the Home Department [2011] EWHC 3316 (Admin), paragraph 16.

配合英国安全部门调查他随身携带的物品，其中一些文件是他间接地从斯诺登那里获取的。[①] 在该案中，上诉法院法官认为扣押 Miranda 是合法的，理由如下：

……我认为附则 7 所规定的权力旨在提供合理但有限的机会以便明确一种可能性：一名旅行者是否直接或间接地参与了附则 7 第 2 段中规定的构成恐怖主义的活动。[②]

这个结论很重要，因为英国高院认识到警方在进出境口岸和边检管制没有足够的时间查验旅行者，没有时间评估他们是否和恐怖主义有关联。在 CC 和 Miranda 两个案件中，高院认为附则 7 第 2 段并未违背《欧洲人权公约》。

不需要合理怀疑

根据附则 7 的规定，实施查验的时候警员并不需要有充分的把握相信某人参与实施、筹备恐怖主义。[③] 乍一看，前诉的规定违反了《欧洲人权公约》的第 5 条（个体的自由及安全权），该条规定拘捕一个人的前提条件是有合理的怀疑，确信此人已经触犯法律。在这里触犯法律指的就是参与恐怖主义。[④] 高等法院在 Sylvie Beggal v Director of Public Prosecutions 一案中对此做了回应，[⑤] 认为附则 7 第 2 段的第 4 部分是必要和合理的，特别是对于在口岸和边境实施管制阻止涉恐旅行者的情形。警方有权力广泛地查验有助于他们判明出行的目的，了解这些乘客和恐怖主义是否有联系。[⑥] David Anderson 曾经做过英国反恐立法的独立审查官，曾对相关的立法做了调查之后完成了一份报告，得出结论：警方对于附则 7 规定的权力使用得当，未发现有种族歧视行

① David Miranda v The Secretary of State for the Home Department and the Commissioner of the Police of the Metropolis [2014] EWHC 255 (Admin).

② David Miranda v The Secretary of State for the Home Department and the Commissioner of the Police of the Metropolis [2014] EWHC 255 (Admin), paragraph 32.

③ Schedule 7 Terrorism Act 2000, paragraph 2 (4).

④ European Convention on Human Rights article 5 (1) (c).

⑤ [2013] EWHC 2573 (Admin).

⑥ [2013] EWHC 2573 (Admin), Gross LJ, paragraph 106.

为。[①] 尽管他的结论令人鼓舞，但他还是强调不应随机运用附则7的权力，而应该在分析情资和谨慎判断的基础上运用上述权力。

获得法律援助

在2014年《反社会行为、犯罪与警务法案》的修正案出现之前，附则7所规定的会见律师的权利成为关注的焦点，其中一个案件就是Abderlrazag Elosta v Commission of police of Metropolis and Secretary of State for the Home Department。[②] 在该案中，高等法院要求内政大臣利用2011年7月Home Office Circulars对附则7中的错误加以修正。这种修正包括针对附则7的《行为规范》和审查人员发出的TACT的通知文件，这份文件和附则7中都涉及嫌疑人会见律师权利的相关内容。Elosta当时确信自己有权在出入境口岸会见律师，费用由国家负担，并希望在口岸与律师通过电话私下交流。根据2014年《反社会行为、犯罪与警务法案》附则9的规定，2000年《反恐怖主义法案》附则7和附则8对于会见律师权做了修正。过去只能在被拘押的派出所会见律师的规定，现在已经废除。修正后的附则8规定可以在被拘押的任何地点提出会见律师的请求。[③] 修正后的附则7规定会见律师权适用于任何警方实施扣押的地点。被拘留的人有权面对面咨询律师，[④] 警察只有在嫌疑人咨询过律师后才可以开始询问。唯一的例外是拘捕的地点不在警局，警方合理地确信没有时间会见律师，以及推迟审讯可能对查明相关事宜造成极大不利。[⑤]

沉默权

根据2000年《反恐怖主义法案》附则7的规定，被拘捕者必须将一切信息和盘托出。[⑥] 事实上这就意味着被拘捕者没有沉默权。可是这又令人匪夷所

① David Anderson QC，The Terrorism Act in 2012（The Stationery Office 2013），100.

② [2013] EWHC 3397（Admin）.

③ Terrorism Act 2000 Schedule 8 paragraph 6.

④ Terrorism Act 2000 Schedule 7 paragraph 7A（5）.

⑤ Terrorism Act 2000 Schedule 7 paragraph 7A（6）and 7A（3）.

⑥ Terrorism Act 2000 Schedule 7 paragraph 5（a）.

思，特别是在今天国家机构必须以《欧洲人权公约》的标准约束自身行为的背景下。[①] 例如，《欧洲人权公约》第6条规定了人们有权获得公正审判，此外《欧洲人权公约》禁止自证其罪。现在可以比较一下欧洲人权法院在 Beghal v United Kingdom 和 Allen V United Kingdom 这两个案子中所做的裁决。[②] Allen 是因一起涉税案件被捕，在涉税案件中不需使用强制力询问。在 Allen 案中，欧洲人权法院认为不可自证其罪的权利并不禁止使用强制力。[③] 上诉法院法官 Gross 进一步指出禁止自证其罪的权利并不是绝对的，并不适用于附则7，因为 Beghal 只是被警方拦了下来，并未受到警方怀疑，更没有被警方逮捕。此外，Gross 指出附则7所规定的询问不是用于刑事审判工作的证据收集（但是被拘扣的人的回应有可能成为呈堂证供），[④] 而且重要的是，附则7规定的询问不是刑事诉讼程序中的前期询问。[⑤]

依据附则7搜查与扣押物品：新闻资料能否与恐怖活动有关联?

根据附则7，警察可以搜查某人及其随身携带的物品，[⑥] 而且对这些物品扣押可以长达7天，以便对这些物品进行检测。[⑦] 在 Miranda 一案中关键在于扣押 Miranda 时，对他随身携带的物品如何定性。Miranda 认为这些材料与恐怖主义无关，仅仅是一些新闻资料。全世界对于扣押 Miranda 的公愤源于此。如果他说的是事实，法庭可能支持他的诉求。这就产生一个问题，新闻资料的法律要件是什么？如果真的是新闻资料，在民主国家是不可以搜查的。在英国，1984年《警察与刑事证据法案》（PACE）对于新闻资料的定义很宽泛，只是说基于新闻目的获得的或制作的材料是新闻资料。[⑧]《警察与刑事证

---

① Human Rights Act 1998 section 6.

② Application no. 7657/01.

③ Application no. 7657/01, paragraph 119.

④ Sylvie Beghal v Director of Public Prosecutions [2013] EWHC 2573 (Admin), paragraphs 127 - 128.

⑤ Sylvie Beghal v Director of Public Prosecutions [2013] EWHC 2573 (Admin), paragraphs 127 - 129.

⑥ Terrorism Act 2000 Schedule 7 paragraph 8.

⑦ Terrorism Act 2000 Schedule 7 paragraph 11.

⑧ Police and Criminal Evidence Act 1984 section 13 (2).

据法案》还把新闻资料归为“排他性的资料”，所谓“排他性的资料”指的是不公开的文件或记录。① 在英国，警察在反恐侦查时可以搜查、查扣排他性材料，但是要有搜查令，搜查令的法律依据是2000年《反恐怖主义法案》附则5。在Miranda一案中，警方并未依据附则5，而是依据附则7。所以，Miranda一案中法庭没有根据附则5的规定分析警方的搜查和查扣的行为，也没有讨论根据附则5警方拥有的权力。《卫报》编辑Rusbridger认为Miranda手里拿的是新闻资料，他说道：

这个国家正在构建一个可怕的监视体系，竭尽全力防止新闻界的揭露……如果这种全面监视真要是来了，不知道究竟有多少公众真正明白这种全面监视对于新闻界的威胁。现在看来，全面监视只是时间问题了(Rusbridger 2013)。

关于Miranda事件，Rusbridger忽略的一件事是Miranda携带的不是通常的新闻资料，而是偷来的国家机密。

Laws法官认为扣押Miranda是恰当的，因为Miranda当时所携带的材料据信不是用来报道恐怖主义的。该法官又指出警方援引附则7查验相关资料符合规定。② 英国高等法院认为携带的材料是非法的，因为这58000份材料是斯诺登偷窃的。③ 但是有人认为斯诺登并未盗取这些资料，这些资料属于斯诺登和Greenwald，因为这些资料存储在他们的计算机中，斯诺登将其泄露给《卫报》充其量不过是滥用这些资料而已。这些资料当时肯定是存储在美国国家安全局和英国政府通信总部的计算机系统里，由于斯诺登未经批准将上述材料复制到自己的计算机里，这就是一种挪用，如同一个人占有、复制、传递有形的物品一样。在英国，偷窃指的是主观有剥夺他人物品的故意，④ 斯诺登意欲剥夺美国国家安全局和英国政府通信总部的上述情报泄露给《卫报》并

① Police and Criminal Evidence Act 1984 section 11 (1) (c).

② David Miranda v The Secretary of State for the Home Department and the Commissioner of the Police of the Metropolis [2014] EWHC 255 (Admin), paragraphs 35 and 36.

③ David Miranda v The Secretary of State for the Home Department and the Commissioner of the Police of the Metropolis [2014] EWHC 255 (Admin), paragraph 53.

④ Theft Act 1968 section 1 (1).

无意归还。如果从斯诺登占有的仅仅是复制品来看的话，有人说美国国家安全局和英国政府通信总部并未被剥夺相关财产。但是失窃的是复制品的信息，是国家机密，是情报。

证明盗窃的关键是证明嫌疑人不诚实。尽管盗窃法没有说明不诚实的定义，但是该法界定了什么样的行为是诚实，什么样的行为是不诚实。二者的区分在于某人在拿走物品时：

1. 相信他依法具有剥夺他人对该物品所有权的权利。[①]

2. 相信在拿走该物品时，已经取得主人的同意。[②]

从英美两国政府的反应来看，斯诺登当时不可能获得两国政府的批准，相信他本人也知道美国国家安全局和英国政府通信总部不会允许他复制这些文件。即使斯诺登声称他这么做不是出于个人私利，而是向全世界展示两个安全机构的大范围监视活动，那也无法抵消法定的盗窃行为，因为盗窃法不问盗窃是否基于个人私利。[③] 因此，认为斯诺登只是滥用这些资料的人看起来是忽视了盗窃的特点，而高级法院认为 Miranda 盗取了这些资料，这一判决是对的。

除此之外，警方相信如果 Miranda 占有的信息泄露，即使公众对于通过媒体公布的这些信息的内在重要性并不了解，但在法庭看来这也是送“恐怖分子的礼物”。尽管 Greenwald 声称记者和政府一样有法律责任，为了国家安全，将相关资讯加以掌控不向外界披露，但他的上述陈情被法庭驳回，法庭明确指出记者没有宪法意义上的责任。媒体在这方面所承担的责任与国家机构的责任不可同日而语，在形成判决时这一点很重要。法院认为警方基于附则 7 采取的扣押不仅是合法的，而且是“非常紧迫的”，目的是在公众利益、新闻自由、国家安全之间找到平衡，于是法院更多地支持了国家安全。

① Theft Act 1968 section 2 (1) (a).

② Theft Act 1968 section 2 (1) (b).

③ Theft Act 1968 section 1 (2).

拘押时间以及对于拘押的审查

根据附则7的规定，羁押一个人最长不超过6小时。① 最初最长时间是9小时，但在2014年《反社会行为、犯罪与警务法案》附则9第2段中的修正案将时间降为6小时。由于依据附则7羁押Miranda时还没有相关的修正案，因此他被扣押了9个小时。就算在引用修正案之前，9个小时羁押时间也很少见。Anderson在英国反恐立法的报告中发现，在2009年至2012年（在2014年相关修正案推出之前），97.2%的案件审查时间不到一个小时，2.02%的案件审查时间在1至3小时，达到9个小时的只有0.6%。在Miranda一案后，英国政府认为有必要将附则7规定的最长羁押时间降为6小时。关于附则7有关羁押的规定，先后出现了2000年《反恐怖主义法案》附则8和2014年《反社会行为、犯罪与警务法案》附则9的修正案。这份修正案规定对于依据附则7进行的羁押要不定期地审查。第一次审查在拘押一小时结束前进行，审查人是一个高级警官，职级高于讯问的官员，② 并且根据附则7第2段和第3段的规定，审查人不得在此之前直接参与对被羁押人员的讯问。③

比例原则平衡国家安全与个人自由

在Begal一案中，高等法院认为引用附则7并未违反《欧洲人权公约》，因为附则7中规定的权力并不是独断专行，④ 在法院看来，这些权力是相称的、容许的。法院认为，虽然保护被告人免受不公很重要，但依据比例原则，相对于个人权利，保护公众免受恐怖袭击更为重要。⑤ 对此，上诉法院法官

① Terrorism Act 2000 Schedule 7 paragraph 6A (3).

② Code of Practice for examining officers under Schedule 7 to the Terrorism Act 2000, paragraph 20K (7) (a).

③ Code of Practice for examining officers under Schedule 7 to the Terrorism Act 2000, paragraph 20K (2).

④ Sylvie Beghal v Director of Public Prosecutions [2013] EWHC 2573 (Admin), paragraph 112.

⑤ Sylvie Beghal v Director of Public Prosecutions [2013] EWHC 2573 (Admin), paragraph 143.

Gross 说道：

禁止或限制犯罪嫌疑人的行动，在我们看来，能够满足口岸边检机构的需要，在现实中能够广泛地询问犯罪嫌疑人的出行目的，对于查明恐怖主义至关重要。①

这一思想在 Miranda 一案中有所体现，对于 Miranda 的拘留和询问的本质目的在于防范恐怖主义。Ouseley 法官认为在运用拘留和询问权力时，警员必须确保符合 2000 年《反恐怖主义法案》的规定，并能解释自己行使权力的依据，对此 Ouseley 说道：

警察不可单凭主观臆断行事，但可能会凭预感或直觉采取行动，尤其是考虑到情势的急迫性。这并不是解决问题的最后手段。②

Miranda 一案彰显了英国对于恐怖主义定义的宽度，对此 Anderson 提出了担忧（Anderson 2014，p. 29）。在 Anderson 看来，只要一篇文章旨在通过推进政治、宗教、种族或意识形态事务以影响政府，对于这样的文章加以出版则可能构成恐怖主义（Anderson 2014，p. 30），这真是“令人不寒而栗”的，因为：

1. 根据 2000 年《反恐怖主义法案》第 57、58 条之规定，只要占有与出版相关联的物品，或者这些物品对于出版该类出版物有帮助就可受到惩罚，甚至入狱。

2. 如果报刊刊登政治动机的、影响政府的材料，该报刊就有可能成为被禁止的组织。

3. 涉及上述情况的报刊及其记者会被依法冻结财产。

4. 相关部门有可能会对记者采取限制令（Anderson 2014，p. 31）。

虽然 Anderson 关于反恐立法的专业知识令人敬佩，但他还是夸大了 Miranda 一案判决的影响。Laws 法官认为情况并非如此，他说：

---

① Sylvie Beghal v Director of Public Prosecutions [2013] EWHC 2573 (Admin), paragraph 106.

② David Miranda v The Secretary of State for the Home Department and the Commissioner of the Police of the Metropolis [2014] EWHC 255 (Admin), paragraph 91.

没有任何迹象表明，媒体就恐怖主义进行报道就应该被视为支持恐怖主义。①

如果 Anderson 的断言是正确的，一个民主国家宽纵基于政治动机的新闻报道上纲上线为恐怖主义，这就是政治上的自杀。如果实施这样的反恐怖主义法律，对于执政党而言，不仅会导致来自国际的谴责，而且国内公众的非议也会沸腾。人民的谴责必然会在选举投票中有所反应，执政党的得票率会下降，甚至被抛弃在政治荒原长达多年。我们重申一下英国高院在 Miranda 一案判决的核心内容，该案的关键不在于某个新闻资料是否有政治动机影响政府，不是因为这个案子会悍然限制新闻自由。法庭要考虑的是附则 7 所规定的权力的实施问题，Miranda 占有的材料是否与恐怖主义有关联。高等法院的裁定集中在窃取 58000 份秘密文件的行为，文件的内容一旦泄露或遗失，就可能落入恶人之手，对于国家安全，特别是英美两国的安全造成巨大的威胁。在民主国家，媒体自由很重要，通过言论自由，媒体可以监督政治权力，可以影响政府，因此有个外号叫“第四权”（Fourth Estate）。② Miranda 案的关键在于平衡国家安全的客观需要和保护个人自由。正如 Lawsuit 法官所述，在 Miranda 案中，引用附则 7 的目的是：

……不仅是正当的，而且是非常紧迫的……在一个涉及新闻自由的案例中需要把握好比例原则要求，如前所述，要平衡公众利益的两个方面：一方面是新闻自由，另一方面要证明政府干预的正当性，此处要考虑的是国家安全。③

即使对于最强烈的个人自由的倡导人士而言，有时他们也必须接受国家安全要优先于个人权利的情况，Miranda 案就是这种情形之一。

---

① David Miranda v The Secretary of State for the Home Department and the Commissioner of the Police of the Metropolis [2014] EWHC 255 [35].

② Sir Brian Leveson, An Inquiry into the Culture, Practice and Ethics of the Press Volume 1 (The Stationery Office 2012), 65.

③ David Miranda v The Secretary of State for the Home Department and the Commissioner of the Police of the Metropolis [2014] EWHC 255 [73].

对于高等法院在 Miranda 一案中判决的总结

反恐机构侦查人员在调查过程中，力求的结果就是防止恐怖行为的发生。这也是政府想要的结果，不仅仅是展示能力，也是确确实实保护公众安全，当然这也是公众之期盼。2000 年英国《反恐怖主义法案》附则 7 一直受到批评，因为有些人担心这个规定对于个体权利和自由造成损害。但是，从多个司法审判案件中可以看出，满足国家安全也是必要的，因为恐怖主义可能影响到所有人，不但造成严重的伤亡，而且会影响到公众的日常生活。例如，人们可能不得不改变出行方式，也可能不得不将自己的活动限制在一定的范围，可是恐怖活动恰恰在这些地方出现。为了防范恐怖主义，侦查人员需要更大的权力。这一点 Anderson 是承认的，在批评反恐权限过大时，也承认有时需要严刑峻法。他说，这些权力是必要的，以便更有利于逮捕恐怖分子，在不能达到传统的犯罪企图、共谋、定罪要求的情形下起诉他们，这样的立场，他认为公众能够接受，“只要这些严刑峻法用的得当”①。人们认为，反恐警察确实只在必要时刻才使用这些权力，Miranda 一案不应当被认为是国家机构和司法部门违法实施反恐权力的情形。如上文所述，Miranda 一案只是一个例外情况，因为 Miranda 当时携带的是从美英安全机构盗窃来的文件。本案更主要的是关于国家安全的问题而不是新闻自由问题，Miranda 一案的判决不是限制自由，也不是扩大反恐立法对于新闻活动的限制。

结论

正如本章所强调，无论是官方的政策，还是各种法定的反恐措施背后的法理依据，其核心都是防止恐怖主义行为的发生。法律上规定占有和提供涉

① David Anderson QC, Independent Reviewer of Terrorism Legislation, Press release to The Terrorism Acts in 2013, July 22, 2014, retrieved from http://terrorismlegislationreviewer.independent.gov.uk/ [accessed July 22, 2014].

恐资讯的罪名就体现了这个重点。在援引英美两国相关案例时，我们可以看到上述罪名在这两国的定义范围，特别是什么样的物品、什么样的资讯构成支持恐怖主义。由此这就拓宽了侦查人员的权限，他们可以据此逮捕，可以申请搜查令，查扣上述物品。但是这并没有给予反恐机构无限的权力去侦查那些与恐怖主义没有关联的人，也没有给予他们无限的权力施加罪名。在英国法庭所做的裁决中可以看出法庭在一定程度上阻止了过度使用上述罪名的情形，因为法律中有相关定罪的依据。

为防范国内、国外的恐怖主义，各国都制定了法定措施，控制相关的被取缔的恐怖组织。在加拿大、美国和英国，对于非法组织都有相似的规定，而且所规定的内容每年在必要时都可能调整。针对恐怖组织制定相应的罪名使他们无法公开活动，无法获得资金援助。当然，这可能引起某些人对某些组织的同情。如果这些人采取行动支持恐怖组织，可以将他们逮捕，或者通过设置罪名，使得这些人仅限于同情而已，刑法不追究思想犯，只追究实际的行为。

还有人批评准刑事措施和在口岸边境实施管控的权力，有人用英国的《恐怖主义防范与侦查措施法案》的例子说明限制令无助于反恐，只是政治宣言，强调国家采取措施确保人民安全。对《恐怖主义防范与侦查措施法案》的分析表明，在平衡国家安全以及个体权利、个人自由的过程中，法院更多地倾向个人自由。例如，某个案件中当事人被限制行动但并未确定罪名，这是因为此人仅仅是被怀疑而已。如上所述，这是英国、欧盟、澳大利亚法院关注的事。Kirby 法官在 Thomas v Moubray 一案所做的判决是个很好的例子。①

在英国，Miranda 一案关乎如何运用 2000 年《反恐怖主义法案》附则 7 所规定的扣押和搜查程序，法院认为在特定的情况下，国家安全利益高于个人自由。附则 7 的规定过于严苛，因为如果用法定的比例原则加以检验的话，就会发现它可能有悖于人权方面的法律规定，但是当英国法院于 2013 年 8 月研究了根据附则 7 判决的 4 个案件时，他们认为该附则的各项规定并未违反

① Thomas v Mowbray [2007] HCA 33.

《欧洲人权公约》的各项条款。当法庭担心附则 7 可能与人权法律背离时，英国在 2014 年《反社会行为、犯罪与警务法案》中加入了修正案，以确保附则 7 所规定的各项权力是适度的。Miranda 反映的不仅仅是涉及扣押与搜查，也讨论了新闻资料的构成要件。从该案可以看出，在充分考虑反恐的法定罪名以及相关机构权限的过程中，法院也在平衡国家安全和个体权利、个人自由之间的关系，在该案中，法院认为国家安全高于 Miranda 的权利，法院并未随便做出裁决。支持个人权利的人应该接受法庭的裁决，应该接受这样的事实，即在反恐斗争中，国家安全有时更为重要。

第三章　监控与国际反恐情报交换：国家安全与个人自由的平衡

引言

美国国家安全局前雇员爱德华·斯诺登向新闻媒体泄露机密文件，爆料美国国家安全局和英国政府通信总部的所作所为，尤其是“棱镜”计划（PRISM project），导致国际社会对反恐怖主义机构实施的广泛监控行为的谴责。这些担忧的背后体现的是各国反恐怖主义立法扩大了反恐机构的权力，以致严重影响个人自由，且拓宽了构成犯罪的范畴。本章审视美国与英国关于监控恐怖主义活动的立法规定，并分析了对政府部门实践中有关案例的司法审查，这些案例与立法有关，既包括斯诺登泄密事件之前的，又包括之后的。本章对为什么美国国家安全局和英国政府通信总部这样的机构需要广泛的监控权力，泄露被盗取的机密文件可能对国家安全造成的影响，如斯诺登向英国《卫报》泄露的文件等内容进行了解释。

在对这些事项的分析中，本章考查了反恐怖主义侦查中的监控权力的使用，以及获取的情报如何在英国和美国之间交换。情报交换范围包括对欧盟警务机构欧洲警察组织作用的分析，这有利于促进欧洲警察组织情报交流。这就需要分析不同国家的法院如何实施法律的比例原则，兼顾国家安全利益与个人权利。分析内容包括对美国监控法律的质疑和英国法院与欧洲人权法院关于相关人权条款裁定的冲突之处。

本书的观点是，国家安全利益与保护个人自由是互相包容的，因为国家有责任保护个人的人身自由，但同样重要的是国家也必须保护民众免受恐怖主义袭击。因此，保护人民免受任意的恐怖主义袭击的权力是必要的，即使这样的权力有时会轻度侵犯个人自由。

反恐侦查中的监控权力

为了获取涉嫌恐怖主义活动的情报，法律授权允许秘密监控是一项非常重要的侦查手段。在实践中，国家机构遵守法制是非常重要的。这不仅确保了他们的实践符合法律的比例原则，而且遵守法制保证了这些机构行动的透明度，明确了做出决定机构的责任以及国家工作人员滥用权力的责任（International Commission of Jurists 2009， p. 68）。

美国的权力

在美国，有两个关于授权电子监控的重要法律规定。美国《刑法典》第18卷第2516条第1款规定，授权允许采取秘密监控的方式获取涉嫌恐怖主义活动的情报，司法部部长授权联邦法官向联邦机构签发法令，侦听有线、口头或电子通信内容。另一部授权电子监控的法律是1978年《外国情报监控法案》（FISA），该法规定，经司法部部长的批准，联邦机构得向外国情报监控法院[①]申请授权采取电子监控措施，监控“外国政府的间谍”，包括从事国际恐怖主义活动的嫌疑人员。[②]

2008年《外国情报监控法修正案》（FISAA）对美国国家安全局的电子监控权力进行了重大修改，包括监控令授权的核心只是通信客户端，不需要对监控对象有特定要求。如果秘密监控涉及使用麦克风之类的设备，那么很可能涉及个人的隐私，则监控令必须明确监控的对象（Liu 2013， p. 7）。该修正

① 50 USC section 1804.

② 50 USC section 1807 (b) (1) (C).

案的一个重要影响就是通过授权对美国领土之外的非美国公民进行监听、监控，这些公民的个人信息被纳入美国司法管辖之内（Bigo et al. 2013，p. 3）。虽然监控令对在美国国内的美国公民进行监听、监控时必须考虑到美国《宪法第四修正案》中规定的隐私权，但这样的权利对于外国公民并不适用。

英国的权力

2000 年《调查权规范法案》（RIPA）第 28 条第 3 款规定，为了国家安全或防范、侦查犯罪与骚乱之必要，法院授权特定机构，如警察[①]、英国情报部门[②]，采取秘密监控之措施。尽管该法案提出了广泛的实施监控的情形，但监控仅限于英国本国之内。该法案的授权必须与《欧洲人权公约》的条款内容相一致。

美国与英国之间的情报交流：欧洲警察组织的作用

自“9·11”恐怖袭击以来，反恐警务与国家安全机构之间的国际情报交流大大增强。美英两国之间的情报交流一直是通过欧盟警务机构，即欧洲警察组织来实施的。2009 年《里斯本条约》授权收集、存储、处理、分析和交流情报，欧洲警察组织的使命是：

……支持和加强成员国警察机构及其他执法机构的行动，通过相互合作防止损害双方或多方成员国的严重犯罪行为、恐怖主义活动以及不利于欧盟政策的任何形式之犯罪。[③]

“9·11”恐怖袭击之后，欧盟优先考虑打击恐怖主义犯罪，袭击事件发生后 10 天内，欧盟法院和司法与内政事务理事会与委员会（JHA）制定了打击恐怖主义行动方案，促进了应对国际恐怖主义威胁措施的发展与完善（Joffe 2008，p. 158；Kaunert 2010，p. 653）。欧洲警察组织拥有签署国际协议的

---

① RIPA Schedule 1（1）.

② RIPA Schedule 1（5）.

③ Article 88 ToL.

权力，2001 年与美国签署的协议最为高级。情报共享在欧盟成员国警察机构和美国特定机构（Kaunert 2010，p. 664），包括 FBI、美国情报机构、禁毒局和美国邮政检察署之间得以实现（Den Boer et al. 2008，p. 10）。

欧盟的《里斯本条约》对合作的影响

根据《里斯本条约》第 84 条至第 88 条的规定，欧盟加强了各成员国与欧洲警察组织间的合作。因为所有欧盟条约都是欧盟法律的主要来源，欧洲遵循的法律原则是欧盟法律高于各成员国国内法律。① 这一法律原则的影响是欧洲成员国在法律上有义务遵守《里斯本条约》的条款。《里斯本条约》第 84 条授权欧盟法律机构签署指令，要求各成员国与欧洲警察组织合作。② 因为欧盟指令归欧洲法院管辖，欧洲法院（ECJ）根据欧盟法律至高原则，以确保各成员国遵守指令。③ 这一点得到了《里斯本条约》第 87 条的支持，该条规定所有成员国得遵守警务合作，这些合作既包括所有的国家机构，也包括反恐机构、有组织犯罪侦查机构、海关机构和其他“特定的执法机构”。最重要的是第 88 条，该条改变了欧洲警察组织的角色，从原来的支持、协助成员国警察机构的行动变为这些成员国的明确的合作伙伴。为了确保成员国与欧盟之间的真实合作伙伴关系，第 88 条规定，要制定另外的欧盟法规以确保各成员国切实遵守警务合作。④

这些以责任为中心强化欧洲警察组织作用的变化非常重要，原因有二：一是作为隶属司法与内政事务委员会的等级机构，同多边协议中的机构的横向角色相比，欧洲警察组织具有纵向的法律合理性（Den Boer et al. 2008，p. 106）。二是将欧洲警察组织置于欧洲法院和欧盟议会管辖和审查之下，根据《里斯本条约》的条款，欧洲警察组织的行动受法制约束。

---

① Case 26/62 Van Gend en Loos [1963] ECR 1.

② Once passed through the EU Parliament, directives must be implemented and brought into national law by member states within the period specified in the directive.

③ Article 87 ToL.

④ Once passed through EU Parliament, EU Regulations will be implemented and brought into national law by member states straight away.

法制的本质作用是依据法律管理社会。法律规范社会关系，因此有效执法是法制的本质（Murphy 2012，p. 35）。

欧盟的反恐怖主义措施导致各成员国法律分歧加大，为了能够成为有效的国际行为者，可以采用更为有效的法规和指令取代框架决定来解决这个问题（Murphy 2012，p. 225）。《里斯本条约》变化的背后原因除了为强化欧洲警察组织作为国际行动者角色的名誉和可靠性，还因为未来几年里欧盟的刑事法律和反恐怖主义措施将会增多（Murphy 2012，p. 241），要求成员国和欧洲警察组织之间必须更严格遵守互助合作关系。反过来，这将影响英国与第三方国家包括美国在交换情报中的法律地位。目前，过多的反恐委员会、专家机构和组织形成了 Argomaniz 所称的反恐怖主义的“布鲁塞尔化”（Brusselsization），可能影响欧盟反恐警务合作。他认为欧盟框架内外结构的交叉重复会导致欧盟反恐怖主义措施效率低下（Argomaniz 2012，p. 69），以及一定程度的机构间的摩擦（Argomaniz 2012，p. 70）。《里斯本条约》的生效是欧盟当前解决这些问题和不足的最佳时机（Argomaniz 2012，p. 76）。

斯诺登事件：国家安全利益与个人权利保护

2013 年 6 月，英国《卫报》和美国《华盛顿邮报》的新闻报道中披露了美国国家安全局的“棱镜”计划。该计划授权美国联邦机构可以直接进入包括谷歌、微软、脸书、雅虎、斯盖普（skype）和苹果公司等几家大网络公司的服务器。① 斯诺登把绝密文件泄露给《卫报》记者 Glenn Greenwald，在许多报道中，该记者揭露了美国国家安全局根据 2013 年 4 月签发的一份绝密法令收集数百万美国客户的电话记录，“……数以百万计的美国公民的通话记录被不加识别地大量收集，根本不考虑他们是否涉嫌做错了任何事情”（Greenwald 2013）。Greenwald 评论说，美国国家安全局的任务已经从专门收集国外情报转向关注国内的通信记录。

① BBC News June 7, 2013 “Web Privacy—outsourced to the US and China?” retrieved from http://www.bbc.co.uk/news/technology-22811002 [accessed September 1, 2013].

斯诺登爆料的关于国家安全局活动的文件的越来越多。《卫报》报道，英国政府通信总部也获得了授权，允许侵入光纤网络对世界各国的电话和网络通信进行监控，收集大量的个人敏感信息，并与美国国家安全局共享（MacAskell et al. 2013）。这是对先前报道的延续，先前报道称英国政府通信总部参加了美国国家安全局的“棱镜”计划，秘密收集情报，在2012年5月至2013年4月，197份“棱镜”情报传递给了英国的安全部门、军情5处、军情6处以及特殊部门的反恐队（Hopkins 2013）。英国政府通信总部的行为导致德国司法部大臣致信英国大臣，质疑英国情报部门的大面积监控行为，要求确保这样的行为合法，并告知他们是否将德国公民作为目标。① 根据《卫报》的报道，美国国家安全局的行为对欧盟公民的隐私构成了威胁，这引起了欧盟司法与内政事务委员会（JHA）的关切，欧盟司法部大臣 Viviane Reding 说：

欧洲委员会担忧欧盟公民隐私权可能被侵害的后果。委员会在与美国当局的对话中已经就此进行了全面的表达，尤其是欧盟与美国在警务与司法合作中关于数据保护的谈判……（Watt 2013）。

在这次对话中，欧盟法律与美国法律的不同凸显出来，在欧盟的成员国中关于个人权利的焦点是公民的尊严。在法制精神下保护基本人权，欧盟要求对个体公民的数据隐私权构建保护制度（Murphy 2012，p. 149）。在美国的《权利法案》中没有类似的明确的保护隐私的基本权利，这样的规定散见于第一、四、五、九修正案中（Whitman 2004，p. 1155）。这至关重要，因为斯诺登的爆料已经构成潜在的危害，不仅损害了美国与欧盟成员国间的外交关系，而且影响了欧洲反恐机构通过欧洲警察组织与美国联邦机构之间的情报交流。为了防止美英外交关系与其他欧盟成员国关系的进一步恶化，美国和英国的高级政治家被迫公开发表言论，为美国国家安全局和英国政府通信总部的行为辩护。英国的外交大臣 William Hague 说两个国家都是“依法操作的”，而

① BBC News June 25，2013 “Germany seeks UK surveillance assurance” retrieved from http：//www. bbc. co. uk/news/uk－23048259 [accessed September 1，2013].

英国政府通信总部更是“严格遵守法律”，并且用获得的情报来保护公民的自由。[①]

由于将机密文件交给了新闻记者，美国司法部对斯诺登进行刑事立案侦查，起诉他犯有间谍罪、盗窃政府文件罪，并由弗吉尼亚州东部区联邦法院签发了临时逮捕证。[②] 为了逃避被追究刑事责任，斯诺登离开了美国，俄罗斯政府允许其临时避难，引起了美国与俄罗斯两国之间政治关系的进一步摩擦。[③]《卫报》根据斯诺登提供给他们的“高级机密”文件报道称，2010 年至 2013 年，美国政府付给英国政府通信总部 1 亿英镑为英国情报部门的情报收集项目提供支持（Hopkins and Borger 2013）。这些泄密内容来源于斯诺登传递给 Greenwald 的机密文件，安全部门积极反应，争取抓住最早时机追回文件。

斯诺登文件对英国当局的重要性

Hopkins 和 Ackermann 认为，在收集和存储情报方面英国对美国非常有用，因为英国的法律框架比美国国家安全局工作的法律框架更具有灵活性（Hopkins and Ackermann 2013）。要想更好地理解 Hopkins 和 Ackermann 的观点，就要谈及两份重要的规范英国政府通信总部的法律：1994 年《情报机构法案》（ISA）和《调查权规范法案》。秘密情报机构（通常指军情 6 处，MI6）[④] 的职责是获取和提供关于英国以外的人的行动或企图，并执行针对这些人的行动或企图而设定的任务，[⑤] 这一职责只有在满足以下条件时才可行：

1. 必须是为了国家安全利益，尤其是事关国防和英国的外交政策。

---

① BBC News June 26, 2013 “US – UK intelligence – sharing indispensable says Hague” retrieved from http://www.bbc.co.uk/news/uk – politics – 2305369 [accessed September 2, 2013].

② BBC News June 22, 2013 “NSA leaks: US charges Edward Snowden with spying” retrieved from http://www.bbc.co.uk/news/world – us – canada – 23012317 [accessed September 1, 2013].

③ BBC News August 1, 2013 “NSA spy leaks: Snowden thanks Russia for asylum” retrieved from http://www.bbc.co.uk/news/world – europe – 23541425 [accessed September 2, 2013].

④ MI6 are concerned with external threats to the UK whereas the national security service, MI5, is concerned with internal threats to the UK's security.（军情 6 处主要关注英国面临的外部威胁，而军情 5 处主要关注英国面临的内部威胁）。

⑤ Section 1 (1) ISA.

2. 必须是为了英国的经济利益。

3. 必须是为了预防或侦查严重的犯罪。①

我们可以看到《欧洲人权公约》第 8 条（隐私与家庭生活的权利）对《情报机构法案》第 1 条满足条件的影响，因为这些允许侵犯公民权利的条件是明文规定的。英国的 1989 年《安全机构法案》(Security Services Act 1989)第 1 条第 2 款对什么是国家安全提出了一个法律上的界定，那就是：

安全机构的职责是保护国家安全，尤其是要保护国家免受间谍、恐怖主义的威胁，免受外国权力机构活动的威胁，免受企图通过政治、经济或暴力手段推翻或破坏议会民主制度的行为的威胁。

尤其是这个定义后半部分包括了不顺从的行为，这宽泛得足以让政府不仅可以监控英国的公民，而且包括外国国民，因此赋予了安全机构广泛的权力干涉公民的自由。

为了英国国家安全或经济利益，或是防范犯罪或骚乱，英国政府通信总部的功能是监控或监听电子或无线通信，为英国政府机构和武装力量提供帮助。②履行这些职能时，政府通信总部需要内政大臣签发的令状。③ 政府通信总部也可以使用《调查权规范法案》中赋予的监听权力。④ 只有政府通信总部能够证明监听与所要达到的目标比例一致时，才可以根据《调查权规范法案》和国际合作协议相关条款签发监听令。⑤ 这适用于美国国家安全局和英国政府通信总部之间的协议。根据这一协议，《卫报》报道说，政府通信总部获得的原始信息的 36% 传递给了美国国家安全局，并允许美国国家安全局使用英国政府通信总部获得的所有分析提炼后的精确情报（Hopkins et al. 2013）。如果仔细分析英国相关法律的这些条款，人们就会明白，为什么媒体得出这样的结论：由于享有广泛而灵活的权力，英国在情报机构里地位显赫（Hopkins and Ackermann 2013）。

---

① Section 1 (2) ISA.

② Section 3 ISA.

③ Section 5 ISA.

④ Section 4 RIPA.

⑤ Section 5 (3) RIPA.

在 Hopkins 和 Ackermann 的报道中，他们披露了英国政府通信总部如何以及为何收集相关资料，包括关于外国政府政治意图的情报及外国政府的政治姿态、恐怖主义、国际走私、诈骗等情报，这在英国政府官员、英国国家安全机构（尤其是政府通信总部）和英国特战部反恐队中引起了高度不安。安全部门对于斯诺登所泄露的文件的主要担忧就是暴露了监控方法、监控设备的技术性能以及在国家安全领域里效力的国家安全工作人员的身份。安全部门最大的担忧是如果这些文件落入那些准备或正在实施恐怖主义行为的人员之手，因为文件中包含的情报对他们非常有价值（Sparrow et al. 2013 引自 Lowe，BBC News 24）。据估计，斯诺登从英国政府通信总部至少窃取了 58000 份被英国列为绝密文件和秘密信息的文件，① 其中包含了相关人员的信息和监控手段的细节，很有可能危及广大民众的生命安全。②

国家利益与个人权利之平衡：民主主义、新民主主义、比例原则

自从“9·11”恐怖袭击之后，相当数量的犯罪学与法学方面关于恐怖主义对民主国家和个人权利影响的作品关注的是近期的恐怖主义行为如何使得一些国家狭隘的应对恐怖主义威胁的立法和政策得以合法化，导致权利为本的民主主义正在被“包围式民主主义”（siege mode of democracy）所代替（Palmer 2012，pp. 521 –522）。Gearty 将这样的变化称为“装饰门面”，他关切的是人们对恐怖主义的恐惧成为新民主主义的助推器（包括英国和美国），从表面上看表现的还是自由、安全和基本的权利，但实质上只是极少数人的权利（Gearty 2012，pp. 55 –56）。如果不加以控制，Gearty 认为政府可能会将恐怖主义的核心构成要素从不加识别的袭击平民拓展到各种行为，而仔细研

① From Laws LJ's judgment in Miranda v The Secretary of State for the Home Department and the Commissioner of the Police and Metropolis [2014] EWHC 255, paragraph 64.

② From Laws LJ's judgment in Miranda v The Secretary of State for the Home Department and the Commissioner of the Police and Metropolis [2014] EWHC 255, paragraph 53.

究这些行为会发现，这些行为在大多数人看来并不是恐怖主义（Gearty 2012，p. 33）。这可能导致他所称的准刑法（quasi－criminal law）条款的产生，看起来是自由，实质上没有（Gearty 2012，p. 46）。Fenwick 分析了“9·11”恐怖袭击之后英国的反恐怖主义立法，发现警察机构限制那些可能具有恐怖威胁的人员的个人自由的权力明显增大，目的就是防范恐怖活动于未然，这限制了个人权利（Fenwick 2008，pp. 259－260）。在“9·11”恐怖袭击之后的时代，这些权力会拓宽电子监控的对象，包括被监控对象的下级组织和个人，甚至包括那些被认为有可能具有威胁的团体，因此也包括“内部敌人”（Palmer 2012，p. 522）。

这并不是政府应对国家安全威胁的新措施。Bunyan 以纪年史的方式列举了自从 19 世纪 80 年代英国的特殊部门成立以来，他们是如何对个人和组织进行监控的，监控的对象包括被视为具有威胁的各种各样的政治活跃分子，监控方式包括电话监听和邮件监控（Bunyan 1976，pp. 131－150）。与此相似，Gill 利用纪年的方式陈述了 20 世纪初期开始英国和美国国家机构进行监控的历史（Gill 1994，pp. 151－170）。Donohue 的研究不仅显示了英国在 1985 年前国家安全机构和警察机构如何实施广泛的电话监听和邮件拦截等监控行为（Donohue 2008，pp. 188－190），而且证明了美国同样充斥着监听文化，尤其是自 20 世纪 20 年代 Hoover 主政 FBI 以来（Donohue 2008，pp. 218－229）。当前所说的由国家相关机构对被看作威胁国家安全的有关个人或组织实施的类似“棱镜”之类的电子监控计划没有什么值得大惊小怪的，因为在这些民主国家里，这样的活动早已存在多年。需要关注的问题是，这些电子数据的所有权、实施电子监控的权力部门以及对公民隐私权利的法律保护（Bigo et al. 2013，p. 5）。

美国监控法面临的法律挑战

斯诺登事件之前的法院裁定

兼顾《外国情报监控法案》与美国《宪法》第四修正案所保护的个人自由是美国最高法院在 Katz 诉讼美国政府一案中确立的原则,① 法院认为对隐私的期望只有合乎情理时才能证实隐私之必要。Harlan 大法官阐述,社会已有预期,国家机构有可能侵犯他们的隐私,但这些机构只能在有合理根据之时才可以这样做。Harlan 强调,当公民将自己的活动暴露给他人之后,情况就不一样了,此种情形下隐私权不受第四修正案之保护。② 在 Katz 一案中,法院强调第四修正案是用来保护人而不是场所的(Donohue 2008, p. 221)。

为了平衡公民权利与保护国家安全的需要,Pious 评论,必须寻求最佳的结合点,确保保护公民隐私权的法律正当程序并行于:

……强有力地保护国家安全的政府行为与我们乘坐公交、火车和飞机出行的人身安全(Pious 2006, p. 13)。

遵守法律正当程序的原理在于这不仅保护被控诉之人,而且有助于防止控诉狂热,防止释放错误信号认定哪些人是恐怖分子以及他们可能的所作所为(Pious 2006, p. 16)。美国保护个人安全侧重的是个体的自由而不是个体的尊严,这一点从赋予联邦机构的监控权力可见一斑。2001 年《爱国者法案》修订了《外国情报监控法案》的条款,对情报收集的目的描述进行了修改,将原来《外国情报监控法案》中的"基本的"目的改为"重要的"目的(Pious 2006, p. 34)。这允许从更广泛的来源收集情报(Gearty 2012, p. 78),这些修订回避了美国《宪法》第四修正案关于公民享有保护人身、房屋、文件和财物安全,不受政府和警察不合理行为之侵犯的权利。

---

① 389 US 347 (1967).

② 389 US 347 (1967), paragraph 361.

美国外国情报监控上诉法院在 N. 02－0001 案件[1]中审查了这一细微变化的含义。法院认为，“基本的”目的改变为“重要的”目的是政府要求的一种降低，表明基本目的不限于刑事诉讼：

……在许多案例中，监控有两个主要目标——收集外国情报与收集刑事诉讼的证据。确定哪个目的是侦查的“基本的”目的可能很难，如果把我们的情报与执法融入反恐斗争则会变得更加困难。该法案努力寻求一种新的平衡，而不是强迫执法部门决定哪个目的是基本的——执法还是收集外国情报。现在要求侦查的一个“重要的”目的必须是收集外国情报，依照《外国情报监控法案》中的监控条款进行。这一规定的结果使得执法机构更容易获得搜查或监听令状，在这些案件中监控对象既有可能是有价值情报的潜在来源，又可能是刑事诉讼潜在的对象。[2]

依据法院的这一裁定，FBI 现在可以帮助地方执法机构在收集证据涉及外国情报时回避美国《宪法》第四修正案的要求，即使不是为了完全相关的普通犯罪（Pious 2006，p. 48；Donohue 2008，p. 234；Gearty 2012，p. 78）。

美国反恐法律中关于国家安全机构可以如何践踏个人自由的条款的另一个例证见之于 Clapper（国家情报处主任）对抗 Amnesty 国际公司一案。[3] 美国最高法院应要求审查《外国情报监控修正法案》对《外国情报监控法案》第 702 条的修正内容以及无证监听的权力。控告方（律师，人权组织和媒体）申诉说，通过回避他们在美国《宪法》第四修正案的权利，《外国情报监控修正案》中包括的监控权力是违反宪法规定的。他们控诉的理由是，他们经常要与可能被监听的对象进行敏感的国际通话，作为美国公民，他们声称他们在美国《宪法》第四修正案中的权利受到了监听令状的侵犯。通过 5:4 的多数表决，美国最高法院驳回了控方的诉求，认为这纯粹是猜疑。在宣读裁定时，Alito 大法官说：

……控告方并没有确实的证据证明政府的实际监听行为。相反，控告方

---

① 310 F. 3d 717 (2002).

② 310 F. 3d 717 (2002) at 723.

③ (2013) 568 US No. 11－1025.

仅仅是猜疑和推定他们与外国的通信联系是否会依据《外国情报监控法案》第702条而被监听。[1]

这一裁定遭到了美国人权与律师组织的强烈批评。美国律师协会认为美国总统确实拥有宪法义务签发授权监听（International Commission of Jurists 2009，p. 70）。法律人士的意见归纳起来就是Clapper案的裁定向美国政府发出了为了国家安全而“无罪释放”这样的王牌（Sledge 2013）。对电话监听权力没有司法监督，即使是没有人权与律师组织的“猜测”、“推断”，国家主体在事实上也具有监听的机会。如果这个案件提交到欧洲法院，法院很有可能已经找到有利于控告的地方。这得到了其他四位持不同意见的法官的支持，Breyer大法官说，美国《宪法》并没有要求具体的证据，而仅仅是有“合理可能性”或者“高度可能性”。[2]

斯诺登事件之后的法院裁定

2013年12月斯诺登泄密事件后有两起重要的诉讼案件，控诉人声称他们的美国《宪法》第四修正案规定的权利受到了美国国家安全局和联邦政府的侵犯。在Klayman等人诉奥巴马等人案件中，美国哥伦比亚特区法院对授权批量收集美国所有公民电话大数据的质疑进行了司法审查。2013年4月，外国情报监控法院批准了控诉人的申请，在Leon大法官的裁定中认为申请人有充分的法律依据质疑联邦政府批量收集电话大数据行为的合法性。Leon大法官说道：尽管国会拥有足够的权力制定像《外国情报监控法案》之类的法律，但“……不能给美国《宪法》披上一件机密名义的外衣”[3]。Leon大法官对Klayman案中申请人的诉求与Clapper案中美国最高法院的裁定进行了区分，他说，在Clapper案件中，申请人只是怀疑他们是否被“监听”了，而在Klayman案件中却有有力的证据证明他们的电话数据已经被收集。[4]支撑Leon

① （2013）568 US No. 11－1025，paragraph IIIA.

② （2013）568 US No. 11－1025，paragraph 4.

③ （2013）Civil Action Number 13－0881（RJL）at 34.

④ （2013）Civil Action Number 13－0881（RJL）at 36.

大法官做出这样判断的依据是他怀疑如此规模宽泛的监控对于确定恐怖分子并以此防止恐怖袭击事件发生的作用。他说：

诉讼到了这个节点上仍无法让我相信国家安全局的数据库在敏感时期的调查中真正地达到了快速确认恐怖分子的目的，当然也无法让我相信从这个数据库里删除两个人会从实际意义上“损害”该项目。①

再一次回到关于美国国家安全局收集大量电话记录的问题，在 Klayman 案件做出裁定的 11 天之后，来自美国纽约南区法院的 Pauley III 法官在对美国公民自由联盟诉 James R. Clapper 等人案件②的裁定中持有相反的观点。在他的裁定中，Pauley III 法官先是提到了“9·11”恐怖袭击之前 Khalid al－Mihdhar 劫机案件，国家安全局截获了他的七个电话通话，但却未能捕捉到电话号码标识符，如果能够捕捉到，他们就能够把犯罪嫌疑人从美国国内打电话到也门的一个藏身地点的情报传递给 FBI，③ 随后 Pauley III 法官引用了许多国家安全局侦查的案例证明安全局通过大批量大话元数据监控的有效性。④ 尽管承认如果对这种侦查工具不加以审查会损害公民的自由以及斯诺登“未经授权泄密”外国情报监控法院授权令已经激起民众争议，Pauley III 法官坚持认为这些授权令是合法的。⑤ 在总结发言中，Pauley III 法官认为没有证据表明美国政府将这些批量的电话数据用于任何调查和“瓦解”恐怖主义袭击之外的目的，⑥ 他说：

在自由与安全两者间进行选择是个假命题，因为没有任何事情比成功的恐怖主义袭击更易于损害公民的自由……⑦

这至关重要，因为国家安全利益与保护个人自由并非是对立的，它们是相互包含的。在做出司法裁定中，这正是比例原则发挥作用之所在。功利主义本质所在是通过比例原则平衡广大社会利益与个人利益。

---

① （2013）Civil Action Number 13－0881（RJL）at 66.
② （2013）13 Civ 3994（WHP）.
③ （2013）13 Civ 3994（WHP）at 1－2.
④ （2013）13 Civ 3994（WHP）at 48－49.
⑤ （2013）13 Civ 3994（WHP）at 2.
⑥ （2013）13 Civ 3994（WHP）at 52.
⑦ （2013）13 Civ 3994（WHP）at 52.

英国法院与《欧洲人权公约》

英国司法部门与欧洲人权法院的冲突

关于公民所享有的最低限度的权利，英国不得不考虑《欧洲人权公约》中所包含的条款。《欧洲人权公约》中的公民权利分为三大类：绝对权利（absolute rights），是指国家不能干涉的公民权利；有限权利（limited rights），是指国家享有有限权力进行干涉的公民权利；资格权利（qualified rights），是指国家可以干涉但前提是要满足资格权利中的相关条款规定，而且这种干涉是一个民主社会所必需的公民权利。监控和情报部门也要遵守《欧洲人权公约》第8条（隐私与家庭生活的权利）的相关规定。在Klass诉德国案件中，欧洲人权法院（ECtHR）审查了《欧洲人权公约》第8条之规定，尽管承认在民主国家监控是一种必要的手段，但同时认为国家在实施秘密监控时监控行为必须成比例。①

欧盟成员国与美国之间进行情报共享的一个潜在问题就是关于人权法律文化的关注焦点不同。美国关注焦点是自由，但欧盟聚焦的是公民的尊严（Donohue 2008，p. 208；Murphy 2012，p. 149）。关于诉诸法庭的涉及恐怖主义法律规定的案例以及涉及反恐侦查收集有用证据的法律条款，英国的司法裁定与欧洲人权法院的裁定已经存在争执。这方面的一个案例就是在S和Marper诉英国政府的案件中，当事人就英格兰与威尔士国家数据库中保留的DNA和指纹的样本上诉到欧洲人权法院。② 在警察调查期间，S和Marper提供了样本，虽然没有证实他们犯有罪行，但样本还是保存在国家数据库中。因此，他们控诉其享有的《欧洲人权公约》第8条规定的隐私权利受到了侵

① （1978）（Application number 5029/71），paragraph 68.

② （2008）（Application numbers 30562/04 and 30566/04）.

犯。高级法院①和上议院②上诉法院一致认为并不存在所诉侵权行为。在驳回S和Marper请求的裁定中，Steyn勋爵认为法院要以与欧洲人权法院的法律相一致的方式解读《欧洲人权公约》，但他坚持认为：

整个社会，被提取了样本的个体也不例外，皆受益于尽可能大的数据库之存在……这有益于实现准确、高效执法之目的。③

虽然Steyn勋爵坚持的是广大社会利益重于个体利益的立场，但当这起案件上诉至欧洲人权法院时，他们认为个人的尊严胜过广大社会利益，并解释说：

……法院对案例进行了仔细分析，包括所争议信息的录制与保存、记录的性质、这些记录使用与处理的方式以及可能达到的结果等情况。④

在裁定中，欧洲人权法院强调，为使权力之依法行使，要制定相应的法律进行约束，由此明确责任机构裁量权的限度以及执行方式。⑤这个裁定是具有指导性作用的，迫使英国政府制定法律，吸纳欧洲人权法院的裁定内容，规定在不能确定个体犯有罪的情形下他们的DNA和指纹样本要予以销毁。⑥

英国上诉法院裁定与欧洲人权法院裁定相冲突的另一个案例是Gillan与Quinton诉英国政府案件，⑦ 导致英国2000年《反恐怖主义法案》第44条被废止。第44条授权警察对人员和车辆进行拦截与搜查，⑧ 查找可能用于恐怖主义活动的物品。⑨ 经一名职位不低于局长助理（assistant chief constable）的

---

① R (S) v Chief Constable of South Yorkshire Police and the Secretary of State for the Home Department and R (MARPER) v Chief Constable of South Yorkshire Police and the Secretary of State for the Home department [2002] 1 WLR 3223.

② R (S) v Chief Constable of South Yorkshire Police and the Secretary of State for the Home Department and R (MARPER) v Chief Constable of South Yorkshire Police and the Secretary of State for the Home department [2004] UKHL 39.

③ R (S) v Chief Constable of South Yorkshire Police and the Secretary of State for the Home Department and R (MARPER) v Chief Constable of South Yorkshire Police and the Secretary of State for the Home department [2004] UKHL 39, paragraph 78.

④ [2008] (Application numbers 30562/04 and 30566/04), paragraph 67.

⑤ [2008] (Application numbers 30562/04 and 30566/04), paragraph 95.

⑥ Section 1 Protection of Freedoms Act 2012.

⑦ [2010] (Application no. 4158/05).

⑧ Section 44 (1) Terrorism Act 2000.

⑨ Section 45 (1) (a) Terrorism Act 2000.

高级警官授权，[1] 在执行搜查时，警察不需要有任何根据就能怀疑某些物品的出现可能被用于恐怖活动。[2] 尤其是在 2005 年伦敦爆炸案之后，该项权力的使用出现了副作用——被警察拦截的公民中绝大多数都是黑人和亚洲人（Parmar 2011，p. 370）。欧洲人权法院认为英国 2000 年《反恐怖主义法案》第 44 条违背了《欧洲人权公约》第 5 条（自由的权利），搜查必须考虑整体标准，如搜查的类型、持续时间、对个人的影响以及措施的采取等。[3] 根据《欧洲人权公约》第 8 条的规定，欧洲人权法院认为：

……在某些案例中，搜查的公开性质可能由于羞辱和尴尬而加重干涉的严重性。例如，包、钱夹、记事本和日记等物品可能包含个人信息，如果让同行人员或广大民众看到这些信息会令物品所有人感到手足无措，甚至颜面尽失。[4]

遵循比例原则可以发现，欧洲人权法院将个人尊严看得比与国家安全相关的广泛社会利益更重要。

英国上诉法院裁定改变反恐法律

人权案例裁定之后，英国反恐法律需要改变的内容不仅仅是个别条款。一些成文法的大部分内容，甚至是整部法律都被废止，因为要改为对个人自由的保护优于国家安全。这些变化的产生源于英国上诉法院对《欧洲人权公约》的考虑。这方面的一个典例就是英国 2011 年《恐怖主义防范与侦查措施法案》。该法案的演变历程可以追溯到 A 等人诉国务大臣案件[5]的裁定，2001 年上议院的裁定导致 2001 年《反恐怖主义、犯罪与安全法案》第四部分被废止。根据第四部分的规定，内政大臣可以不经过任何司法程序授权将疑为恐怖分子的外国人押入监狱。议院关切的是对个人监禁中缺乏司法监督，结果发现该法案的第四部分违背了《欧洲人权公约》第 5 条与第 6 条（公正审判

① Section 44 (4) Terrorism Act 2000.
② Section 45 (1) (b) Terrorism Act 2000.
③ Gillan and Quinton v UK (2010) (Application no. 4158/05), paragraph 56.
④ Gillan and Quinton v UK (2010) (Application no. 4158/05), paragraph 63.
⑤ [2004] UKHL 56.

的权力)(Gearty 2012, p. 90)。根据控制令要求外国和本国公民必须佩戴电子追踪器并且遵守非常严格的保释条件,这严重侵犯了相对人的活动,2005年《恐怖主义防范法案》取代了被废止的第四部分。在内政部国务大臣诉AP案件中,[1] 控制令同样受到了挑战。在英国最高法院对AP案的裁定中,对人格尊严的尊重非常明显,个人的自由权利胜于国家安全,法院认定2005年《恐怖主义防范法案》触犯了《欧洲人权公约》第5、8条之规定,因为控制令强迫AP生活在一个150英里之外远离家人的小镇上。关于根据控制令对控制对象施加的严酷条件,Gearty指出这些人都没有受到刑事犯罪指控,因此控制令"……独行于正规法律之外"(Gearty 2012, p. 92)。结果,2005年《恐怖主义防范法案》被废止,取而代之的是《恐怖主义防范与侦查措施法案》,该法律确定可以通过签发监听令对特定人员进行监听,以此减少对他们个人生活的严格控制。

控制令与黑名单相关事项

在不同条件下,英国的这些反恐怖主义条例饱受争议,因为它们限制了那些被怀疑涉嫌恐怖主义活动的个人的自由,却没有充分的证据指控和证实他们实施了恐怖主义犯罪行为。Fenwick认为这些条例颇具负面影响,因为它们针对的主要是英国的穆斯林社区成员,进而使得这样的社区变成一个"嫌疑人社区",更容易导致一些穆斯林信徒被拉进恐怖主义活动之中(Fenwick 2008, p. 268)。关于A等人案件的裁定,Gearty对上议院只宣布2001年《反恐怖主义法案》第四部分不符合《欧洲人权公约》的规定,却没有让申诉人"获得自由"的裁定提出批评(Gearty 2013, p. 90)。Gearty并没有提及根据法律规定英国法院无权这样做,因为与许多其他国家的宪法不同,根据议会至高无上原则,英国司法部门没有权力宣布一部成文法违反宪法规定。从宪法角度而言,英国的司法部门从属于议会。关于成文法,司法部门的角色是

---

① [2010] UKSC 24.

解释法律，保证议会的意志得以实施（Barnett 2013，p. 78）。允许英国上诉法院根据 1998 年《人权法案》第 3 条之规定宣布成文法条款与《欧洲人权公约》不一致已经朝着司法部门推翻议会法律迈出重要一步。英国法院已经利用这一措施在一定程度上促使英国行政机构审查比例失衡的相关反恐怖主义措施，控制令就是最典型的例子。例如，英国法院认为控制令中的 18 小时宵禁超过限度，比例失衡，违反了《欧洲人权公约》第 5 条之规定（人的自由权利），① 而如果通过审查证据没有对相关的恐怖主义犯罪提起刑事诉讼的可能性，那么控制令就是有瑕疵的。② 根据这些及其他案如 AP 案的裁定结果，英国法院实际上确实迫使英国议会修改法律。

针对涉恐"黑名单"问题，Gearty 引用了 Nada 组织（2013，pp. 38 – 41）和 Kadi 组织（2013，pp. 41 – 44）的两个例子，他们的自由和行动十分危险。这让他不得不说"我们的安全"必须胜过他们的自由，因为黑名单（还有控制令）仅仅适用于像他们这样的人，而这"一丁点"都不影响我们如何体验自由（2013，p. 40）。此处，两个重大议题必须予以考虑。

第一，真正的权力制衡见诸法院的裁定，司法部门已经证明了他们独立于各自的国家行政机构。如上所述，英国和美国的司法部门确实阻止了反恐怖主义相关立法中过度限制个人自由的情况。这方面的另一个案例就是纽约州上诉法院在人民诉 Edgar Morales 案件中的裁决，③ 法院认为：

恐怖主义概念具有特定含义，如果这个术语随意用于那些与我们多数人所理解的构成恐怖主义行为不相匹配的情形之中，其含义很可能被一般化。④

第二，对于每一个 Nada 组织成员而言，会有一个像 Lee Rigby 那样死于恐怖分子之手的受害人；⑤ 而对于每一个 Kadi 组织成员而言，就会有一个像

---

① Secretary of State for the Home Department v H and others [2006] EWHC 1623 (admin).

② Secretary of State for the Home Department v E and another [2007] UKHL 47.

③ (2012) No 186 NYLJ 1202581035138.

④ (2012) No 186 NYLJ 1202581035138, paragraph 10.

⑤ BBC News (2013) Woolwich attack: Drummer Lee Rigby named as victim retrieved from http://www.bbc.co.uk/news/uk-22635206 [accessed March 1, 2014].

Erika Brannock 那样在不加鉴别的恐怖袭击中丧失肢体而永远残疾的受害人。[①] 羁押是暂时的，但死亡或残疾却是永久性的。列举个人成为国家过度反恐条款受害者的做法也可以适用于受恐怖主义袭击的受害者，这正表明确保法院依照比例原则裁定是多么的必要，以此来平衡国家安全与个人利益和自由。法院的职责就是确保二者兼顾。

结论：国家安全利益与个人自由之间的平衡

先发制人的反恐怖主义权力背后的原理是这些权力的行使是为了识别那些可能实施涉恐犯罪的个体，侦查人员的目标就是消除这些个人实施涉恐活动的能力（Murphy 2012，p. 234）。先发制人的立法必然要扩大反恐机构的权力，深度介入公民的日常生活之中。由此，这就赋予了反恐机构更大的权力，不断将更多的公民群体纳入他们的关注之中，并录入情报系统。正如讨论中所强调的那样，国家安全利益与个人自由不是相互排斥的，二者是相互包含的。它们不是相对抗的两极，而是国家所肩负的一个无缝对接的保护网（ICJ 2009，p. 21）。尽管个人自由必须受到司法保护，免受不必要的国家机构的侵犯，但是保护公民免受恐怖主义袭击同样重要。正如 Yoo 的研究所发现的那样，这正是绝大多数公民期盼之所在，即使有可能侵犯个人的自由（Yoo 2010，pp. 347 – 350）。在美国国家安全局监控事件被揭露之后的一次民意调查中，2013 年 6 月的调查结果显示将近一半的美国公民投票赞成监控个人邮件，如果这样做有可能避免恐怖袭击。[②]

军情 5 处的原处长披露说，2001 年至 2012 年，英国共防止了 43 起严重的恐怖主义阴谋或潜在的袭击，恐怖主义威胁是现实存在的，而且我们今天

① The Baltimore Sun (2013) Seven months after Boston Marathon bombing, local victim walking retrieved from http: //www. baltimoresun. com/news/maryland/bal – bs – md – erika – brannock – profile – 20131110, 0, 5575246. htmlstory [accessed March 1, 2014].

② Washington Post (2013) Public reaction to NSA monitoring retrieved from http: //www. washintongpost. com/politics/public – reaction – to – nsa – monitoring/2013/06/10/90ddle60 – d207 – 11e2 – a73e – 826d299ff459_ graphic. html [accessed March 2, 2014].

依然面临这样的威胁（Evans 2012，paragraph 11）。正如从控制令事例所看到的那样，Gearty 所指的危险是准刑法的条款，如作为防范措施的控制令。如上所诉，在适用比例原则时，司法审查确保了对法律措施的持续审查。这不是媒体的职责所在。在一个自由国度中，媒体自由的作用是作为监督人享有言论自由，对政治和其他权力持有者进行监督，故此获得“第四权”的绰号（Leveson 2012，p. 65）。斯诺登向《卫报》透露美国国家安全局和英国政府通信总部的文件是可以接受的，新闻界就是想发挥这种作用。然而，新闻媒体的角色不是持有那些被窃取的秘密文件，决定爆料哪些文件内容是为了公众利益，发表哪些内容不会损害国家安全，其潜在的危险是记者非故意地公布的信息可能会对恐怖分子有用。斯诺登泄密事件后，现任的军情 5 处处长 Andrew Parker 认为，泄露国家安全机构的技术能力和局限性正在带来危害，同时说道：

此类信息对恐怖分子有利，这正是他们需要的礼物，可以帮助他们逃避打击，却也可以帮助他们任意发起袭击。也许有些老生常谈的意味，但这就是为什么我们必须保守秘密的重要性，为什么不这样做就会造成危害（Parker 2013，paragraph 59）。

在采取防御性措施时，政府以及反恐机构必须评估这些措施对个人自由带来的风险，依照比例原则权衡实施哪些措施防范恐怖主义行为（Palmer 2012，p. 527）。如上所述，这正是英国与美国司法部门在他们的裁定中所要评估的内容。Palmer 指出，在这方面的很多文章已经被法律学术精英所绑架，而忽略了政治、法律和社会秩序，“思想意识无法解决普遍存在的恐怖主义威胁”（Palmer 2012，p. 535）。持有这样的立场并没有诋毁安全与自由互相包含的观点，反恐怖主义的相关立法并没有碾压确保个人自由的重要性。正如 Palmer 所言，目前社会中关于反恐怖主义的现实意义所言甚少，包括反恐机构保护公众免受恐怖主义袭击所面临的现实问题（Palmer 2012，p. 536）。通过分析反恐怖主义相关立法的司法反应，本书希望就该方面问题进行探讨。

第四章　资助恐怖主义

引言

恐怖主义是一项昂贵的行为，如果恐怖组织计划坚持持久的冲突，开销尤其巨大。实施袭击的费用相对并不昂贵，恐怖组织的财力主要消耗在经营和维护方面，如购买材料、地产、旅行安排等（Donohue 2008，pp. 153－154；Danziger 2012，p. 213）。尽管有证据证明恐怖组织卷入有组织犯罪活动确实存在（Hesterman 2013），但恐怖组织同样利用合法的方式为他们的活动筹集资金。随着国际恐怖组织带给诸多国家的威胁加剧，联合国于 1999 年制定了《制止向恐怖主义提供资助的国际公约》，联合国安理会也签署了安理会决议（SCR）予以支持。本章将分析关于打击资助恐怖主义的相关法律规定，主要是英国和美国的有关规定。鉴于案例报告中的争议及学术界的评论主要集中在资产冻结方面，本章的关注焦点集中在安理会决议关于个人资产冻结以及执行情况。

英国恐怖主义立法中关于资助恐怖主义的条款

2000 年《反恐怖主义法案》

2000 年《反恐怖主义法案》第 3 章规定了涉嫌资助恐怖主义组织的犯罪

类型，包括以下几个方面：

1. 资金筹措。[①]

2. 以恐怖活动为目的使用和占有财产。[②]

3. 以恐怖活动为目的安排财产和金钱。[③]

4. 与恐怖主义财产相关的洗钱活动。[④]

该法案还要求个人在履行职责期间承担义务。例如，在金融部门工作的人员，如果怀疑某人涉嫌实施2000年《反恐怖主义法案》第15~18条规定的犯罪行为就必须进行揭露。[⑤] 一旦证实某人实施了2000年《反恐怖主义法案》中第15~18条规定的犯罪行为，法院可以签发没收令，没收该人在实施犯罪时用于恐怖主义活动或企图用于恐怖主义活动的任何财产，[⑥] 2000年《反恐怖主义法案》附则4中明确了如何实施这些规定的程序。

2001年《反恐怖主义、犯罪与安全法案》（ATCSA）

该法案第2部分是关于冻结的法令。冻结法令可以由英国财政部（Her Majesty's Treasury）（2007）签发，只要财政部有理由认为该人的行为将会对英国的经济造成伤害，或者这样的行为对英国公民的生命和财产构成威胁（Section 4 ATCSA）。法令禁止任何人向法令中公布姓名的人员提供资金或好处。[⑦] 冻结法令必须有法定文书才可执行，并且必须经过议会授权才能生效。[⑧]《反恐怖主义、犯罪与安全法案》还包括两份关于资助恐怖主义的附则。附则1规定的是没收恐怖主义现金的条款，根据第2段的规定，如果有合理根据怀疑是涉嫌恐怖主义活动的现金，经过授权的警察有权扣押任何现金。现金不

① Section 15 Terrorism Act 2000.

② Section 16 Terrorism Act 2000.

③ Section 17 Terrorism Act 2000.

④ Section 18 Terrorism Act 2000.

⑤ Section 19 Terrorism Act 2000.

⑥ Section 23 and 23 A Terrorism Act 2000.

⑦ Section 5 ATCSA.

⑧ Section 10 ATCSA.

仅包括任何形式的硬币或纸币，还包括汇票、支票、银行汇票、债券和股票。① 没收现金可以由法院授权。②

2008 年《反恐怖主义法案》

该法案的第 2 部分和附则 7 是关于恐怖主义融资及洗钱犯罪的规定。附则 7 将恐怖主义融资定义为使用资金或筹集资金用于恐怖主义，或者获取、持有、隐匿、变换、转移直接或间接用于恐怖主义的资金。③《反恐怖主义、犯罪与安全法案》附则 7 授权财政部可以签发指令，对在本国经营业务的人、本国的政府、在本国居住或定居的个人提出关于交易或业务开展的强制性要求。④ 指令可以要求该人在与某个特定的人员进行交易或发展业务关系之前必须采取严格的客户尽职调查措施（due diligence measure），保证确实与那个特定的人员进行正当业务往来。⑤尽职调查措施是为了确定特定人员身份和获取该特定人员所从事业务、资金来源的信息并对该特定人员涉嫌从事恐怖活动的风险进行评估。⑥只要金融行动特别工作组（Financial Action Task Force）向财政部提出建议，因为存在涉嫌恐怖主义融资或洗钱的风险，应当采取类似的措施，那么英国财政部就可以签发这样的指令。财政部必须合理认为存在正在实施恐怖主义融资或洗钱活动的风险，并且对英国的国家利益构成了威胁。财政部同样要合理认为发展核、放射、生化武器或任何辅助此类武器发展的行为正在发生，对英国的国家利益构成严重威胁。⑦ 英国的《反恐怖主义、犯罪与安全法案》第 2 部分或者 2008 年《反恐怖主义法案》附则 7 中关于财产冻结的法令源于联合国相关反恐怖主义措施条例中关于金融限制的条款，这些条款针对的是在英国居住的个人或组织。《反恐怖主义、犯罪与安全法案》第 6 部分包含相关程序规定，个人可以向法院提出申请，请求通过司

① Paragraph 1 Schedule 1 ATCSA.
② Paragraph 6 Schedule 1 ATCSA.
③ Paragraph 2 Schedule 7 ATCSA.
④ Paragraph 9 Schedule 7 ATCSA.
⑤ Paragraph 10 Schedule 7 ATCSA.
⑥ Paragraph 10 (3) Schedule 7 ATCSA.
⑦ Paragraph 1 Schedule 7 ATCSA.

法审查撤销有关决定。[1]

联合国反恐怖主义与打击“基地”组织和塔利班组织的相关措施条例

所有这些联合国措施条例中，对于资助恐怖主义的相关规定，争议最大。通常情况下，正式通过的法律对于资助恐怖主义的行为必须具有一定程度的犯罪故意，这与相关措施条例规定存在明显不同。如上所述，各类法律中关于没收或冻结资产的条款只适用于某人正在实施、已经实施或被证明实施了涉嫌恐怖主义犯罪行为的情形。然而，联合国安理会相关措施条例中所列举的人员或组织（实体）的情况并非如此。尽管冻结财产通常被看作是打击恐怖主义最有效的途径之一（Ryder 2007，p. 832），正如 Hope 勋爵观察到的那样，冻结个人资产的相关措施条例产生的影响是剥夺了该特定人员所有资源，因此使他们成为国家的囚徒。他接着说道，这些条例不仅影响到特定的人员，而且也影响到了他们的家庭成员。[2]

这些措施条例的起源

这些条例源于 1945 年《联合国宪章》第 2 条之规定，为保证全体成员国的权益，“……成员国应一秉善意，履行其依本宪章所担负之义务……”，以及《联合国宪章》第 41 条之规定：

安全理事会要决定应采取武力以外之任何措施，以实施其决议，并要促请联合国成员国执行这些措施。

英国政府 1946 年通过了《联合国宪章执行法案》，该法案第 1 条第 1 款规定，根据《联合国宪章》第 41 条：

……联合国安理会促请英国政府实施本理事会批准生效的任何措施，陛下得依照理事会决议制定必要或权宜之条款确保这些措施得以有效实施，包括……逮捕、审判和惩罚违反决议之人员。

① Section 6. 3 Counter – Terrorism Act 2008.

② H. M. Treasury v Mohammad Jabar Ahmed and others [2010] UKSC, 2 paragraph 4.

“基地”组织在美国实施“9·11”恐怖袭击之后，联合国安全理事会签发了1373号决议，该决议概述了联合国成员国应当采取的措施以应对国际恐怖主义活动，其中安理会1373号决议第1段c部分规定，所有国家应当:

毫不拖延地冻结实施或企图实施恐怖主义行为或者参与或协助实施恐怖主义行为的个人拥有或直接、间接控制的实体以及代表这种人和实体或按其指示行事的个人和实体的资金及其他金融资产或经济资源，包括由这种人及有关个人和实体拥有或直接、间接控制的财产所衍生或产生的资金。

由此，英国政府把2001年联合国《反恐怖主义条例》作为法律依据吸收到英国法律中，授权冻结联合国安理会列出的那些人员或组织的资产。2001年的条例被2006年联合国《反恐怖主义条例》取代,[①] 其中第4条授权英国财政部对确定的人员签发指令，如果财政部认为这样的指令是保护公众免受恐怖主义威胁之必要，只要财政部有合理的根据怀疑那个人是或可能是实施、企图实施、参与或协助实施恐怖主义活动的人员，或者是联合国安理会决议中确认的人员，或者是被特定人员直接或间接控制的人员，或者是特定人员的代理人。[②]

比例失调和压迫性的本质使得《反恐怖主义条例》超越权限

在英国财政部对抗Mohammad Jabar Ahmed等人案件中,[③] 索赔人陈述说，《反恐怖主义条例》超越了安理会1373号决议的相关规定，冻结资产的法令比例失调且是压迫性的，其中的冻结条款是不确定的。[④]控诉的焦点源于2006年《反恐怖主义条例》第4条的措辞，根据这一条规定，财政部只要有合理根据怀疑某人是或者可能是涉嫌从事恐怖主义活动的人就可以签发指令，这

① SI 2006/1747.
② Paragraph 4 (2) The Terrorism (United Nations Measures) Order 2006.
③ [2010] UKSC 2.
④ H. M. Treasury v Mohammad Jabar Ahmed and others [2010] UKSC 2, paragraph 128.

样的条款超越了安理会1373号决议的本意，导致这些条款明显比例失调且具有不确定性。[①] 这样的问题在A，K，M，Q&G控诉英国财政部的案例中同样被提起，[②] 高级法院审理了控诉，Collins法官说，"或者可能是"降低了财政部签发指令时的必要门槛，并且说：

虽然坚持合理怀疑就足够了的观点有一定的说服力……执行"安理会1373号决议"的要求，证明标准不可能降低到合理怀疑某个人可能做了什么事的程度。我不接受……只局限于那些已证实有罪实施或企图实施恐怖主义活动的人，但令人无法理解的是，适用于《反恐怖主义条例》的证明标准怎么会成为实施安理会1373号决议的一个必要的手段。[③]

这是导致Collins法官发现英国财政部被授予的权力超越权限的重要法律事件，他声称应当撤销这样的条例。[④] 在英国财政部对抗Mohammad Jabar Ahmed等人的案件中，最高法院持有相似的观点。关于《反恐怖主义条例》的问题，Hope勋爵说引用合理怀疑作为实施安理会1373号决议的方式：

……财政部超越了1946年《联合国宪章执行法案》第1条第1款中规定的权力。这是明显的例证，企图在没有得到议会明确授权的情况下侵犯公民的基本权利。[⑤]

Mance勋爵比较了《反恐怖主义条例》与2001年《反恐怖主义、犯罪与安全法案》中规定的财政部冻结资产的权力，认为2001年法案中的两个前提条件限制了财政部签发指令的权力，他说：

……第1条是财政部有理由相信那样的行为损害英国的经济或对英国国民的生命、财产安全已经构成或者非常有可能构成威胁。第2条尤其重要，说的是实施这样行为或很可能实施这样行为的人是外国政府或海外居民。[⑥]

从Mance勋爵的结论可以得出两点。一是财政部根据《反恐怖主义、犯

① H. M. Treasury v Mohammad Jabar Ahmed and others [2010] UKSC 2, paragraphs 130 - 132.

② [2008] EWHC 869 Admin.

③ A, K, M, Q & G v H. M. Treasury [2008] EWHC 869 Admin, paragraph 40.

④ A, K, M, Q & G v H. M. Treasury [2008] EWHC 869 Admin, paragraph 49.

⑤ H. M. Treasury v Mohammad Jabar Ahmed and others [2010] UKSC 2, paragraph 61.

⑥ H. M. Treasury v Mohammad Jabar Ahmed and others [2010] UKSC 2, paragraph 223.

罪与安全法案》执行冻结令时必须经过议会审查，这些条款是通过成文法律文件形式引入英国法律中的，没有得到议会的全面审查（Danziger 2012，p. 220）。二是正如其他反恐怖主义法案关于没收和冻结资产的条款一样，根据《反恐怖主义、犯罪与安全法案》的规定，签发指令时对犯罪意图的证实提出更高的要求，因此签发指令的难度增大了。同《反恐怖主义、犯罪与安全法案》规定的条款形成鲜明对比的是，《反恐怖主义条例》在必要的合理怀疑之后增加了“或者可能是”的规定，这就降低了财政部签发指令时必需的合理怀疑的门槛，使得政府可以轻而易举地冻结个人资产。这是非常重要的一点，根据这些条例所签发指令的比例失调性和压迫性的本质在 M，A，MM 控诉英国财政部和工作与养老金部大臣案中体现出来。① 这起案件中，申请司法审查的上诉人是在家负责抚养孩子的几位妇女，并依法享有个人的社会福利，但是她们与《反恐怖主义条例》中确定的特定人员共同生活。② 申请人辩论称，财政部错误地把她们的社会保险福利列入了签发给她们各自配偶的法令中，③ 因为这些资金归申请人独有，而不属于任何被通报人的利益。④ 高级法院认为，这些基金确实在《反恐怖主义条例》所规定的范畴之内。正如 Kenneth Parker QC（高级法院助理法官）所说，虽然工作与养老金部定期支付控诉人工资，但有理由认为她们会用这些资金为财政部指令中通报的她们的配偶提供便利。⑤ 基于此，法院驳回了申请人提出的司法审查的申请。⑥ 而在财政部对抗 Mohammad Jabar Ahmed 等人的最高法院裁定中，一份获得大多数人通过的决议认为 2006 年《反恐怖主义条例》第 4 条的措辞具有法律上的

---

① [2006] EWCH 2328.

② M, A, MM v H. M. Treasury and Secretary of State for Works and Pensions [2006] EWCH 2328, paragraph 1.

③ M, A, MM v H. M. Treasury and Secretary of State for Works and Pensions [2006] EWCH 2328, paragraph 3.

④ M, A, MM v H. M. Treasury and Secretary of State for Works and Pensions [2006] EWCH 2328, paragraph 52.

⑤ M, A, MM v H. M. Treasury and Secretary of State for Works and Pensions [2006] EWCH 2328, paragraph 63.

⑥ M, A, MM v H. M. Treasury and Secretary of State for Works and Pensions [2006] EWCH 2328, paragraph 83.

不确定性，超越了法律权限，宣布该条例无效。[①]

欧洲法院裁定影响着最高法院对财政部应诉 Mohammad Jabar Ahmed 等人案件的裁定

“基地”组织对美国发动了“9·11”恐怖袭击后，欧盟理事会签发了881/2002号法规。该法规的制定是为了确保所有欧盟成员国强制采取特定的限制性措施防范与本·拉登、“基地”组织和塔利班有联系的人员和实体。该法规强化了成员国实施禁飞的能力以及冻结与阿富汗塔利班有关的资金和其他财政资源的执行能力。881/2002号法规第2条规定，个人、组织或实体所有或持有的一切资金和经济来源都得冻结。第2条的特别之处在于没有提及这些资金或经济来源得是该人、该组织或实体直接或间接拥有的。

在 Ahmed Ali Yusuf 和 Al Barakaat 国际基金会诉欧盟理事会及欧盟委员会的案件中，[②] 欧洲法院一审审查了881/2002号法规的条款，并依据三个方面的理由认为依据该法规冻结资金并没有侵犯基本的个人权利：

1. 反对本·拉登、“基地”组织和塔利班的安理会决议在打击国际恐怖主义中具有重要地位，强化了保护联合国打击恐怖主义组织活动的合法性。

2. 冻结资金是预防性措施，不同于没收处罚，不会影响资产所有权的实质，只是影响资产的使用。

3. 安理会决议提供了复核方式，受到影响的当事人可以通过他们的国籍国或居住地成员国将案件提交给仲裁委员会。[③]

一审法院认为，安理会决议与欧盟法律保护的基本权利是否一致不应由一审法院审查，而且关键的事实是，一审法院认为个人享有申请法庭听证他

---

① H. M. Treasury v Mohammad Jabar Ahmed and others [2010] UKSC 2 Lord Hope at paragraph 83, Lord Phillips at paragraph 156, Lord Rogers with Lady Hale agreeing at paragraph 187.

② [2005] Case T-306/01.

③ Ahmed Ali Yusuf and Al Barakaat International Foundation v Council of the European Union and Commission of the European Communities (2005) Case T-306/01, paragraph 8.

们案件的权利不足以超过维护国际和平与安全的公众利益。[①] 然而，在 Kadi 诉欧盟理事会的案例中，[②] 欧盟法官的立场发生了显著的变化，欧盟法院再一次审查了安理会关于冻结本·拉登、“基地”组织和塔利班资产的决议以及欧盟 881/2002 号法规。法律总顾问（Advocate General）Maduro 指出，Kadi 没有机会就不利于他的处罚是否公正、是否应当执行提出申诉，所有的一切问题都集中在特定人员如何申请从黑名单上除名的程序方面。法律总顾问 Maduro 看到的这一过程中的问题是，即使申请提交给了仲裁委员会，也只是由政府部门处理这些申请，这一过程中并没有司法审查或保护。[③] 一审法院在 Yusuf 案件中的裁定受到了挑战，欧盟法律的一条重要原则就是法制，国际条约不能影响欧盟法律体制的自主权，而根据由来已久的案例法，基本权利已经成为欧洲法院必须遵守的基本原则的内在组成部分。[④] Gearty 说：

> 由此……国际条约规定的义务不能对欧共体条约的根本原则造成损害，这些原则包括所有欧共体条约必须尊重基本的权利，这种尊重是合法性的构成要件，且应当由法院在欧共体条约确立的法律救济框架内进行审查。[⑤]

Gearty 还认为，对联合国的法律条例进行司法审查也不应当排除在外，[⑥] 他把这一决定称为“英勇的行为”（Gearty 2012，p. 41）。Gearty 陈述，一审法院的错误在于向联合国屈服，没有包含质证程序审查对当事人不利的证据，限制了他们享有有效司法审查的权利。在 Gearty 看来，881/2002 号法规存在致命的瑕疵，而法律总顾问 Maduro 坚持保护基本权利的做法是正确的（Gearty 2012，pp. 44 – 45）。

---

① Ahmed Ali Yusuf and Al Barakaat International Foundation v Council of the European Union and Commission of the European Communities（2005）Case T – 306/01，paragraph 9.

② Joined cases C – 402/05P and C – 415/05P［2009］AC 1255.

③ Kadi v Council of the European Union Joined cases C – 402/05P and C – 415/05P）［2009］AC 1255，paragraphs 51 – 55.

④ Kadi v Council of the European Union Joined cases C – 402/05P and C – 415/05P）［2009］AC 1255，paragraphs 281 – 283.

⑤ Kadi v Council of the European Union Joined cases C – 402/05P and C – 415/05P）［2009］AC 1255，paragraph 285.

⑥ Kadi v Council of the European Union Joined cases C – 402/05P and C – 415/05P）［2009］AC 1255，paragraph 287.

英国2010年《恐怖资产冻结法案》（TAFA）

根据最高法院在财政部对抗 Mohammad Jabar Ahmed 等人案例中的裁定，英国议会通过了《恐怖资产冻结法案》（TAFA），废止了先前的《反恐怖主义条例》。在规定财政部确认特定人员及冻结他们资产的权力规定中，该法案第2条规定，财政部仍然可以有理由相信某个人是恐怖主义者或者已经涉嫌了恐怖主义活动。然而，“或者可能是”的表述被删除了。《恐怖资产冻结法案》第26条明确规定，如果某人被财政部列为特定人员，他们可以向高级法院提出申诉，反对财政部做出的决定。另外，除了第26条，第27条也规定受财政部裁定影响的人可以向高级法院提出撤销财政部裁定的申请，法庭在司法审查程序中有权做出救济的决定。

虽然在英国的其他立法中也能找到相似的条款，但《恐怖资产冻结法案》将所有相关条款吸纳到一部法律之中。该法案的作用是提高了财政部在对某人签发资产冻结法令前合理怀疑的门槛标准。虽然确定特定人员没有司法审查，但该法案确立了一项基本法律程序，即当事人可以向法庭申请对财政部的决定进行司法审查。该法案还确保了对1946年《联合国宪章执行法案》第1条的遵守，确保了安理会决议被吸收到英国立法条款之中。随着《恐怖资产冻结法案》的实施，我们看到，政府不仅考虑到国家的需要，而且考虑到国际安全以及个人的权利。如上所述，考虑冻结资产对家庭成员经济状况的巨大影响也是非常重要的。国家政府更愿意执行《恐怖资产冻结法案》中的条款而不是2000年《反恐怖主义法案》中的资助恐怖主义犯罪，尤其是当签发资产冻结令时。这在 Anderson 的研究中可以看到，他发现从2008年4月到2012年3月，在英国只有一人被控诉犯有2000年《反恐怖主义法案》第15~19条规定的罪行（Anderson 2013，p. 71）。根据2000年《反恐怖主义法案》第23条第1款之规定，一旦一个人被确认为恐怖主义犯罪之后，法院可以没收其当时所有的财产。至于犯罪之人的家庭财产是否可以被扣押的问题，高级法院在2014年5月做了裁定。法院认为，犯罪之人的家庭财产不能被扣押，Richard Henriques QC 爵士说如果被扣押可能会对家庭中的无辜成员造成负面影响（BBC News 2014）。

美国关于资助恐怖主义的法律条款

“基地”组织对美国发动“9·11”恐怖袭击之后，美国应对恐怖主义资金的战略包括两个方面的重要内容。一是总统令 13224 号是关于对实施、威胁实施或支持恐怖主义的人员的财产冻结，并禁止与此类人进行交易的行政命令。二是 2001 年《爱国者法案》第三部分——《国际洗钱控制与金融反恐怖主义法案》。

总统令 13224 号

这是关于对有嫌疑的或已知的恐怖分子进行资产封存（资产冻结）的法令，由美国财政部签发。[①] 在该法令中，恐怖主义被定义为使用暴力或者威胁人类生命、财产或设施安全的行为，企图恐吓或胁迫民众，或者通过恐吓或胁迫影响政府的政策，或者通过破坏、暗杀、绑架、劫持人质等手段影响决策的行为。[②] 在本书中探讨了关于恐怖主义的法律定义，正如本章中所探讨那样，不得不谈到上述美国的这个法定定义，因为这个“恐怖主义”定义被美国联邦机构所引用。在最开始的 5 年里，该法令的执行情况如下：

1. 大约 250 个组织和个人被认定为恐怖主义组织。
2. 冻结 92 个恐怖主义账户资金 3600 万美元。
3. 150 个涉嫌恐怖主义的账户被封存。
4. 400 多个人和实体被确认为恐怖分子或者恐怖主义支持者。
5. 发现大约 40 个慈善机构向确认的恐怖组织转钱，并被禁止进入美国金融系统。
6. 约 1439 个涉嫌恐怖主义账户被冻结，涉案金额 13500 万美元（Ryder

① Presidential Executive Order 13224 section 1 (d).

② Presidential Executive Order 13224 section 1 (d), paragraph 3 (d).

2007, p. 832)。

资助“9·11”恐怖袭击的资金包括恐怖劫机者的现金流转，这没有什么会让人注意到他们的特殊之处。例如，恐怖劫机者在美国银行用他们自己的名字开设账户，然后从ATM机上多次小额提取或正常使用信用卡(Danziger 2012, p. 215)。反恐侦查人员注意到的类似“基地”组织这样的恐怖组织的恐怖主义融资的另一种通常做法就是通过国际募捐，这些募捐主要是通过慈善机构、非政府组织、网站、中介机构、银行以及其他金融机构。Greenberg等人(2002)报告说，很多从事此类捐助的人都明白他们的钱会被“基地”组织用于非法目的。考虑到这一点，就不难理解为何美国政府认为有必要在这份法令中采取严厉的措施。

《爱国者法案》第三部分：《国际洗钱控制与金融反恐怖主义法案》

与总统令相同，《爱国者法案》第三部分是在“9·11”袭击事件发生后不久制定的，其中陈述到：

……洗钱，以及洗钱这赖以存在的金融透明度中的缺陷，是国际恐怖主义融资和为恐怖主义袭击提供资金的关键。①

该法案规定，美国财政部主要负责该法案的实施(Van Cleef 2003, p. 73)。这些条款中包含了强化报告责任的内容，这使得美国财政部有权对金融和信用机构提出额外的关于控制洗钱的要求(Ryder 2007, p. 835)。同总统令的颁布一样，因为在颁布该法案之前，通常确定不了资助恐怖主义活动为非法活动，这就使得美国政府难以根据以前的反洗钱法律对资助恐怖主义活动进行起诉(Weiss 2005, p. 7)。

法案中的一些重要条款授权美国财政部得要求美国国内金融机构采取特别措施，包括获取开户人的信息、支付平台和对方账户的相关信息。② 这包括金融机构应采取尽职调查措施，确立必要的强化程序和控制措施，调查和汇

---

① Part III Patriot Act 2001 section 302 (a) (2).

② Part III Patriot Act 2001 section 311.

报通过这些账户进行洗钱的情况。① 与外国银行相关的尽职调查措施包括：

1. 查明外国银行股份不是公开的交易，外国银行每个所有者的身份以及每个所有者拥有的利益的性质和范围。

2. 加强账户审查，警惕洗钱活动，报告任何可疑的交易。

3. 查明这些外国银行是否向其他银行提供相关的账户，如果提供，要查明那些银行的身份和相关的详细信息。②

关于个人银行账户，尽职调查程序要求：

1. 查明名义上的和受益的所有人的身份，存入账户资金的来源，警惕洗钱活动，报告任何可疑的交易。

2. 严格审查外国政治人物及其近亲属、政治要员的亲密人申请或保留的账户，注意侦查和汇报各种可能涉嫌外国腐败的交易［section 312 (3)］。

该法案允许对因涉嫌恐怖主义活动而被扣押的资产提请司法审查，“无辜的资产所有人”可以辩护，③ 这种情形一般是当事人对非法活动并不知情，或者知道了非法活动后采取了一切合理的行为终止对有问题的资产的使用(Weiss 2005，p. 6)。在使用这样的辩护时需要注意，法庭可能会采信根据联邦证据规则一般不可采信的某些证据，但法庭应确认证据的可靠性，而如果遵循联邦证据规则可能损害美国的国家安全利益。④

该法案的第357~359条规定的是关于“可疑行为报告”(Suspicious Activity Reports，SAR)的程序，这种报告制度拓展到经纪交易商，且允许美国财政部大臣将“可疑行为报告”提供给美国情报部门以供打击恐怖主义之用。任何人进行了单笔现金交易额超过10000美元的交易必须向美国财政部报备“可疑行为报告”，确定客户身份、交易金额和日期，因为有意藏匿超过10000美元的现金或其他货币，企图带出或带进美国的行为构成犯罪(Weiss 2005，p. 8)。

① Part III Patriot Act 2001 section 312.

② Part III Patriot Act 2001 section 312 (2) (B).

③ Part III Patriot Act 2001 section 316.

④ Part III Patriot Act 2001 section 316 (b).

对缺乏司法审查的安理会资产冻结决议的司法反应

无论是总统令还是《爱国者法案》第三部分，都增大了广泛的侵犯个人或公司金融秘密的权力。正如 Lee 所指出的那样，最受争议的美国政府有权冻结资产的问题从设立在美国的伊斯兰慈善机构身上可见一斑（Lee 2002，p，5），好心人慈善人道主义发展公司（Kindhearts for Charitable Humanitarian Development Inc.）控诉 Timothy Geithner 等人的案件使这一问题公开化。[①] 在这起诉讼案例中，俄亥俄西部专区北区法院认为，美国财政部冻结伊斯兰慈善机构好心人公司的资产违反了美国《宪法》第四修正案的权利（人民享有人身、房产、文件和财物安全不受无理搜查和扣押的权利）。尽管被冻结资产的当事人可以申请冻结后的司法审查，法院仍认为美国财政部冻结资产的权力没有内在的限制，导致削弱了行政裁量权，将当事人列入名单，冻结资产。

对安理会决议缺乏司法监督这一法律问题并非是英国、欧盟或美国独有。在 Abdelrazik 控诉外交部大臣案例中，[②]加拿大联邦法院认为 Abdelrazik 被列入安理会决议通报名单，他依法享有的加拿大《权利与自由宪章》（Canadian Charter of Rights and Freedoms）中规定的权利受到了侵犯。大法官 Zinn 对安理会决议提出严厉批评，他认为在通报或撤销通报的过程中没有任何认可自然正义的原则，安理会决议也没有制定条款保证基本的程序公平正义。他说，安理会决议不可能满足独立或公正的要求，因为“控告者亦是法官”。[③] 引起对这些案例关注的起因，就是在对某人签发资产冻结令时缺少司法审查。如上所见，这是一个全球性关注的问题。

---

① 308CV2400 August 18，2009.

② ［2009］ FC 580.

③ Abdelrazik v The Minister of Foreign Affairs［2009］ FC 580，paragraph 51.

结论

从案例报道中，我们看到了应对恐怖主义威胁的法律方面的反应，特别是针对资助恐怖主义造成的国际恐怖组织对国家安全的威胁，各国政府已做好了采取严厉措施打击恐怖主义活动的准备，这些措施可能是压迫性的和比例失调性的。这些措施可能带有压迫性，是因为相关财政部门在采取这些措施时不仅剥夺了被通报之人财务往来的权利，而且包括其家庭成员财务往来的权利。这种制裁的影响很可能使当事人的家庭陷入财务困境，以致无法维持正常生活的日常开销。为了改变这种情况，我们也看到了法院在权力制衡方面发挥的重要作用，如果政府越权行使冻结资产权力，法院将依据法制原则进行裁定，以确保法律实施的公正与公平。通过这种做法，正如英国最高法院对财政部对抗 Mohammad Jabar Ahmed 等人的案例的裁决 2010 年 UKSC 2 所体现的那样，法院的裁定导致英国议会最后修正法律。关于签发法令方面，政府处于两难的境地：一方面要满足国家安全需要，冻结那些可能被用于资助恐怖袭击杀害公民的资产；另一方面要满足个人自由的需要。采取压迫性的资产冻结措施不仅会使被通报之人处于严重的经济困境，而且同样影响到与之共同生活的家庭成员，这在美国可能违反了美国《宪法》第四修正案，而在英国则违反了《欧洲人权公约》第 8 条（家庭生活的权利）。

第二部分

反恐侦查

第五章　高压式警务中裁量权的缺失

引言

本章重点讨论反恐侦查，研析与常规警务相比，高压式警务（定义见下文）中实战警官在执法过程中裁量权的缺失。本章中的资料是从2006年到2007年英国特种反恐队（CTU）的反恐侦查行动中收集而来的，探索了目前学术研究难以企及而回避的警务领域（Gill 1994，Chapter 1；Innes and Thiel 2008，pp. 554－555）。本章界定了哪些警察行为属于高压式警务范畴，并对资料收集所用的隐秘参与观察法进行了阐释。

本章主要关注的问题是高压式警务中实战警官的亚文化以及他们的执法行为。关于高压式警务警官对立法变化的态度，尽管与先前的警务研究中发现的一般的警务文化有相似之处，但最关键、最重要的文化的不同在于高压式警务警官如何执行法律规定（Waddington 1999；Reiner 2010，pp. 213－214）。根据获取的数据分析，同先前相似的人类学研究相比，本研究所发现的最主要的不同是初级实战警官在执行法律规定时几乎没有使用裁量权的空间（McLaughlin 2007，pp. 51－52；Walker 2007，pp. 325－326）。这种情形在反恐怖主义队伍的管理与行为中同样存在；与常规警务中级别相仿的警官相比，反恐怖主义队伍中的初级实战警官对侦查结果更是至关重要。

研究方法

本章中使用的主要数据资料来源于我自己的研究，在这项研究中，我运用的是隐秘参与观察法。在数据收集中，运用了多种技巧。一是及时做手写笔记。这是通过自愿承担会议备忘录记录工作完成的，我一边记录，一边做观察日志，不至于引起怀疑。二是抓住时机，利用单位的设备隐秘录制警官们的对话。三是为了听到相关信息，我不得不从同事们的面前消失一段时间，然后就他们谈论的内容做追溯笔记。在收集这些数据时，我是反恐队里的初级探长（Detective Sergeant），领导着一支侦探队伍。如果我公开申请我的研究项目，很可能不会得到允许。如果这样做了，结果就是我无法接近这些警务工作人员和相关的报告，而这些只有我作为隐秘观察者才能获取到。由于高压式警务机构戴着神秘面纱，缺乏透明度，导致当今高压式警务批判视角的研究非常有限（Sheptycki 2007，p. 3）。鉴于此，非常有必要创造时机，对反恐队这样的高压式警务部门而不只是常规警务部门进行研究，以便更全面地了解反恐侦查。

进行隐秘参与观察研究涉及与研究对象相关的伦理道德问题。Holdaway 开展了具有标志性的隐秘参与观察研究，研究对象是英国穿着制服的警察，他把这种研究涉及的伦理道德问题叫作研究者对“信任的蓄意欺骗”（Holdaway 1983，p. 13）。在 2003 年《社会研究协会伦理道德指南》（SRA）关于避免不适当侵犯的规定中，社会研究者必须对自己工作存在的潜在侵犯性保持高度警醒：

仅仅为了获取知识和信息不是侵犯其他社会和文化价值理念的充分理由（Social Research Association's Ethical Guidelines，2003，Para 4. 1，pp. 25 – 26）。

因为 Holdaway 和我的研究对象都是警察，所以我们不是与易受侵害的犯罪被害人打交道，如果是在后者情形中，对信任的蓄意欺骗可能会给研究对象带来不利的影响。Holdaway 解释说，他采取隐秘策略对警察进行观察研究是因为他们是我们社会中一个强大的机构，而他们面对的是相对不强大的对象（Holdaway 1983，p.4）。时至今日，这一箴言仍是对的。为了证明采取隐秘参与观察法研究警察群体的合理性，Holdaway 阐述：

这种方法非常必要，因为在我们的社会结构中，警察机构具有集中性和强大性的特点。警察要对法制负责，这种宪法性的限定限制了他们的隐私权，但他们可以通过维系保护性的职业文化来抵消这一限制。当这样的一个机构处于过度防范状态之时，其成员就会限制接触他们拥有的隐私权。对他们进行研究非常必要（Holdaway 1983，p.5）。

我与 Holdaway 的研究不同之处在于，他研究的是显性的警务工作方面，是身穿制服的警察，也就是常规警务工作；而我研究的是隐性的、秘密的警务工作方面。在我的研究中，为了防止被辨识出来，我隐去了警察机构的名称和警察个人的名字。也许，对信任的蓄意欺骗才是伦理道德方面最关键的问题。

采取隐秘参与观察法进行研究时，蓄意欺骗研究对象的信任是一个非常重要的问题，我的研究中也认真考虑了这一问题。《社会研究协会伦理道德指南》对使用隐秘参与观察法的合理前提是：

……没有其他合乎道德的收集准确、合适数据的途径。如果研究必须包含一定的欺骗，那么必须证明研究的有益性才能证明这种方法的正义性［Social Research Association's Ethical Guidelines，2003，Para 4.3（d），p.34］。

在当时，要研究一个警察机构，对我而言没有其他可选择的研究方法。

对信任的冒犯不仅见之于我的研究报告之中，而且见之于先前的同事视我为他们当中一员的事实之中，他们对我在观察他们并进行学术研究毫不知情。正如 Liebling 和 Stanko 所指出的那样，“合乎伦理道德的研究必须保证被研究人员的权利和感受”（Liebling and Stanko 2001，p.424）。Liebling 和 Stanko 探讨的是将暴力犯罪被害人作为研究对象的情形；研究者与这些弱势被害人研究对象之间的任何信任亵渎显然都是不道德的。

我尽力不侵犯任何个体研究对象的“私有空间”［Social Research Association's Ethical Guidelines，2003，Para 4.3（a），p.31］。我的研究中涉

及的所有数据都与国家安全工作有关，我时刻谨慎小心，不能违犯《官方保密法》（Official Secrets Act）中规定的我应当承担的责任。在进行研究的那几年里，凡是涉及警员私生活的话题以及他们私人对与工作无关的问题的观点，我都严格保密。

高压式警务

Brodeur 提出把警务工作划分为高压式警务（high policing）和常规警务（low policing）模式的概念。根据他的界定，高压式警务有效信息的收集与处理超越了犯罪情报的范畴，涉及经济与政治领域；而常规警务指的是传统的警务活动，如巡逻、维持治安、控制街面犯罪等（Brodeur 2005，p. 810）。借鉴拿破仑的警务大臣 Joseph Fouche 的观点，他认为两种警务模式之间明显的区别在于高压式警务确立的是政治秩序，而常规警务确立的是“点心警务”（piecemeal policing）（Brodeur 2007，p. 2）。确认高压式警务机构的关键就是看其是否负责国家安全保卫任务。他认为，保护国家安全是高压式警务存在的理由，在这种警务模式中，情报的收集研判、危险系数评估依据有必要知悉原则（need – to – know basis）进行（Brodeur 2007，p. 3）。

相对而言，Innes 与 Thiel 将常规警务界定如下：

……常规警务侧重的是传统的警务理念，保护公众免受日常生活中的犯罪侵害，通过预防和解决针对个人或小群体的犯罪问题维持公共秩序（Innes and Thiel 2008，p. 560）。

常规警务主要是被动式反应，尽管在过去的几年里着装警察部门采取了情报引领式的警务模式（Ratcliffe 2008，p. 36）。实质上，常规警务是警务工作的公开的一面，如穿着制服的警务部门每天执行各种任务，包括接受盗窃案件的报案、对违法行为人执行逮捕、公开巡逻等，Innes 与 Thiel 称之为微观犯罪（Innes and Thiel 2008，p. 560）。

高压式警务针对的是宏观犯罪，此种犯罪被害人可能是整个社会。关于反恐怖主义，如 Gill 指出的那样，安全情报机构的特定作用“……就是监控社会全体，发现特定异常情形的证据”（Gill 1994，p. 61）。为了有效实施这样的监控，就需要与常规警务活动不同的警务模式。正如 Innes 和 Thiel 所言：

鉴于恐怖主义是一类“宏观犯罪”，因此反恐怖主义也主要由秘密的高压式警务机构负责，这些机构非常重视发展他们进入秘密组织的能力，以便收集先发制人的情报，引导实战行动（Innes and Thiel 2008，p. 260）。

常规警务的对象包括个人和小的群体，而在反恐怖主义中，警务对象是社会全体（Gill 1994，pp. 145 – 151）。20 世纪 80 年代后期到 90 年代初期，我在反恐怖主义部门第一期任职期间，反恐警务的对象是居住在英伦本岛的爱尔兰民族独立主义社区的成员。在我的第二期任职期间，反恐怖主义侦查关注的主要对象发生了变化，从监控爱尔兰人的社区转变为主要监控来自亚洲的穆斯林社区群体。在反恐侦查中，反恐队警官对目标的监控不仅仅局限于某些确定的被监控的人员，他们还要警惕来自监控目标群体的任何可能对国家和平稳定造成威胁的异常迹象，这包括极端政治党派或群体的成员。反恐队监控的范畴不仅仅是极端组织的成员，如果收到有关情报，认为成员复杂的某些社团会对国家安全构成一定威胁，就可以对该社区中的骨干成员进行监控。换言之，只要认为具有威胁性，反恐队可将任何人作为监控目标，不仅仅是常规警务部门确定的具有固化特征的地痞无赖或吸食少量毒品的罪犯。

先前的警务研究与本研究之间的二分法

在反恐队的反恐侦查活动中，遵守法律是至关重要的。其主要原因在于，反恐队执行的逮捕和搜查受到媒体高度重视。通过非法定途径获取的证据极有可能导致无法起诉而释放犯罪嫌疑人或是在随后的审判中判决犯罪嫌疑人无罪。一旦发生此类情形，责备的手指不仅会指向没有遵循法律程序的侦探或初级探长，还会指向反恐队的领导，不论他们是高级侦查警官还是首席警官。问题由此而生，法律与控制警务活动是否是同义的。

Holdaway 认为，警察亚文化的非正式规则决定了警察的执法行为主要是表象上的（presentational）（Holdaway 1983，p. 163）。关于着装执行警务的实践文化方面，Holdaway 的假设在当前的常规警务中仍然具有相关性，但必须指出的是，一是 Holdaway 的假设是有历史局限性的，因为这个假设没有考虑到警务管理立法的变化。在英国，这种变化体现在多种警务法案之中，从 1994 年《警察与治安法院法案》[①] 到 21 世纪初期警务改革的 2002 年《警察改革法案》[②] 以及 2006 年《警察与司法法案》[③]。二是 Holdaway 的研究聚焦的是常规警务工作。用“以一概全”的理论解释所有的警务模式会歪曲随后的任何分析，因为没有考虑到其他影响同样巨大的警务亚文化。正如本研究所发现的那样，同质的警察文化并不存在，也不存在唯一的同质的刑侦文化，每个警务部门都有各自的亚文化。

在 Waddington 对警察如何执法的研究中，同样运用了一维角度的荒谬方法企图去理解警察文化（Waddington 1999）。他的研究数据来源于对常规警务工作的研究，涉及各种酒后闹事和其他扰乱社会治安的一般违法犯罪行为。他探讨了负责街面警务工作的着装警察如何行使职权的问题。为了维护权威，着装警察不得不学会控制，不丢脸面，同时要善于利用经验，展现自己的职权和权威。例如，Waddington 提到了一位高级警官如何修改一名新警员呈请的某起事件书面报告中的逮捕证据，以便省去额外的工作。Waddington 评价说，重写的内容是真实的，但具有误导性（Waddington 1999）。这展示了常规警务与高压式警务两者之间的对比，前者针对的是一般的事件，后者针对的是严重的犯罪活动，如威胁国家安全的行为。为了完成工作，着装警察发现自己经常处于令人厌恶的处境，必须想方设法使法律与他们处理的情形相符。相比较而言，反恐队的警官拥有广泛的权力，几乎可以满足他们处理任何事件的需要。这是一方面的因素，说明为何高压式警务中的警官在执法中不需

---

① 这个法案改变了警察机构的构成，加强了内政大臣对地方警察力量的控制。实现这种控制的关键是内务大臣对地方警察力量的财政控制。

② 这个法案促生了警务控制工作的三大变化：一是引入国家警务规划（National Policing Plan），关键绩效指标（KPI）由内政大臣设定；二是引入独立警察投诉委员会（Independent Police Complaints Commission）；三是内政大臣有权撤换不称职的警务长官。

③ 本法案对警务控制的一个重要变化是引入国家警务完善机构（National Policing Improvement Agency）。

要运用自由裁量权。与穿制服的同行不同，他们不需要用方形的法律之框适量圆形的实践之洞。

反恐侦查的启动：所有权，而非裁量权

在英国，大多数反恐队的侦查活动都是始于外部的触发器，如来自军情5处（MI5）的情报报告。如果侦查涉及国际方面，情报可能源于欧洲之外的机构并通过欧洲警察组织传给军情5处和国家犯罪侦查局（National Crime Agency）的情报部门，即原先的严重有组织犯罪侦查局（SOCA）。一旦情报传递给反恐队的初级探长，侦查随即打包启动，高级探长（Detective Inspector）或单独召见初级探长布置任务，或向整个探组下达任务。这要根据侦查对象的复杂性而定。多数情形下，任务下达都是高级探长与初级探长之间一对一进行，然后初级探长研究侦查任务，分析开展侦查的最佳路径。制订侦查计划要考虑运用何种监控方法以及监控中如何分配警力。在后期，初级探长向小组布置任务时，高级探长参与也是常见的事。高级探长的主要角色就是发表鼓舞士气的讲话。此方面的一个典型例子，就是对一个伊斯兰恐怖组织进行侦查时，高级探长鼓舞士气的讲话。高级探长说：

关于×××所布置给你们的任务，我想再补充几点。这项任务必须要提起高度重视，你们坚决不能有任何退却的想法。从军情5处传来的情报已经得到印证，我们要坚信情报的可靠性。你们将要到其他执法区域工作，要注意自己的行为，不要引起当地警察的怀疑，无论是穿制服的还是便装的，还有当地的民众。不要超速，不要在双黄线上停车，诸如此类之事。如果你们收到了罚单，自己去交罚款；这次侦查行动没有任何妥协（D1/DI1）。

侦查组所有的成员都要详细研读任务中的情报，就如何侦查发表意见，因为很多反恐队的侦查活动要花费数月的时间才能完成。除了要研究反恐队电脑系统中存储的情报，他们还要熟记照片、录像、地址和场所。在熟悉情况的过程中，侦查小组要研究与侦查目标相关地域的地图。从这些活动中，侦查小组成员不仅要讨论进行静态监控的可利用的观察地点，还要研究潜在

的危险区域和逃生路线。为了有利于做出决策，侦查小组还会研究地域卫星照片，尤其是小组成员都不熟悉的区域。如果是支援另外一个区域反恐队的行动，这一过程非常重要，因为反恐队的反恐工作是按照区域层面进行协调合作的。在建立静态观察点时，侦查小组成员必须走出办公室，进行实地勘察，重点寻找空闲场所建立静态观察哨所。

侦查小组熟悉了区域的地理环境之后，初级探长与小组成员一起研究最合适的监控方法、所需设备以及小组成员各自承担的角色和责任。小组成员的丰富经验和各种技能是初级探长制订计划的重要资源。小组成员由受过严格训练的警官组成，他们的技能包括移动监控、情报分析、秘密力量管控、嫌疑人讯问。侦查小组内部达成一致后，初级探长通过高级探长把行动方案提交给上级管理部门审批。必须强调的是，尽管初级警官在制订行动计划过程中有很大的发言权，但他们却无权决定何时对目标采取行动。这是高级侦查警官（SIO）的特权和责任。

在探讨高压式警务侦查实战和文化时，侦探和初级探长负责主要侦查是一个重要的议题。不仅初级警官在制订侦查计划时拥有主要发言权，而且侦探也认为他们是领导者，他们的意见理应受到重视。从文化的视角看，这展示了着装警务工作与刑事侦查工作的不同。在重大事件警务执勤中，从游行到足球比赛，着装警察通常是接受指示他们做什么的命令。着装的一般警员在制订或管控行动计划中没有发言权，警长实质上也没有发言权。在管控警务行动职责方面，他们没有任何所有权，而是接受命令，执行具体的任务。在重大事件警卫过程中，着装的一般警员和警长对决策过程表现出一定程度的事不关己的态度，与此不同的是，作为决策过程中的重要组成部分，反恐队的侦探们展现出强烈的确保成功的欲望。如果事件进展不利，他们也要承担一定责任，而不是只由高级管理者承担责任，这与他们穿制服的同事不同。

情报收集

监控小组一旦就位后，侦查工作随即正式开始。监控包含广泛内容，并非仅仅是占据几个处所，观察监控目标。监控包括查明银行账户细目，探知固定电话和移动电话号码并监听通话内容，监控互联网登录和邮件账号，监控借记卡和信用卡交易，车辆追踪（或者通过特殊设备，或者利用车辆卫星导航系统），监控乘坐预定或特定航班的出行，通过轮渡乘客名单监控路上车辆的运行。所要执行的监控种类繁多，并且可能包括要求查看其他机构的记录，如英国福利机构或者国家卫生服务部门。在本研究期间，我着手测算查明一个与侦查目标相关联的人的档案所需要花费的时间。我随机选取了10项反恐侦查行动（包括2006年至2007年12个月中其他反恐队开展的侦查）。在每个侦查行动中，我选取了5个人，他们是重点目标的外围同伴。平均只要26小时多一点，反恐队即可建立一个可供操作的档案资料。从我的自身工作经历来看，如果花费的时间超过48小时，就会被认为是令人失望的时间期限。这种信息交换与目标剖绘并不是国家安全警务独一无二的。实质上，当今世界所有类型的警务模式中都有此类警务行为（Ratecliffe，2008，pp. 127－130）。Ratcliffe认为信息共享与信息管理是“耗时的”（Ratecliffe，2008，p. 130），这与我的发现有所差异，究其原因，可能是Ratcliffe研究的警务部门比我研究得更为广泛。另外，当以国家安全利益的名义提出请求时，其他警务部门和公共机构看起来都会给像反恐队这样的部门以高度优先权。

实施监控的第一阶段就是对监控目标及其同伙建立个人数据模态。这包括探员小组在安全隐秘地点执行的静态监控活动。初始阶段，要收集视频与图像证据。在每一个静态监控点，监控日志要持续记录地点、时间以及对监控目标和同伙的活动情况。随着科技的进步，数码相机提高了信息处理过程，各组都会配有大量的相机芯片。获取了系列的照片之后，从相机中取出芯片，插入电脑中，将这些照片在图像信息库中进行比对。一旦确定了频繁使用的房屋和车辆，行动小组与高级侦查警官（SIO）就会一起研讨，是否需要采取进一步深入的监控方法。这可能既包括对私人居所、工作场所或其他常用的房屋进行语音监听或录像监控，又包括对车辆进行电子追踪监控。必须强调的是，最终决定只能由高级侦查警官做出，而不是行动组的初级探长和侦探人员。

反恐队行动警官对法律的态度：严格遵守还是基本指南？

毋庸置疑，所有的警察都需要白纸黑字的法律作为他们做出决策的框架指南，但现有的研究表明，还有其他因素影响着警察行为。Holdaway 将亚文化规则与警务政策看作是警务运行的强大的象征性的华盖，切实统御着警察行为，胜过了严格遵守法律（Holdaway 1983，p. 163）。他认为，“法律和政策并不是在职业文化中被抹杀了，而是重新组合，折射向一方或另一方，取决于是否能与这种职业文化主题协调共鸣”（Holdaway 1983，p. 65）。尽管没有站在文化主义者的角度看法律对警察行为的支配，McBarnet 的实证研究也揭示了警察将法律视为原材料进行加工的处理方法，“……法律是一样物件，可以使用、操控、艺术加工使之适合他们的利益。警察并不特别关注法律内容，而是更注重研究法律的方法、结构和思想，它的便利形式，以及如何灵活运用法律”（McBarnet 1992，p. 248）。这表明警察将法律视为不必严格遵守其条文解释的一种事物。Dixon 对警务人员的研究表明“……在他们的工作中，他们认为法律控制应当是宽泛而灵活的，最小限度地干涉基于常识和合理文化规则基础之上的日常警务工作”（Dixon 1997，p. 38）。

我的研究中的一些数据同样支持这些研究发现。其中一个例子就是我对反恐队进行的一项“扫除（mop up）”式人权培训项目。之所以称之为“扫除”项目，是因为绝大多数参加培训学习的警官认为法律与政策方面的培训是对执行警务工作不必要的干扰。这一培训项目是在《人权法案》实施后10个月的时间进行的。其中一个警官在电子邮件中询问他们参加这样的培训是否有必要，因为他正在“忙着一项侦查工作”，这个例子可以看出他对法律的一种态度。这些培训项目是必修的内容，此类回应折射了某些警察的观点，即培训不应当取代他们认为的“真正的”警务工作。即使在培训期间，他们也多次问我，“如何绕道而行”？而不是考虑将《欧洲人权公约》的要求与我们的职责结合起来的最好的方法是什么。

在我负责的许多培训项目中，我发现有些警官总是想知道如何绕开法律。在我负责2000年《反恐怖主义法案》的培训中，当我解释说警察的权力扩大了的时候，学员们表现出一种积极的态度。法案中的一项变化引起了一定程度的忧虑。该法案赋予了恐怖主义犯罪嫌疑人享有在尽可能短的合理时间内秘密咨询律师的权利。[①]（在2000年《反恐怖主义法案》之前，根据1989年《防范恐怖主义法案》之规定，恐怖主义犯罪嫌疑人被拘押48小时后才有权会见律师。）学员们对这一规定存在忧虑，在一次培训中有警官问我，“在起诉时间期限到来之前，我们怎样才能拿下他们？人权！真是令人讨厌的事”（D3/HRATE2/DC3）。当得知这一变化时，许多警官的反应都是这样，他们将这一变化看作是工作中面对的又一个障碍。反恐队的警官们知道，这是他们不得不遵守的法律，由此产生了类似的困惑。

在培训中，我经常被问及的另一个问题是关于执行反恐怖主义法律中的警务政策问题。Dixon的研究同样证明，警务政策是警察执行法律中的一项重要事项，“从警察管理的角度而言，法律与实践之间的差距必须通过政策的制定和执行进行衔接”（Dixon 1997，p. 26）。警务政策就是一个例证，Waddington称之为机构官僚体制，警察机构通过一套周密的规则与程序来统一警察的行为，就像对待法律一样，警察试图颠覆或规避这些规定（Waddington 1999）。Waddington列举了一个例证，一位都市警长将警务条例和政策视为一套规则，在出现问题时才适用（Waddington 1999）。关于与反恐队工作直接相关的法律，另一个经常被问及的问题就是“警察的国家政策”是什么。如果还没有这样的政策，我对这些问题的回答就是警察要遵循议会的意志，这就是议会制，是依法治国之所在。在一期培训中，有一名警官对我的回答评价说，“这些都对，但我们遵循警务政策”（D3/HRATE/DC6）。

按照升序排列，警察遵循不同层次的规则。首先，成文法律规定了什么是犯罪以及应对这些犯罪的相关警察权力。这要考虑到英国1998年《人权法案》以及《欧洲人权公约》中的相应条款，以此确保警察作为公权机构依据

① 2000年《反恐怖主义法案》附件8第7段（1）。

《欧洲人权公约》行事。[1] 其次，遵循的是内政部的指导方针和警务政策，就情报服务处（ISB）而言，还包括都市警察特殊行动组（SO13）处制定的特殊部门的国家政策。在这三个影响警务工作的规则之间，内政部的指导方针和特殊部门的国家政策要优先考虑，然后是警务政策。这些政策和指导方针的宗旨就是确保警察执法的统一性和一致性。最后，需要考虑的规则是部门或地方法规。这些法规的目的是告知警察如何具体实施法律规定，其执法权源于何处。

从这些与警察相关的不同层次的规则中，我们再一次看到高压式警务与常规警务警察执法中的不同。正如相关研究证实的那样，着装警察主要应对的是一般层面上的违法犯罪行为。在应对此类犯罪行为中，警察经常遇到的一个问题是他们在很多情形下没有特定的权力。在解释为何着装警察需要裁量法律以适应他们面对的实际情形时，Dixon 陈述：

警察所做的每一件事情并非需要法律授权。同其他市民一样，他们可以做任何法律没有明文禁止的事情。事实上，绝大多数警务工作涵盖的任务并不涉及使用强制力：警察并不是主要作为犯罪斗士或执法者而存在，而是主要作为诸多服务的提供者而存在……打击犯罪从来没有，现在也不是，将来也未必会成为警察的主要活动（Dixon 1997，p. 66）。

在高压式警务工作中，如反恐怖主义，情形就不是这样了，因为反恐队的警察享有广泛的法律权力，应对他们可能遭遇的任何情形。他们不必要像 Reiner 和 Waddington 各自研究中的穿制服的同事那样，需要裁量法律以适应某一情形。穿制服警察应对诸多情形时必须遵守的“方法和方式”的规定（Waddington 1999）对反恐队的警察而言，并不适用。

反恐怖主义立法：拓展权力还是拓展裁量权？

关于恐怖主义犯罪，必须指出的是，有些行为的犯罪故意门槛条件非常

---

① 1998 年《人权法案》第 6 条。

低，很容易成为应当承担严厉法律责任的犯罪行为。例如，2000 年《反恐怖主义法案》第 11 条对符合被禁止组织成员的条件的规定：

任何属于或自称属于某个被禁止的组织的人即构成犯罪。

对于恐怖犯罪故意的认定标准非常低。对于一个人是否构成恐怖犯罪，恐怖犯罪的定义没有任何规定行为人是否明知他们属于该组织，或是不知该组织是被禁止的组织。这样的犯罪定义对于英国反恐怖主义机构非常有利，他们可以逮捕任何被认为属于穆斯林相关组织的人员。2000 年《反恐怖主义法案》附则 2 中列举了许多这样的组织，包括“基地”组织。在侦查期间，如果一个人使用互联网（尤其是聊天室）自称是这些组织之一的成员，或是有链接，无论多么微小的链接，他们都有可能被逮捕并接受讯问。尽管 2000 年《反恐怖主义法案》第 11 条第 2 款规定了辩护权，被告人要证明他们成为该组织成员时这个组织并不是非法的，而且他们在该组织被禁止期间没有参与任何该组织的活动，这个条款对犯罪故意不予考虑。

正如我的研究所发现，与侦查类似临时爱尔兰共和军那样等级分明紧密结合型的组织不同，在侦查中要想确定被禁止的伊斯兰教恐怖主义组织实际成员身份并不容易。开展此类侦查的主要问题在于，如何在那些众多的登录极端伊斯兰网址宣传憎恨西方的穆斯林愤青中确认真正的被禁止组织的成员。在这些网站上发布憎恨信息的人员未必意味着他们就是某个被禁止组织的成员。英国 2000 年《反恐怖主义法案》附则 2 列举了被禁止的组织，其中包括“基地”组织、“伊斯兰武装”组织、“哈拉卡特圣战者”组织（Harakat Mujahideen），以及“伊斯兰辅助者”组织（Ansar Al Islam）。在开展侦查的研判阶段，这就赋予了高级侦查警官广泛的授权逮捕的权力，尤其是对那些边缘人物，以便获取更多的关于主要目标的信息。

鉴于反恐队警察的压力是防止恐怖主义行为的发生，对类似成为被禁止组织成员那样的犯罪不考虑犯罪故意对侦查非常有用，因为将怀疑侦查对象实施了犯罪的证据要求达到了最低化。如果没有充分的证据起诉犯罪嫌疑人，就要释放他们，但他们必须提供指纹和 DNA 样本。此类做法也为像反恐队那样的机构招募秘密力量提供了潜在的可能。[①] 2000 年《反恐怖主义法案》第 58 条是关于犯罪故意低要求的另一个规定，依据此规定，如果持有的文件或记录包含有可能用于实施或筹备恐怖主义行为的信息，则构成犯罪。此条规定实则上不予考虑犯罪故意，有利于警察采取重要的防范措施。

英国的 R v M，Z，I，R and B 案件就是这方面的一个例证。[②] 该案中，被告人被起诉的证据就是他们持有涉及极端伊斯兰主义和恐怖主义宣传的计算机数据、录像和纸质文件，但没有证据证明他们使用这些资料协助恐怖分子策划恐怖活动。其中的一个被告人是 17 岁的男孩 R，他离开家时给父母留了一张纸条，说他要到国外参加战斗，他们会在天堂再团聚。他确实来到了布拉德福德大学与其他被告人聚合，他在一个聊天室中鼓动这些人献身伊斯兰教原教旨主义，三天后他回到家中。在此期间，他的父母在 R 的电脑中发现了犯罪材料后联系了警方。经过上诉，R 被释放，但鉴于他在极端伊斯兰教网址上发布的信息以及在他电脑中发现的材料的性质，他的个人信息被录入了安全情报系统。正是依据发现的与 R 有关的材料内容的性质，警方对其做出了逮捕的决定。从上述案件事实可以看出，R 是一个易受影响的年轻人，这个案件证实了受误导的无辜行为如何会导致一个人被捕，被贴上恐怖分子的标签录入犯罪信息系统。

Walker 认为警察在打击恐怖分子中比处置“普通不法之徒”时享有更广泛的裁量权（Walker 2007，p. 336）。或许 Walker 使用“裁量权”一词不恰当，说成合法权力可能更合适。这不只是从语义学上区分“裁量权”和“权力”。在 2000 年《反恐怖主义法案》的第 11 条和第 58 条中，国家已经授权警察在反恐侦查中采取防范性行动的权力，而不是裁量权。这包括决定是否执行逮捕，是否搜查某人，着装警察通常在巡逻中要做出这些决定，没有他们的管理者或其他执勤同事的监督。反恐队在侦查中却不是此种情形，在反恐侦查中，警察处于同事相互监督之下，逮捕或搜查的决定由高级侦查警官做出。之所以说第 11 条和第 58 条第 2 款规定的犯罪拓宽了反恐队警察的权力

① 第 7 章介绍反恐侦查中秘密力量招募的更多细节。

② ［2008］Crim LR 80.

在于这样的事实：一个人是否为某个被禁止组织的成员，或是一个人是否持有可能资助恐怖分子的文件或记录，单就行为而言，他们要么是实施了犯罪，要么是没有，负责调查的警察没必要找到犯罪故意的证据。第58条规定的举证责任仅仅是所持有的物品很可能有助于他人筹备或实施恐怖活动。“很可能”（likely）一词本身拓宽了反恐队警察的权力，因为他们不必要证实这一物品“确定”（definitely）会对恐怖分子有用。在侦查研判阶段，一旦这样的证据传递给高级侦查警官（通常是高级探长或是侦探总长），则由高级侦查警官决定是否逮捕，或者是否根据该证据证明有必要对目标进行进一步监控。如上所述，虽然职位较低的反恐队警官在涉及制订侦查行动计划中有较大的发言权，如选择最佳的观察点，但他们无权决定何时逮捕、何时搜查监控目标及其住所，这样的决定由高级侦查警官做出。

我的发现与以前的实证警务研究不同，以前的研究认为穿制服的警员比他们的长官拥有更大的自由裁量权。例如，一个着装警察抓到了超速驾驶的司机，该警官可以开具具体的罚单，也可以传唤，或者只是给个警告。职位较低的反恐队的警官无权对涉恐犯罪提出警告。即使有证据证明嫌疑人已实施了涉恐犯罪，如持有可以用于恐怖犯罪的文件或记录，初级探长甚至高级探长都无权决定逮捕，至少要由高级侦查警官决定是否在侦查的该阶段实施逮捕。

由于侦查人员使用了科技手段，在侦查过程中反恐队的初级探长和高级探长几乎没有裁量权决定他们需要或不需要记录什么。所有获取的声音和视频录制资料都要标明日期和时间，标注识别或证据编码。所有录制设备使用前都要封存编码。这些编码由反恐队办公室记录保存，需要时将设备取出投入使用。设备使用后也要封存，标注证据编码，同时制作备份。除了使用科技手段，反恐队的警官们还处于同事之间的相互监视之下，初级探长和高级探长几乎没有机会隐匿证据。除了自己队伍中的同事，他们还要与来自其他地区警察队伍和欧盟其他国家的同事共同工作。这就限制了反恐队警官使用裁量权来决定他们要记录的内容。实质上，在情报和证据收集过程中，奋斗在侦查一线的反恐队的警官们置身于初级探长——他们的直接上司的监控之下。因此，至于应当记录什么的选择范围极其有限。这与绝大多数的着装警察的工作正相反，关于某起事件的调查记录一般都是写在他们的工作日记本中。由于缺乏精确的记录，着装警察在记录嫌疑人所作所为时具有更广泛的选择空间（Reiner 2000，p. 104）。

在那些关于警察群体的研究中，有的人认为警察同事间表现出忠诚，防御性地保护警察的过失，不管是源于所谓的“沉默规则”还是“蓝色盾牌”，这样的研究存在一定的理想性（Waddington 1999；Reiner 2000，pp. 91 – 92；Holdaway 1983）。Reiner 总结了那些关于警察群体研究中所说的强大的内在团结规则，认为警察遇到麻烦时需要依靠同事帮忙开脱，宛如“……一副护身铠甲保护着警察整体，不让侵害行为曝光于众”（Reiner 2000，p. 92）。我在收集和分析数据的时候，考虑并检验了这方面的因数。从我的数据中得到的一项重大发现是侦探们对侦查享有所有权。如前所述，侦探们在如何开展侦查，如何制订完成任务的行动计划中享有发言权，他们知道侦查很可能要花费相当长的时间才能完成。他们在观点、技能以及时间方面的投入使他们都有渴求侦查成功的欲望。成功对于行动小组成员来说是非常重要的，这不仅是自豪的事情，而且也是向高级侦查警官证实他们的能力，他们相信这样有助于他们继续在反恐队中效力，而不是被调离岗位。

在我的研究期间，发现在情报收集阶段擅自使用裁量权出现问题的情形只有一次。一位经历丰富但对反恐队工作缺乏经验（这是他首次在刑侦部门任职）的侦探没有遵循关于情报证据录制的法律和政策，令探组成员大为惊愕。一位威望较高的在职侦探向我汇报说那位侦探“不按规矩出牌”，他和其他几位同事已经同那位侦探讲过了，但他仍然我行我素。我命令那位侦探回到反恐队办公室，我们走进一间安静的房间，我告诉他我所听到的情况，并告知他这是绝不允许的（及其原因），他不能在 ISB 中工作了，而且如果他继续这样，将被清理出刑侦队伍。他接受了我的忠告并道了歉，但我要考虑是否要将他调到另一个探组，因为他扰乱了我的探组的团队精神，我意识到探组成员不再信任他了。在向高级探长汇报后，一周内完成了调离工作，他被调派到港口警队，一名港口警队的警官调换到我的探组。这起事件表明了反恐队侦探对侦查的所有权。

结论

高压式警务中的侦探拥有极少或没有裁量权的观点与先前所有的关于警察群体的研究发现存在诸多矛盾之处。先前的研究发现警察拥有广泛的裁量权，警察在使用权力时常有轻微的违法违规行为，在实际行动中警察之间形成高度的团结，其中包括轻微犯罪行为警察的支持与包庇。我对反恐队警察的研究与先前他人对一般警察文化研究之间的唯一相似之处是在反恐队的培训活动中，他们同样存在认知方面的困惑，认为立法者不断设置障碍影响他们的工作。尽管因为担忧而议论纷纷，但是在培训活动结束时，他们都承认法律是必须遵守的。

一旦进入侦查实战，在适用法律中反恐队的警察几乎没有使用裁量权的机会。如上所述，这归结于诸多方面的因素。首先，关于反恐侦查方面的法律足可以保证警察应对侦查中遇到的每一件事件，降低了警察不得不使用裁量权的必要性。其次，高压式警务侦查的性质是一直处于高级侦查警官的监控之中，只有高级侦查警官才有权做出决策。最后，之所以限制他们使用裁量权在于探组成员的态度。如前所述，所有探组成员对于如何开展侦查都有发言权，对侦查结果都要负责。在高压式警务中的证据收集方法本身对警察就是一种监控形式，因为他们的行为都要被记录下来。除了上述的科技手段，反恐队警察及其他高压式警务部门的警察，与其他部门的警察或其他国家的警察同事并肩工作，这就缩小了他们根据自己的价值观念使用裁量权的空间，因为他们处于其他警察的注视之下。所有这些因素都有助于我们理解为什么在高压式警务中，实战警察在适用法律时几乎没有使用裁量权的空间。

第六章　激进化恐怖主义的起因：爱尔兰共和军与32 郡主权运动组织对英国安全威胁之研究

引言

自 2009 年以来，爱尔兰持不同政见者组织制造的暴力事件显著攀升，打破了 1998 年《好运星期五协议》（Good Friday Agreement，GFA，也叫北爱和平协议）带来的北爱尔兰相对的和平。本章重点研究北爱尔兰共和军——爱尔兰持不同政见者组织中最大、最活跃的组织。本研究最开始的重点是当时最大的共和军组织，正宗爱尔兰共和军（Real IRA，RIRA）及其政治党羽，32 郡主权运动组织（32 County Sovereignty Movement，32CSM）。然而，在数据收集期间，正宗爱尔兰共和军与另外一个持不同政见者组织，反毒品共和行动组织（Republican Action Against Drugs，RAAD），以及从临时爱尔兰共和军（Provisional IRA，PIRA）中叛离出来的原先成员合并起来。该组织规模的扩张极大增强了他们在北爱尔兰发动暴力袭击的能量，对英国本土也是潜在的威胁。① 鉴于此，本研究的重点稍作调整，改为重点分析这个新的爱尔兰共

① NI's dissident groups to unite under IRA banner. http：//www. bbc. com/news/uk – northern – ireland – 19009272 [accessed August 5，2012].

和军组织。爱尔兰共和军与 32 郡主权运动组织带来的威胁无法估量。2012 年北爱尔兰和平监控报告阐明了这些爱尔兰持不同政见者组织对英国安全的威胁，恐怖主义威胁指数显示，英国面临的危险比其他任何西方国家都更大（Nolan 2012，p. 43）。

本章重点研究爱尔兰共和军与 32 郡主权运动组织的激进化过程，如何赢得支持，主要是来自天主教共和派和民族主义者社区的支持（包括招募人员参加爱尔兰共和军）。正如难以界定何种行为构成恐怖主义行为一样，在对激进主义进行实证分析时，同样蕴含着相互矛盾的结论。本章运用激进主义理论研究爱尔兰共和军与 32 郡主权运动组织用来赢得支持的手段，包括他们使用各种网络资源、标志以及仪式。在这个过程中，我们可以结合本书第一部分中提到的，参加被禁止的组织，持有的物品很可能有助于他人筹备或实施恐怖活动，以及相关的资助恐怖主义的各种犯罪。

本研究的原始数据来源于民族主义者、共和党和统一主义者的政治家、警察［主要是北爱警署警察和爱尔兰警察（PSNI）］以及北爱尔兰天主教社区成员（他们大多与临时爱尔兰共和军和新芬党有联系）。通过对这些原始数据的分析，对比 2012 年北爱尔兰和平监控报告的结论，以及 1969 年至 1998 年爱尔兰动荡（Irish Troubles）中导致临时爱尔兰共和军与爱尔兰共和军分道扬镳的事件，进而评估爱尔兰共和军与 32 郡主权运动组织能否通过激进化进程最终仿效动荡期间的临时爱尔兰共和军和新芬党（Sinn Fein）。本研究发现，爱尔兰共和军在北爱尔兰发动持续性暴力运动的能量与日俱增，一旦他们激进化了英国本土的支持者，就能将袭击扩大到英格兰本土。如果爱尔兰共和军成功做到了这一步，那么就会导致英国不得不与爱尔兰和伊斯兰“圣战”组织进行双线作战。

激进化

人们对激进化研析越多，越会发现激进化是一种复杂、多层面之现象（Carpenter et al. 2009，p. 327）。对于激进化，没有一码通用的理论，因为对于某些组织适用之情形和议题对于其他组织未必适用。因此，众皆满意之理论并不存在（Hutson et al. 2009, p. 18）。究其缘由，综观世界各地之不同恐怖活动缘起多样性问题和事件之故。关于激进化对其成员母国带来威胁之问题，欧盟认为，激进化应当被:

……视为诸多复杂因素相互影响，但未必导致暴力活动。因为激进化进程可能会向众多不同方向演进，包括非暴力方向演进，激进分子可能从事没有恐怖企图的非暴力行为，其依然是激进的。由此，虽然不是每一个激进分子都会成为恐怖分子，但每一个恐怖分子都经历了激进化进程（OT Institute for Safety, Security and Crisis Management, 2008, p. 5）。

认识到激进化进程的重要性，作为防范恐怖主义的战略，欧盟优先考虑以下问题: 寻求常规途径以发现和应对问题行为（包括滥用网络），完善行政、民主、教育和经济，发展媒体通信策略宣传欧盟政策（OT Institute for Safety, Security and Crisis Management, 2008, p. 61）。尽管此文献的基调是应对“圣战”极端主义，但这些要点同样适用于政治动因的恐怖主义活动。英国与爱尔兰同为欧盟成员国，该政策同样适用于解决爱尔兰共和军与32郡主权运动组织的激进化进程。

基于本研究数据分析之结果，令人担忧的是当前的经济萧条可能成为爱尔兰共和军与32郡主权运动组织的诱因。社会与经济地位问题在激进化进程中的作用，引发了不同的争论。根据对“圣战”激进主义进程的研析，Silke声明说研究中没有发现贫苦剥削与极端组织成员之间存在着明确的联系。释其缘由，他辩论到，那些穷困潦倒的人不大可能参与投票选举，他们也不大可能参加恐怖主义组织（Silke 2008, p. 109）。Githens - Mazer对此观点以及其他认为低收入不是恐怖主义诱因的实证研究提出了质疑。他发现，个体遭受社会、政治、经济“困境”的情形对“圣战”暴力行为极具吸引力（Silke 2008, p. 7）。Githens - Mazer的发现得到了其他关于“圣战”极端主义研究的支持。例如，Hutson，Taylor和Page的研究发现，在极端贫苦地区，经济剥削是导致激进化进程的因素之一（Hutson et al. 2009, p. 21）。绝大多数关于激进主义的实证研究达成共识的一个发现是，越是存在多元情形的社会越会导致政治、社会、经济上的剥夺，更容易促使激进化进程演变为恐怖主义（Vertigans 2011，pp. 77 – 87）。Silken 认为这样的情形只会在爱尔兰动荡时期存在。他认为，经济剥削、教育失策、代表不够是重要的激进主义因素，促生了来自天主教社区对新芬党和临时爱尔兰共和军的支持（Silke 2008，p. 112）。在爱尔兰动荡时期，那些加入临时爱尔兰共和军的激进化的个人不是精神错乱之辈。Punch 关于爱尔兰动荡的研究发现，尽管个体成员来自一定程度的被剥削阶层，但他们是“有弹性的，放松的，稳定的”（Punch 2012，p. 49）。

此类问题还要详细研析，如爱尔兰共和军与 32 郡主权运动组织招募人员行为以及他们如何将他们的事业传遍国际民众。

研究方法

样本规格

除了研究关于爱尔兰持不同政见者组织的官方数据和报告以外，我采访了北爱尔兰的共和派、民族主义者和统一主义者政治家（14 人），警官（6 人），天主教社区成员（24 人）。在后者团体中，包括我作为侦探在爱尔兰动荡期间建立的线人、社区“领袖”以及共和派组织成员。在英格兰，我采访了利物浦天主教社区的成员，他们是共和党笛乐队的成员（RFBs）。所有采访对象都同意接受采访，并且对采访内容进行了录音。采访活动从 2012 年 6 月起到 2012 年 10 月结束，多数采访持续 1 个小时。

研究策略

为了评估爱尔兰共和军发动可持续性运动并升级拓展到不列颠的能力，本研究确定了四个研究范畴：

1. 爱尔兰共和军的活跃程度。
2. 爱尔兰共和军与 32 郡主权运动组织之间的联系。

3．北爱尔兰地区对爱尔兰共和军与 32 郡主权运动组织的支持。

4．不列颠地区对爱尔兰共和军与 32 郡主权运动组织的支持。

半框架式采访

本研究中的基础数据来源于半框架式采访。采访之前，我将采访涉及的主题传给他们（Bayerns and Roberson 2011，p. 110）。这样做的目的就是聚焦采访对象思路（Baker 1998，p. 136）于主题，以便尽量减少采访者提醒采访对象探讨主题问题的干扰（Baker 1998，p. 137）。本研究的结果同来自其他途径的数据进行了验证。这非常重要，如 Mythen 和 Walklate 所言，出于危机意识，从政治家和警察那里获取的数据可能是漫谈性的（Mythen and Walklate 2006，p. 389）。因为政治家和警察肩负强化国内安全的目标，传递恐怖主义恐慌可能导致纪律处分（Mythen and Walklate 2006，p. 330）。为了将回答内容的不可信性降到最低，尤其是从政治家和警察那里得到的那些，对于数据的有效性和可信性与其他相关主题实证研究中的数据进行比较分析至关重要。

伦理道德问题

2003 年《社会研究协会（SRA）伦理道德指南》规定，社会研究者必须对自己工作存在的潜在侵犯性保持高度警醒。正如 Liebling 和 Stanko 所指出的那样，“合乎伦理道德的研究必须保证被研究人员的权利和感受”（Liebling and Stanko 2001，p. 424）。社区关系理事会最近报告了一种根深蒂固的宗派分歧在北爱尔兰地区①依然存在。鉴于这样的分歧，爱尔兰持不同政见者组织具有暴力侵袭习性，报复那些表态反对或激烈反对他们的人。故此，公开的任何事情都要审慎对待，这至关重要。因此，对采访对象都要匿名。与伦理道德指南相关的另一方面就是在处理数据时，可能对正在进行的或者近来的任何关于爱尔兰共和军与 32 郡主权运动组织的行动或调查都不能予以泄露。

① BBC News Sectarian division still deeply rooted in NI. http://www.bbc.com/news/uk-northern-ireland-18076231 [accessed May 15, 2012].

研究背景

正宗爱尔兰共和军（RIRA）

正宗爱尔兰共和军从临时爱尔兰共和军中分裂出来始于临时爱尔兰共和军与新芬党接受1998年《好运星期五协议》之际。1999年奥马（Omagh）爆炸杀害29人后，正宗爱尔兰共和军宣布他们反对1998年《好运星期五协议》，成为爱尔兰动荡时期最残暴的行为（Vaughan and Kilcommins 2008, p. 80）。正宗爱尔兰共和军认为临时爱尔兰共和军与新芬党接受《好运星期五协议》是背叛行为，认为该协议是向大英帝国继续统治他们的国家进行军事占领的妥协。Mickey McKevitt辞去临时爱尔兰共和军执行官职务，组建了分裂的持不同政见者组织——奥格莱·那·黑里安（Oglaigh na hEireann）组织（Harden 2000，p. 311）。1998年非法设置路障事件后，奥格莱·那·黑里安组织被称为正宗爱尔兰共和军，因为该组织的成员告诉过往驾驶人员，“我们是爱尔兰共和军，正宗的爱尔兰共和军”（Harden 2000，p. 312）。

《北爱尔兰和平监控报告》确定了三个共和军组织，正宗爱尔兰共和军、奥格莱·那·黑里安组织、延续派爱尔兰共和军（Nolan 2012，pp. 44 - 45）。这是基于2008年MacDonald关于北爱尔兰安全威胁报告确定的三个组织划分，当时还没有统一的指挥（MacDonald 2008）。我的研究发现这些组织中的积极分子的数目高于MacDonald报告中的数目。经历了2001年后的相对间歇期，正宗爱尔兰共和军在北爱尔兰发动的袭击明显增加，始于2009年3月杀害安特里姆郡马塞林（Massereene）兵营的两名英国士兵，[1] 到2012年德里郡

① BBC News Two Soldiers killed at Massereene Barracks March 2009. http://news.bbc.co.uk/1/hi/northern_ireland/7930837.stm [accessed May 15, 2012].

(Derry) 炸弹袭击[①]以及 2013 年年初袭击北爱尔兰警察[②]。这包括杀害北爱尔兰警察[③]以及炸弹袭击英国国家安全军情 5 处贝尔法斯特 (Belfast) 总部[④]。鉴于袭击频率的上升，在研究中有必要对正宗爱尔兰共和军的行动，即在英格兰发起炸弹袭击活动进行评估分析 (Nolan 2012，p. 45)。

"新"爱尔兰共和军

2012 年 7 月末，正宗爱尔兰共和军发表声明，他们与反毒品共和行动组织以及临时爱尔兰共和军先前的重要成员联合起来，形成联合组织，接受统一领导，提升他们的容纳力和保持可持续性暴力运动的打击力量。[⑤] 反毒品共和行动组织主要设立在德里郡和泰龙郡 (Tyrone)，实质上是由先前的临时爱尔兰共和军成员组成的保安团，主要对在天主教社区范围内涉嫌毒品交易、吸毒以及反社会行为的人员执行殴打惩罚。[⑥] 他们与爱尔兰动荡期间临时爱尔兰共和军的运作方式相似，为了强化对他们所在社区的支配，他们通常对那些盗窃、卷入毒品犯罪以及反社会行为的人进行殴打惩罚，常常会采取射击受罚者膝盖的惩罚方式 (Taylor 1997，p. 287)。这是两个组织间的天然联盟，因为正宗爱尔兰共和军与反毒品共和行动组织二者的成因相似。

自从形成联盟之后，该爱尔兰共和军实施了许多袭击事件。2012 年 11 月，Maghaberry 监狱的一位警官，大卫·布莱克 (David Black) 在上班的途

---

① BBC News Real IRA bomb attacks January 2012. http://www.bbc.co.uk/news/uk-northern-ireland-16645604 [accessed May 15, 2012].

② BBC News Omagh police bomb incident was attempted murder. http://www.bbc.co.uk/news/uk-northern-ireland-21247711 [accessed January 30, 2013].

③ BBC News PSNI Officer, Ronan Kerr killed by Real IRA April 2011. http://www.bbc.com/news/uk-northern-ireland-13001728 [accessed May 15, 2012].

④ BBC News Bombing of MI5 HQ at Palace Barracks, Belfast April 2011. http://www.bbc.com/news/uk-northern-ireland-13223966 [accessed May 15, 2012].

⑤ BBC News "What does dissident republican 'merger' statement mean?" http://www.bbc.com/news/uk-northern-ireland-19014981 [accessed September 6, 2012].

⑥ BBC News "Who are the dissident republicans?" http://www.bbc.com/news/uk-northern-ireland-10732264 [accessed September 6, 2012].

中被该组织杀害。[①] 2012 年 11 月和 12 月，北爱尔兰警察在北爱尔兰多地发现一批迫击炮炸弹，这些炸弹足以将警务装甲车辆炸成碎片。2012 年新年之夜，一名不当班的北爱尔兰警察在自己的汽车下发现了爆炸装置。[②] 2013 年 1 月，一名不当班的北爱尔兰警察发现自家房后有人，于是拔枪射击。翌日，在该警察的家中发现一枚钢管炸弹。[③] 此类事件，从偶尔发生发展到现在每周都有发生。在如此短的时间内采取这么多的行动，表明爱尔兰共和军宣称的杀害军事人员、警察、监狱官员以及那些为英国效力者的使命并不是空谈的威胁。

32 郡主权运动组织

随着爱尔兰共和军突起一同成长的是它的政治羽翼——32 郡主权运动组织。成立于 1997 年 12 月（Taylor 1997，p. 328）的 32 郡主权运动组织本身并不是一个政党，在北爱尔兰及地方选举中也没有候选人。拥有一个与恐怖组织有联系的政治党羽并不是爱尔兰特有的现象。在西班牙，埃塔恐怖组织（Eta）就有其政治党羽——巴塔苏纳党（Batasuna），一个吸纳了埃塔恐怖组织成员的左翼民族党派联盟组织（Whittaker 2012，pp. 120 – 122）。政治党羽充当恐怖组织的合法代表，作为谈判对话的途径（Tuman 2010，p. 20）。在爱尔兰动荡时期，新芬党就是临时爱尔兰共和军的政治羽翼。1983 年，该党处于 Gerry Adams 领导之下，他对临时爱尔兰共和军的暴力行径既不赦免又不谴责（O'Callaghan 1998，pp. 172 – 173）。在 1989 年新芬党大会发言中，Gerry Adams 说：

纵观爱尔兰以及世界各地英国殖民区域的历史，英国政府极少聆听辩论的力量，唯有理会武力的较量。这就是为什么说武装斗争是事关这六个郡生死存亡的原因之一（Adams 1989）。

① BBC News Prison officer murdered on NI motorway http：//www. bbc. com/news/uk – 20164563 [accessed January 7，2013].

② BBC News Dissident republicans "remain determined to kill." http：//www. bbc. com/news/uk – 20164563 [accessed January 7，2013].

③ BBC News Omagh Bomb incidents：assembly member believes police officer was targeted. http：// www. bbc. com/news/uk – northern – ireland – 21247711 [accessed January 30，2013].

从 1983 年到 1998 年《好运星期五协议》，新芬党采取的策略称之为“枪与投票箱”（armalite and the ballot box），他们奉行的是选举策略与临时爱尔兰共和军武装斗争并行（Taylor 1997，pp. 281 – 282）。这一策略成功促成了 1998 年《好运星期五协议》，并且使新芬党成为目前北爱尔兰大会天主教社区中的最大政党。

为了树立政治立场，为民族主义团体辩护，新芬党没有过多强调武装斗争，而是致力于政治解决途径（Adams 1996，p. 263）。尽管有观察家们觉察到了新芬党宣言的异常之处，但新芬党一直声称他们与临时爱尔兰共和军没有瓜葛（Adams 2003，pp. 46 – 47）。在成立伊始，32 郡主权运动组织领导阶层试图采纳相似的立场。该组织的领袖 Bernadette Sands – McKevitt 宣称 32 郡主权运动组织是一个单一的组织，与准军事派别没有任何联系。就在该宣言公布之时，32 郡主权运动组织执委会的两名成员因持有炸弹制造材料而被起诉（Taylor 1997，p. 358）。三个月之后，32 郡主权运动组织的成员被确认参与了数起爆炸案。北爱尔兰皇家警察前总警长 Ronnie Flanagan 承认，32 郡主权运动组织成员中包含了大量临时爱尔兰共和军分子，他断定说：

毫无疑问，与 32 郡主权运动组织委员会关系密切的人员具有用于恐怖主义领域的知识、专业技能和经历，极有可能有条件获取相关资料，用于实施袭击。我认为与 32 郡主权运动组织委员会关系密切的人员确实极具威胁（Taylor 1997，p. 358）。

今天的 32 郡主权运动组织是否具有相似的危险，接受采访的两位北爱尔兰警察都认为他们确实具有危险，一位警官说：

看看他们的成员都是何许人也。Marian Price 是一名临时爱尔兰共和军原成员，目前还在监狱里，因持有 2011 年 32 郡主权运动组织在克雷根墓地德里郡纪念复活节起义大会上由正宗爱尔兰共和军一名成员宣读的声明而获刑。还有 Duffy 家，他们都是临时爱尔兰共和军，Colin 在近期的马塞林兵营谋杀审判中被判无罪释放。我还可以继续列举出很多 32 郡主权运动组织成员的名字，我们怀疑他们也是正宗爱尔兰共和军成员。32 郡主权运动组织甚至连把他们自己同爱尔兰共和军拉开距离的尝试都没有做。我们去年逮捕的正宗爱尔兰共和军成员都与32郡主权运动组织有千丝万缕的联系。

在采访这名警官六个月后，Duffy家的Paul Duffy，Damien Duffy和Shane Duffy，都是正宗爱尔兰共和军和32郡主权运动组织成员，因犯有收集可能用于资助恐怖分子信息，[1] 共谋凶杀和爆炸犯罪而被起诉。[2] 32郡主权运动组织与爱尔兰共和军之间的这种极其密切的关系，表明32郡主权运动组织是多么危险，不仅危及北爱尔兰的和平，而且危及英国，尤其是英格兰的和平。

爱尔兰的激进化进程

经济剥削

关于爱尔兰共和军在民族主义社区中的活动，一位曾与临时爱尔兰共和军有联系的社区成员概括了许多政治家和社区成员担忧的问题，他说道：

爱尔兰共和军比报刊或电视上报道的还要强大，在有些社区更具影响力。我认识临时爱尔兰共和军的一些老家伙，他们基本没有工作，没有未来，无所事事。因为他们都是些狂热分子，如果情况再恶化一丁点，也只有上帝能帮助我们了。

说“恶化一丁点”，这个采访对象指的就是经济不景气。共和党和民族主义者政治家非常担忧，随着英国政府紧缩政策的进一步加深，可能导致那些不满的青年人加入持不同政见者组织。一位接受采访的社会民主劳工党（SDLP）政治家说：

贫困已经影响了我的很多选民。没有工作，缩减福利，伤害已经开始。在我的外科诊室里就诊的一些人并不认为这是一个全球性的问题，或者是爱尔兰的问题，他们责备是英国政府使得爱尔兰人付出了这样的代价。无论这种观点多么不正确，这样的思维只能引起进一步不满。如果情况变得更糟糕，

---

① Section 58 Terrorism Act 2000.

② BBC News Duffy relatives on terror charges. http://bbe. co. uk/news/uk - northerireland - 18128778 [accessed May 28, 2012].

我确信他们会求助于像32郡主权运动组织和爱尔兰共和军那样的极端共和党组织……绝望中的他们无法控制指责英格兰。

贫困网最近的年度收入调查（2010年12月更新）显示，北爱尔兰并不是英国联邦中经济最差的地区。北爱尔兰的经济与苏格兰和英格兰中部地区相当，威尔士、英格兰东北部、约克郡更糟糕（The Poverty Site 2011）。收入不平等的模式相似，根据周薪收入显示，英国很多地区的经济状况比北爱尔兰更糟糕。一组数据确实支持贫困是爱尔兰共和军和32郡主权运动组织潜在的招募成员的工具。扣除住房费用后，处于中等收入之下的北爱尔兰天主教家庭占26%，与此相比，新教徒家庭只占16%（The Poverty Site 2011）。贫困指数表明天主教徒苦难人数百分比远高于新教徒。例如，66%的天主教徒拖欠一项或更多的账单，而新教徒只占33%；62%的天主教徒无法供热取暖，但新教徒只占31%（Nolan 2012，p. 89）。

经济和社会条件不如新教徒的天主教徒们，在1968年通过非暴力公民权利运动倾诉他们的苦水，进行游行和抗议（Coogan 1995，pp. 60 - 64）。从1970年以后，天主教徒从公民权利运动转向支持临时爱尔兰共和军，其分水岭就是1972年1月的"血腥星期天事件"。政府对他们倾诉苦水的回应是北爱尔兰皇家警察对游行者的暴力镇压，使他们感觉到无人倾听他们的心声（O'Callaghan 1998，p. 167）。就在"血腥星期天事件"发生前，Coogan在《爱尔兰时报》上说：

在北爱尔兰，天主教徒呼喊道：我们受够了……爱尔兰共和军是解决他们愤恨的利刃，尽管他们在北爱尔兰的许多行径令人恐怖，但爱尔兰共和军依然得到支持（Coogan 1995，p. 133）。

在"血腥星期天事件"中，英国军队空降团向在德里和平游行的队伍开火，杀害了14名手无寸铁的游行者。在此之后，来自天主教社区对临时爱尔兰共和军的支持急剧上升，临时爱尔兰共和军可招募的人员一时爆满（Martin 2013，p. 87；English 2009，p. 70）。English认为这种情形的产生不是简单的暴力问题，"而是带血的摩擦积累的历程"（English 2009，p. 71）。这背后隐含的是天主教徒与新教徒相比承受着更大的贫困痛苦（Taylor 1997，pp. 38 -

40)，这不是爱尔兰独有之现象。Kirby 关于“圣战者”激进主义的研究证明，在 7 月 7 日伦敦爆炸后，那些经受经济和社会困境的人就是激进主义的爆破筒（Kirby 2007，p. 416）。

个体的社会经济地位与激进主义之间具有易感性联系。Kirby，Hutson，Long 和 Page 发现社会经济地位对个体所能建立的各种关系发挥重要作用（Hutson et al. 2009，p. 21）。激进主义向暴力组织的演变中，各地的条件和促发因素各有差异（Githens－Mazer 2008，p. 26）。事实上，实证研究一致表明，在社会经济地位与激进化进程的关系中，地位越差，激进主义越有可能转变为极端组织，而在尊重公民权利的较为富裕的民主国家，社会相对平和，不易出现政治不稳定和激进现象。Carpenter，Levitt 和 Jacobson 解释道，这是因为“各种社会抱怨可以通过民主机制和平表达与协商，公民一般不会形成过于极端的观点”（Carpenter et al. 2009，p. 303）。然而，关于激进化运动转向 32 郡主权运动组织和爱尔兰共和军的起因，还有异常现象存在。

如前所述，在爱尔兰动荡期间，除了经济剥夺的原因，激进化进程还有其他两方面因素，教育失策、政治代表不够（Silke 2008，p. 112）。后面的两方面因素在当前爱尔兰北方 6 郡和南部 26 郡中都不存在，这可以解释为何 32 郡主权运动组织依然处在爱尔兰政治边缘地带。1998 年《好运星期五协议》之后，传统的共和党或民族主义团体确实有了政治代表，在北爱尔兰大会中新芬党目前是该社区最大的政党，一名新芬党成员 MLA 是大会的副职领袖。接受教育的机会在天主教与新教徒社区是平等的。在当前经济气候环境下，他们同样处于经济困境之中，但天主教徒和新教徒社区之间的不对等是令人担忧之处，这些问题的解决应当抛开政治代表与教育失策问题。

激进运动的资金募集

当被问及爱尔兰共和军是否有维持持久恐怖袭击的资金能力时，受访的警察回答说，在过去的 12 个月当中，爱尔兰共和军与 32 郡主权运动组织的资金募集能力不断增强。政治家们持相同观点，一位统一派政治家说：

我们努力寻求北爱尔兰和平，希望双方都做出让步以达成和平协议。问题是我们从来没有真正清除双方的狂热分子。爱尔兰共和军有广泛的来源募集足够资金资助恐怖活动，导致我们在持续的暴力袭击斜坡上处于下滑的趋势。

展开持续恐怖袭击的开销是昂贵的。在1983年，Gerry Adams估算，新芬党和临时爱尔兰共和军维持行动的费用每年在200万英镑（O'Callaghan 1998，p. 167）。在爱尔兰动荡时期，英国用以安保的费用估计达到98.26亿英镑（Valino et al. 2010，p. 18）。2001年9月11日"基地"组织袭击美国世贸中心和五角大楼大约花费了30万美元（Martin 2013，p. 520）。Martin将恐怖活动资金筹集方式划分为四个主要途径：

1. 犯罪活动。
2. 个人财富。
3. 敲诈勒索。
4. 慈善与基金（Martin 2013，p. 521）。

虽然还没有证据表明个人财富流入临时爱尔兰共和军，但有证据表明他们利用其他三种方法筹集资金来维持他们的活动。在爱尔兰动荡时期，临时爱尔兰共和军在北方6郡和南部26郡中实施了多起抢劫银行和邮局犯罪（O'Callaghan 1998，pp. 205－207）。

临时爱尔兰共和军同样使用敲诈勒索的方式筹集资金。他们敲诈勒索的方式之一就是寻找爱尔兰32郡中的富裕大户，索要保护费以免受被绑架（O'Callaghan 1998，pp. 166－167）。不同冲突中的其他恐怖组织使用同样的伎俩。哥伦比亚革命武装力量（FARC）和菲律宾阿布沙耶夫组织（Filipino Abu Sayyaf）通过绑架威胁筹集主要资金。这种做法的一个重要因素就是限制绑架的数量，不仅能够强化民众被绑架的恐惧，而且一旦发生绑架，还会提升恐怖组织的民众关注度（Vertigans 2011，p. 113）。临时爱尔兰共和军还对出租车协会增税（每名司机每周捐献15英镑），涉及税收诈骗和社会保险费诈骗（O'Callaghan 1998，pp. 167）。最出名的临时爱尔兰共和军国际募集资金运动组织就是爱尔兰北方援助组织（Irish Northern Aid）。该组织由一名在美国的爱尔兰共和军老兵Martin Flannery创建，筹集了数百万英镑资助临时爱尔兰共和军购买军火（Taylor 1997，p. 84）。临时爱尔兰共和军筹集资金的其他途径主要依靠餐饮俱乐部，多数在贝尔法斯特，有的一年可以募集到 15 万英镑（Taylor 1997，p. 67）。

欧洲警察组织 2012 年 T - Sat 报告显示，当前爱尔兰共和军用以集资的犯罪活动包括抢劫、诈骗、敲诈勒索以及香烟和燃料走私（Europol 2012，p. 24）。2012 年 9 月，Alan Ryan，一名正宗爱尔兰共和军成员在都柏林被黑社会杀害，因为 Ryan 通过敲诈勒索为爱尔兰共和军和 32 郡主权运动组织募集资金。爱尔兰共和军还从事毒品交易筹集资金（BBC 2012）。在 Ryan 被谋杀之前，2010 年一名正宗爱尔兰共和军成员 Kieran Doherty 被杀害之后，爱尔兰共和军和 32 郡主权运动组织就被发现从事毒品交易筹集资金。Doherty 在 Donegal 郡为正宗爱尔兰共和军经营一家大麻农场，警方突袭了他的住所后，正宗爱尔兰共和军经营大麻农场的丑闻被暴露出来，他们在 Donegal 郡与 Derry 郡交界谋杀了 Doherty（BBC 2010）。

所有受访者都说爱尔兰共和军涉足犯罪活动以筹集资金。一位共和党政治家的回答非常具有代表性：

不要认为实施抢劫仍是唯一的筹集资金的途径，其实还有更多的隐蔽性的犯罪行为。在我所代表的区域，社会保险诈骗和网络诈骗是司空见惯的。此外，还有敲诈勒索和保护费，要么是通过假安保公司，要么就是对个人或从事毒品交易的犯罪分子进行赤裸裸的威胁，从而使得爱尔兰共和军从这些人的收入中分得一杯羹。

爱尔兰共和军敲诈勒索活动的一个案例就是在康沃尔的两名毒贩被谋杀的案件，两名来自利物浦（英格兰）的男子因谋杀罪受到审判。在审判中，经过发誓说真话后，一名被告人供述他们是在为一个建立在利物浦的爱尔兰共和军组织工作，他们的行动得到了爱尔兰共和军的资助，目的就是筹集资金（Rossington 2012）。[①]

受访对象认为爱尔兰共和军未来筹集资金的行为不大可能会涉及绑架，

---

① BBC News "Cornwall shooting death men 'worked for IRA drug gang.'" http://www.bbc.co.uk/news/uk-england-16543286 [accessed January 20, 2013].

他们给出了几条原因。在受访的社区成员当中，一种理由认为当前的爱尔兰共和军和32郡主权运动组织还没有能力实施成功的绑架活动。其中一名成员说：

爱尔兰共和军可能还没有像临时爱尔兰共和军那样的力量，但他们仍是很强大的，威胁在上升，将来他们实施绑架也是一种可能。

受访的警察普遍认为，目前爱尔兰共和军和32郡主权运动组织通过绑架威胁实施敲勒索并不是可行的选择，主要原因之一就是涉足绑架的危险性。一位警官的回答概括了这些观点：

通过绑架筹集资金带有极大被侦破的风险。除了像网络诈骗之类的途径，筹集资金的一种更可观的途径就是利用毒贩，还有就是自己秘密从事毒品交易。

爱尔兰的历史表明，无论何种形式的爱尔兰共和军都准备进行持久战，从19世纪60年代的爱尔兰共和兄弟会以及他们在19世纪80年代在伦敦实施的爆炸活动（Staniforth 2010，p. 79；Vaughan and Kilcommins 2008，p. 54；Bunyan 1976，pp. 104－111）到爱尔兰动荡这些事实就可以看出。除了资金，维持持久活动的能力还包括共和党历史上的力量，苦难民众的增加，组织性动力，如培训、资金募集、纪念活动以及组织结构（English 2009，p. 74）。在过去的几年里，爱尔兰共和军将这些动力因素融入他们的资金筹集之中。在奥马发现了一处爱尔兰共和军的培训营地，四名成员被捕，他们培训共和军成员使用小型武器。[①] 为了维持运动，爱尔兰共和军频繁参加游行和集会活动纪念爱尔兰共和事件，借此强化爱尔兰与英帝国斗争的历史，这成为他们集资行为合法化的强大的象征。

激进化：展现相互同情的语言与符号的力量

爱尔兰共和军与32郡主权运动这样的组织如何使用语言提升他们的形象是非常重要的（Taylor 1997，p. 291）。在爱尔兰动荡期间，新芬党把如Long

① BBC News Four remanded over "terror training camp" near Omagh. http：//www. bbc. co. uk/news/uk－northern－ireland－18130609 [accessed May 28，2012].

Kesh 那样的监狱说成是集中营（Adams 1990，p. 11），而共和党的囚犯是战俘（Adams 1990，p. 13）。32 郡主权运动组织在 2012 年新年声明中称所有关押在 Maghaberry 和 Portlaoise 监狱的共和派囚犯为战俘。32 郡主权运动组织的一件重要事件是 Marian Price 的入狱。1970 年，Price 加入临时爱尔兰共和军（Dillon 1994，p. 164），因与其妹妹 Dolours Price 在 1973 年实施英国中央刑事法庭爆炸案而入狱（Taylor 1997，pp. 154 - 155）。[①] 她目前在押，因为持有 2011 年 4 月 32 郡主权运动组织与爱尔兰共和军在克雷根墓地纪念复活节起义大会上由一名戴着面具的正宗爱尔兰共和军成员宣读的书面声明而获刑，而且有可能因 2009 年涉嫌杀害马塞林兵营两名士兵面临审判。[②] 32 郡主权运动组织将 Price 描绘成英帝国法律的受害者，把她的入狱说成收容。32 郡主权运动组织的观点渗入到政治主流之中，社会民主劳工党成员 Alban McGuiness 对 Price 的入狱也说成是收容。[③]

32 郡主权运动组织在 2012 年新年声明中的重要修辞是将英国对北爱尔兰的主权说成是帝国主义。他们支持爱尔兰共和军的主要原因就是要强化武装对抗，因为政治解决途径依然遥遥无期。

正宗爱尔兰共和军并不是爱尔兰冲突的起因，他们是对帝国主义在爱尔兰存在的反应。32 郡主权运动组织相信，坚持抵抗的问题没有模棱两可的余地。[④]

爱尔兰共和军与 32 郡主权运动组织使用语言的力量与爱尔兰动荡时期共和党相似，新芬党的言辞中也存有此现象，将英国称为帝国主义者（Adams 1996，p. 123），英国政府在北爱尔兰采取的任何主动行为都被看作是镇压天主教徒社区的大屠杀（Adams 1996，p. 119）。通过一年一度在德里郡克雷根

① Dolours Price died peacefully in her Dublin home in December 2012 and has become another "martyr" to the 32CSM/IRA cause. http://www.32csm.net/#!/2013/01/32csm-condolences-to-family-of-late.html [accessed January 30, 2013].

② BBC News Derry terrorist Easter rally charges dismissed. http://www.bbc.co.uk/news/uk-northern-ireland-18022527 [accessed May 24, 2012].

③ BBC News Marian Price being interned says SDLP's Alban McGuiness. http://www.bbc.co.uk/news/uk-northern-ireland-18049635 [accessed May 16, 2012].

④ 32CSM 2012 website.

墓地举行的1916年复活节起义纪念活动中展示相互同情，32郡主权运动组织和爱尔兰共和军证明在武装抵抗英国统治方面没有暧昧性。尽管探讨的是在美国的组织，Vertigans认为服装、徽章、旗帜等物品在恐怖组织和他们的支持者之间可以相互培养情感（Vertigans 2011，p. 101）。在过去的几年里，支持或参加克雷根墓地纪念复活节起义的人数不断增加。2012年，32郡主权运动组织与爱尔兰共和军的一个颜色党穿着黑色军队样式服装，配着黑莓和白色的复活节百合徽章，挥舞着爱尔兰三色旗以及爱尔兰四个区的旗帜出现在共和党纪念碑前。随后，32郡主权运动领导成员发表演讲。在2011年纪念大会上，颜色党戴着巴拉克拉法帽，穿着爱尔兰共和军卡其布制服。在过去的几年中，一名头戴巴拉克拉法帽的爱尔兰共和军从人群中走出，站在纪念碑旁边，宣读声明再次强调爱尔兰共和军的目标。事实上，就是要对警察、军队和反对他们的人实施更多的袭击。①

复活节起义纪念活动为那些具有共和倾向的人提供了一个影响强大的场所，因为这不仅折射出相互同情，而且也是激进化进程用来招兵买马的步骤之一（Stuttmoeller et al. 2011，p. 84）。从32郡主权运动组织和爱尔兰共和军利用这些传统的共和党象征来看，我们看到两个过程。首先是Vertigans所指的“我们”（we - ness）。建立在友谊、同志之情、相似背景和信仰之上（Vertigans 2011，p. 98），“我们”是个集体称呼，以共有的信仰、实践、强化的情感为基础提供定义（Vertigans 2011，p. 94）。1916年复活节起义纪念大会对于爱尔兰民众是一个重要的庆典，爱尔兰共和国在都柏林GPO大厦外举行的官方纪念活动也有爱尔兰总统和总理参加。② 因此，32郡主权运动组织和爱尔兰共和军纪念活动不仅显示了爱尔兰的团结，而且证实了他们的纪念活动不是颠覆性的，颜色党也不是，展示被禁止的组织的旗帜也不是。黄、白、绿三色旗是国际承认的爱尔兰共和国国旗。这些标识展示了相互同情，

---

① Ulster TV - 32CSM's Easter Rising commemoration. http://www. u. tv/News/Six - held - after - RIRA - threatens - police/4dda6662 - 5c13 - 4949 - b287 - 102c977cb25c [accessed May 30, 2012].

② 1916 Easter rising Commemoration Ceremony 2012. Dublin http://www. youtube. com/watch?v = c76 - k_ ZsNuo [accessed May 26, 2012].

不仅是对 32 郡主权运动组织的支持者，而且包括所有 32 郡中的共和党人。这种互相同情可以用于 32 郡主权运动组织和爱尔兰共和军企图达到的早期激进化阶段。示威游行和符号抵制是激进化前期步骤之一（Horgan 2009，p. 42），而且不需要暴力化（Stuttmoeller et al. 2011，p. 83）。值得注意的是，示威游行和抗议只占爱尔兰共和军这样的暴力组织采取招募策略的 17.2%（Stuttmoeller et al. 2011，p. 92）。

展现相互同情的最具有象征性的标识就是由一名戴着巴拉克拉法帽的爱尔兰共和军成员在纪念大会上宣读声明。之所以具有象征性，是因为巴拉克拉法帽与临时爱尔兰共和军的服饰标识相呼应，表明两个派系之间没有什么不同。使用“奥格莱·那·黑里安（Oglaigh na hEireann）”术语也具有象征性。其含义是“爱尔兰战士”，由原先的爱尔兰共和军在 1918 年至 1921 年与英国交战时期使用，这是爱尔兰共和国国防军的称谓。[①] 这是想证明他们与其他爱尔兰共和派运动组织之间没有区别，主要的区别在于威胁手段。利用这一区别，32 郡主权运动组织与爱尔兰共和军重申重点，而在 2005 年临时爱尔兰共和军可能已经停止战斗并交出了武器（Whittaker 2012，p. 303），在他们的眼里，爱尔兰共和军仍然坚持作战，反对英帝国及为其工作的叛徒，包括新芬党。这是激进化过程的自我界定阶段，提升自我意识，促使个人探索该组织的意识形态（Stuttmoeller 2011，p. 84）。

代表更广泛的民族主义社区以及就是否对 32 郡主权运动组织和爱尔兰共和军抱有同情这一问题，一位接受采访的社会民主劳工党议员说：

尽管他们举行示威游行在民族主义社区成员中产生了共鸣，但他们根本不是代表，我注意到了共和派选民对新芬党的态度有所转变。在上一次竞选（2011 年 5 月）调查走访中，我遇到了许多幻想破灭的新芬党支持者。在成为英国在斯托蒙特的机构组成部分之后，这些共和派选民认为新芬党已经出卖了他们。32 郡主权运动组织的危险在于，如果他们坚持立场，就可以赢得幻想破灭的新芬党成员的选票。

① Oglaigh na hEireann：Defence forces Ireland website. http：//www. military. ie/ [accessed May 28，2012].

被共和派选民看作是出卖者在新芬党中敲响了警钟。一位新芬党成员 MLA 说：

共和派选民认为我们出卖了他们，但这与真相相去甚远……共和党人现在在北爱尔兰政治生活中有了发言权。32 郡主权运动组织的事业过时了。我想与 Marian Price 交谈，但她拒绝见我，尽管我在大会上和新闻中批评她的入狱是收容行为。我认识 32 郡主权运动组织的一些成员，他们曾是新芬党党员。他们有些是好人，只是陷入了时代的旋涡。

我问这位 MLA，新芬党与民主统一党分享权力，得到了北爱尔兰警察的支持，与英国北爱尔兰大臣共同工作，为什么一些共和派感觉到幻想破灭了。他的回答是：

这个问题我以前说过的……这些人仍生活在过去。他们企图让时钟倒转的努力是徒劳的。他们想回到武装斗争的时代，不幸就在于此。

在采访这位 MLA 时，我指出，在 1986 年他说过，新芬党是：

……社会主义共和运动，支持在六个郡使用武装斗争的运动并在爱尔兰 32 个郡建立社会主义共和国（English 2009，p. 88）。

我问他，这与 32 郡主权运动组织和爱尔兰共和军传递的信息有何不同，他回答：

在那个时候，新芬党是为了民族主义者社区而奋斗……我们当时不得不与英国残暴邪恶的大屠杀做斗争。共和派选民应当看看我们已经做了什么，不要盯着我们没有做的……我在 1986 年所说的发生在当时的爱尔兰不是我们现在的爱尔兰。

展示相互同情是激进化的一个重要策略，因为复活节起义纪念是影响巨大的剧场，在这个剧场中，不能对 32 郡主权运动组织和爱尔兰共和军在爱尔兰举行纪念活动进行指责，因为所有爱尔兰的 32 个郡都举行相似的纪念活动。32 郡主权运动组织和爱尔兰共和军在演讲和宣传中所使用的修辞在表达相互同情方面同样是强有力的，这与新芬党的政策很相近。对于一些传统的共和党或民族主义者社区成员来说，很难辨别二者的区别。32 郡主权运动组织与爱尔兰共和军盗用合法事件的象征，这些象征是纪念那些为了建立一个提倡民主与和平价值观念的爱尔兰国家而牺牲的人。32 郡主权运动组织与爱尔兰共和军正在用谋杀、敲诈以及其他形式的犯罪取代这些价值观念。一些受访对象提到了这种观点，尤其是来自共和党的政治家和社区成员。一名社区成员的回答涵盖了这种情感：

作为一个共和党组织，新芬党仍然追求 32 郡统一，由都柏林（Dublin）统治，不同之处在于如何实现这一目标。新芬党追求像公投那样的政治解决过程。我不敢说 32 郡主权运动组织打算继续参与投票的途径。因为他们不参加竞选，这说明他们支持爱尔兰共和军，暴力是实现这一目标的唯一途径。

网络激进化

恐怖组织及其政治羽翼需要支持，不仅要获得他们自称所代表的社区的支持，而且要获得国际社会的支持。利用网络和社会媒体是博得同情的一个重要来源，至少是让更多的受众理解他们的事业的一种方式。如果恐怖组织利用网络，他们就能够成功传播他们的信息（Martin 2013，p. 45）。以“圣战”恐怖主义为重点，Sageman 的研究表明，网络是一种非常有用而又便宜的工具，能快速把一个组织的信息传给数亿民众（Sageman 2008，Chapter 7）。这让我们回想起 Vertigans 所说的“我们”，网络为恐怖组织招募新成员提供了新的机遇（Vertigans 2011，p. 80）。暴力与非暴力组织通过网络招募成员的比例分别为 27.9% 和 38.7%，这说明网络是重要的招募工具（Stuttmoeller 2011，p. 92）。

32 郡主权运动组织与爱尔兰共和军已经利用网络资源作为与全球受众对话的平台，这引起了爱尔兰主流政治的回应。Gerry Adams 现为 Dail Techta Dala（TD）一名成员，[①] 他致力于促成爱尔兰持不同政见者组织的谈判对话，以求停止暴力行为。作为对利用网络资源拓宽信息传播的回应，2012 年 5 月，北爱尔兰大会副领袖 Martin McGuiness 在新芬党大会上说，与英国的战争已经结束，类似爱尔兰共和军组织的行动是可悲的，企图让时钟倒转的尝试是徒

① 爱尔兰议会成员。

劳的。[①] 担忧32郡主权运动组织和爱尔兰共和军的主张进入民族主义社区，他没有放弃成立统一的爱尔兰的可能性，认为这应当通过和平的方式实现，而不是武装斗争。提倡和平进程，与统一主义者达成和解，他认为有必要做出宪法上的变化，他说，“通向统一爱尔兰的和平与民主的途径就在于此”(DeBreadun 2012)。新芬党议员 Martin Lewis 号召新芬党把通过对抗爱尔兰政府而实现32郡统一的奋斗目标更新为致力于和平统一 (Moriarty 2012)。看起来，由于担心不满的共和派选民脱离新芬党转投支持主张统一爱尔兰的32郡主权运动组织，新芬党被迫做出反应。

时至今日，32郡主权运动组织和爱尔兰共和军在一定程度上偏离了模仿临时爱尔兰共和军和新芬党赢得民族主义者和全球受众的广泛同情的做法。其中一个例证就是，2011年一名天主教北爱尔兰警察被爱尔兰共和军杀害后，有人利用社会媒体来反对爱尔兰共和军以及32郡主权运动组织希望达到的影响。抗议团体“不要以我的名义 (not in my name)”在脸书网上建立，这表明爱尔兰共和军恐吓天主教徒不要加入北爱尔兰警察的目的没有实现，甚至想要表达他们在为他们的事业斗争的想法也未如愿。在该团体成立一周后，这个脸书团体组织了抗议，导致成千上万的民众走上奥马街头，抗议爱尔兰共和军杀害 Ronan Kerr 警察的行为。[②]

尽管爱尔兰共和军因担心泄露成员详细信息而不使用任何社会媒体或网页，32郡主权运动组织却通过他们的网页和社会媒体页面公开传播爱尔兰共和军的信息。32郡主权运动组织的网站分布在各地，但所载信息完全相同，成功引起国际社会对他们事业的关注。这包括2012年5月22日在加拿大组织

---

① BBC News “Gerry Adams says dissident republican talks offer is genuine.” http://www.bbc.co.uk/news/uk-northern-ireland-18225884 [accessed May 28, 2012].

② BBC News “Omagh remembers murdered policeman at rally.” http://www.bbc.co.uk/news/uk-13029286 [accessed April 4, 2012].

抗议活动，呼吁释放 Marian Price[①] 以及其他 7 名被捕的爱尔兰共和军嫌疑人。[②] 在一名同情 32 郡主权运动组织与爱尔兰共和军的美国人所写的报道中，将爱尔兰共和军嫌疑人的入狱称为收容，把犯罪嫌疑人称为战俘。[③]

尽管使用网络看起来起到了一定的作用，但在受访的社区成员和政治家中反响并不大。一名共和党政治家说：

除了想建立统一的爱尔兰国，摆脱英国的统治，很难联想到他们的事业。我知道我的选民中很多人都这么想。32 郡主权运动组织、爱尔兰社会主义共和党、新芬党之类的政治运动在爱尔兰都是少数声音。他们不站出来竞选，因为他们得不到多少选票，因为多数人对他们的使命不感兴趣。

通过社会媒体招募成员

利用脸书、推特、视频网站这样的社会媒体的另一个好处就是为恐怖组织提供机遇揭秘对手，争取新的支持者并防止现有的支持者飘走，让他们聚焦于更有建设性的追求（Seib 2012，p. 69）。通过 32 郡主权运动组织对社会媒体的利用，我们看出 Sageman 描述的激进化运作模式。在他看来，激进化不是一个特定的直线过程，他阐述了激进化的四个方面：

1. 道德上的愤怒。
2. 解释演绎。
3. 与个人经历共鸣。
4. 通过相互之间的联系网进行动员（Sageman 2008，pp. 57 –62）。

① BBC News Derry terrorist Easter rally charges dismissed. http://www. bbc. co. uk/news/uk – northern – ireland – 18022527 [accessed May 24, 2012].

② John Bonnar "Toronto group demands immediate release of Irish republican political prisoner" Online newsletter for activists. http://rabble. ca/blogs/bloggeers/johnbon/2012/05/toronto – group – demands – immediate – release – irish – republican – political – pr [accessed May 28, 2012].

③ 32CSM Derry website – The Irish Republican Immersion Experience—Perspective from America. http://www. derry32csm. com/#! /2012/05/irish – republican – immersion – experience. html [accessed May 24, 2012].

32 郡主权运动组织的“释放 Marian Price”的脸书网页[①]创建的目的就是引起道德上的愤怒，拥有 3519 名支持者。[②] 虽然与其他脸书抗议网页相比支持率并不大，但还是成功动员了 1000 多抗议者于 2012 年 5 月 27 日在贝尔法斯特集会，提升了公众对“释放 Marian Price 运动”的支持。尽管这次集会吸引了很多参加者，但英国主流新闻媒体都没有报道此事件，包括 Ulster 电视、BBC 北爱尔兰新闻。英国的纸媒，包括设在北爱尔兰的贝尔法斯特电讯报都没有报道该事件。关于集会的报道仅能在 32 郡主权运动组织的网页上找到。[③] 在这次集会事件的周末，Marian Price 事件确实对新芬党产生了更大的压力，一位立法会成员 Raymond McCartney 在他们的大会上呼吁释放 Price（Moriarty 2012）。

英国媒体没有完全回避 Marian Price 入狱的事情。2012 年 1 月，Eamonn McCann 在卫报上报道了 Price 入狱之事，将其称之为“丑闻”。McCann 评论说，Price 不是因为犯罪而被羁押，而是英国相信没有她会更好，并将她的入狱说成是收容（McCann 2012）。这件事没有在英国主流媒体上报道的原因之一可以用 Tuman 的发现来解释。通过对恐怖活动报道的分析，Tuman 陈述，审查媒体报道内容的钥匙掌握在媒体公共关系专家和媒体顾问手里，他们帮助决定应当报道什么，不应当报道什么（Tuman 2010，p. 166）。

拥有最多支持者的 32 郡主权运动组织的脸书网页是“Long Kesh 脸书群”,[④] 有 4910 多名支持者。他们张贴了墙画，支持被称为“Duffy 3”的 Duf-

---

① 32CSM Tyrone website. http：//www. facebook. com/search/results. php? q = 32 + County + soverignty + movement + Tyrone&init = quick&tas = 0. 5166589280618#! /freemarianPriceNOW [accessed May 28, 2012].

② http：//www. facebook. com/author. davidlowe#! /freeMarianPriceNOW? fref = ts [accessed January 30, 2013].

③ 32CSM Tyrone website. http：//www. facebook. com/search/results. php? q = 32 + County + soverignty + movement + Tyrone&init = quick&tas = 0. 5166589280618#! /freemarianPriceNOW [accessed May 28, 2012]. 32CSM Tyrone website. http：//www. facebook. com/search/results. php? q = 32 + County + soverignty + movement + Tyrone&init = quick&tas = 0. 5166589280618#! /profile. php? id = 10002091740429 [accessed January 30, 2013].

④ 32CSM Tyrone website. http：//www. facebook. com/search/results. php? q = 32 + County + soverignty + movement + Tyrone&init = quick&tas = 0. 5166589280618 #! /profile. php? id = 10002091740429 [accessed January 30, 2013].

fy 兄弟（参见前文）。故伎重演，我们看到了利用道德上的愤怒来换取支持。在 Duffy 兄弟被捕不久，Long Kesh 网页上就贴出了在伦敦尤斯顿车站的旅馆集会的细节安排，同时还安排了在伦敦粘贴广告以引起人们对 Duffy 兄弟入狱的关注。

YouTube 视频网站是 32 郡主权运动组织和爱尔兰共和军用以宣扬激进化进程的另一个社会媒体资源。2011 年 6 月 1 日，32 郡主权运动组织上传的一份招募视频被观看了 2119 次，[①] 再加上 2008 年 6 月 14 日上传的一份更早的视频吸引了 11452 次观看。2011 年 12 月上传的对 Marian Price 支持的视频被观看 2457 次。[②] 正宗爱尔兰共和军同样乐于在 YouTube 视频网站上传视频。2007 年 11 月上传的一份视频，展示了正宗爱尔兰共和军演习行动，配有爱尔兰反叛歌曲，成功吸引了 167329 多次浏览。[③]

32 郡主权运动组织与爱尔兰共和军虽然利用社会媒体推销他们的事业，但对于那些利用社会媒体批评他们行为的声音却急于谴责。2011 年 6 月，一名苏格兰记者 David Leggat 报道了 32 郡主权运动组织与正宗爱尔兰共和军存在的联系。32 郡主权运动组织批驳 Leggat 的报道，说他们仅仅是支持共和党的战俘而已（如 Marian Price，一名被判有罪的临时爱尔兰共和军爆炸者；Campbell，一名被判有罪的正宗爱尔兰共和军恐怖分子）。[④] 2013 年 1 月，我本人也成为 32 郡主权运动组织尖酸言语的受害者，暗含威胁像我一样把他们同爱尔兰共和军相联系的人。基于本章的研究内容，我给学生的讲座被录制下来并传到 YouTube 视频网站上。32 郡主权运动组织质疑我的研究结论，经过多次邮件交流，我没有撤回我们研究发现的打算，他们开始威胁要到我的大学外面进行抗议，要与参加我的项目的同学对话。结果，我的讲座被从

① YouTube "Join the 32 County Sovereignty Movement." http://www.youtube.com/watch?v=ss3j0wTyMs4 [accessed January 30, 2013].

② YouTube "Free Marian Price." http://www.youtube.com/watch?v=MUqivvLi6Ws [accessed January 30, 2013].

③ YouTube "Oglaigh na hEireann Real Irish Republican Army News Report." http://www.youtube.com/watch?v=7zx-bafKRtA&reature=related [accessed January 30, 2013].

④ 32CSM website. http://32csmscot.blogspot.co.uk/2011/06/leggat-claims-repudiated.html#comment-form [accessed January 30, 2013].

YouTube 视频网站上删除了，同时我还要给他们写一封礼貌的邮件。我能够理解学校对 32 郡主权运动组织和爱尔兰共和军成员举行抗议的担忧，因为他们是暴力组织，恫吓那些与他们对抗的人轻而易举。[①]

网媒展示了巨大的影响力，为他们的事业提高支持率，招募更多成员。数以千计的脸书“点赞”“好友”或是 YouTube 观看量证明，32 郡主权运动组织非常成功地利用社会媒体宣传了他们的事业。毫无疑问，借助这种相对便宜而又便利的媒体，未来情形发展会突破上述界点，随着 32 郡主权运动组织和爱尔兰共和军对他们事业的宣传，新的追随者会不断加入。潜在的威胁是这会吸引英国的支持者，他们可能不再满足于点击脸书的“点赞”按钮，表明他们对 32 郡主权运动组织和爱尔兰共和军的支持，他们可能会采取实际行动，帮助爱尔兰共和军行动人员在英伦本岛实施爆炸袭击。

保皇派准军事暴力：32 郡主权运动组织和爱尔兰共和军燃起战火及合法化的诱因？

本研究的一个重要议题就是 32 郡主权运动组织和爱尔兰共和军的活动是如何挑起类似北爱尔兰志愿军（UVF）那样的保皇派准军事组织的暴力反应的。北爱尔兰志愿军活动的兴起对北爱尔兰和平的冲击不容低估。许多观点认为爱尔兰动荡是由保皇派的政治活动点燃的，鼓励了北爱尔兰志愿军活动（Bamford 2005，p 582）。Coogan 记录了 Reverend Ian Paisley（民主统一党及北爱尔兰大会的原领导人）在动荡伊始煽动保皇派的活动。Coogan 陈述，这导致保皇派的游行示威和袭击天主教徒，杀害了共和党知名人士（1999，pp. 47 –50；Taylor 1997，p. 30）。一名受访的警察说：

对共和党持不同政见者活动兴起的一个冲击就是保皇派不同政见者活动的兴起。除了北爱尔兰志愿军活动的增加，还出现了一个小团体——正宗北爱尔兰志愿军，我们认为这是保皇派针对正宗爱尔兰共和军成立的反应。我

① http：//www. youtube. com/watch? v = ur96ylrWph1 [accessed January 30，2013] this clip shows how violent this group can get when protesting.

们的情报证明，他们的成立是因为不满北爱尔兰志愿军在过去几年里对正宗爱尔兰共和军在卢根和奥马实施的杀害警察及爆炸活动缺乏积极的反应。

一旦保皇派持不同政见者组织对共和派实施袭击，就会被32郡主权运动组织和爱尔兰共和军抓到把柄。Nolan说，在2007年，北爱尔兰志愿军发挥的是非军事作用，但到了2010年，他们又恢复了暴力活动，包括谋杀天主教徒（Nolan 2012，p. 46）。北爱尔兰志愿军的政治羽翼——进步统一党（Progressive Unionist Party），在2011年竞选中失败，北爱尔兰志愿军街头活动死灰复燃，描绘北爱尔兰志愿军战士的壁画随处可见（Nolan 2012，p. 47）。北爱尔兰志愿军暴力活动的增多同样会导致正宗爱尔兰共和军的暴力回应，美其名曰保护民族主义者社区安全。在爱尔兰动荡时期，临时爱尔兰共和军将自己看作是天主教徒的主要保护者，包括暴力反抗保皇派组织（Bamford 2005，p. 583）。32郡主权运动组织和爱尔兰共和军很可能会采取相似的策略。

受访的社区成员担忧北爱尔兰志愿军的暴力行为。临时爱尔兰共和军的一名原先成员，现在为新芬党工作，他说：

北爱尔兰志愿军不大可能在××××采取任何行动，但在贝尔法斯特的各个区，如Short Strand以及像Antrim那样民族主义者人口少的社区，伤害就会发生。天主教徒会受到枪击，然后爱尔兰共和军就会声称北爱尔兰警察不能也不愿意保护天主教社区，因为北爱尔兰警察披着北爱尔兰皇家警察（RUC）[①] 的伪装。有些人会相信这些谬论，有些人可能会加入爱尔兰共和军。

危险变成了现实。2012年12月至2013年1月，在北爱尔兰志愿军的组织下，保皇派举行了定期的暴力抗议，反对贝尔法斯特市议会做出的只能在特定日期悬挂统一旗帜而不是365天全年悬挂，而这种做法一直延续至今。[②] 除了造成维持示威游行的许多北爱尔兰防暴警察受伤之外，保皇派还袭击了共和党、民族主义者、联盟党的驻地，一辆警察驾驶的警车受到汽油炸弹袭击，暴乱升级扩展到北爱尔兰的其他城镇，包括天主教徒聚居的贝尔法斯特

① The Royal Ulster Constabulary.

② BBC News Timeline of attacks in Northern Ireland political parties. http://www.bbc.co.uk/news/uk-northern-ireland-20720406 [accessed January 29, 2013].

的 Short Strand 区域，导致保皇派与 Short Strand 区域天主教居民的冲突。[①]

保皇派暴力活动的增加是 20 世纪 60 年代中期，除此之外，保皇派的暴力针对共和党与民族主义者，因为 32 郡主权运动组织与爱尔兰共和军取得了很大成功，让爱尔兰及全世界都听到了他们的声音，这只能导致爱尔兰经济和社会条件的恶化，或者由吃亏了的共和党人煽动起另一起事件。一名共和党议员就当前北爱尔兰形势总结道：

> 不要把明火带到装满汽油的房间里来，即使是一根小小的火柴，就足够引爆整个房间。这就是当前的北爱尔兰。

结论：
激进英国人支持 32 郡主权运动组织和爱尔兰共和军事业

爱尔兰共和军来自英国的支持

在爱尔兰经历的各种战争中，爱尔兰持不同政见者得到了居住在英国的爱尔兰人的支持。在爱尔兰独立战争期间，当爱尔兰共和军的缔造者 Michael Collins 1919 年抵达英格兰时，他得到了利物浦爱尔兰共和党志愿者团体的支持（Mackay 1996，p. 136）。在 1939 年年初，爱尔兰共和军向英国首相发出最后通牒，要求英国撤出北爱尔兰。由于没有得到回复，爱尔兰共和军在利物浦爱尔兰共和党支持者的帮助下炸弹袭击了英国的多个城市（Hewitt 2008，pp. 14 – 15）。在爱尔兰动荡时期，O'Callaghan，一名活跃的临时爱尔兰共和军行动人员，描述了他被派往英格兰执行爆炸任务时从利物浦爱尔兰共和党同情者那里获得的帮助（O'Callaghan 1998，pp. 149 – 151）。在动荡时期，利物浦从来没有受到临时爱尔兰共和军英国行动处的袭击。主要原因就是这个城市里有大量的爱尔兰天主教徒社区，许多人对新芬党和临时爱尔兰共和军抱有同情心。事实上，同情心转化为了实际支持临时爱尔兰共和军英国行动处

---

① BBC News Police car petrol bombed near MP Naomi Long's office. http://www.bbc.co.uk/news/uk – northern – ireland – 20676315 [accessed January 29, 2013].

及临时爱尔兰共和军其他组织在英国发起的袭击。在利物浦及默西赛德郡更多的地区，临时爱尔兰共和军有许多安全屋、军需官和积极分子，这些积极分子有的是出生在利物浦的天主教徒，有的是19世纪40年代爱尔兰移民的后裔（Dillon 1994，pp. 283－286）。O'Callaghan坚持说，临时爱尔兰共和军英国行动处的胜利一个主要原因就是来自英国的同情者的支持，尤其是那些驻扎在利物浦的人员（O'Callaghan 1998，pp. 112－115）。

32郡主权运动组织与爱尔兰共和军及英国的共和党笛乐队

32郡主权运动组织与爱尔兰共和军在英国利用的社会媒体和网站主要有32郡主权运动英格兰网站（32CSM Englan）、Alba & Cymru网站。[①] 他们在2013年新年致辞中重申反对英国在北爱尔兰的统治。[②] 这份致辞在关于支持Marian Price[③] 和爱尔兰共和军的链接网站上可以看到，包括一幅专门纪念最近被害的爱尔兰共和军成员Alan Ryan的网页，里面的视频链接已被删除。[④]

虽然与北爱尔兰的规模无法比较，但宗派主义在利物浦同样存在，可以追溯到19世纪40年代，天主教爱尔兰人移民到利物浦并在城市北部的苏格兰路附近建立社区，新教徒在埃弗顿建立社区。共和党笛乐队的支持率非常高，其中最大的是利物浦爱尔兰爱国者共和党笛乐队。乐队的一名发言人接受了采访，他说：

我们不支持32郡主权运动组织或者正宗爱尔兰共和军。我们支持新芬党，而且与临时爱尔兰共和军没有任何联系……尽管我们颂扬爱尔兰的东西和音乐，但我们是社会主义运动，支持利物浦和爱尔兰的工人阶级……在利

---

① http://gaughanstaggcumann. blogspot. co. uk/? view = magazine #! / [accessed January 30, 2013].

② http://gaughanstaggcumann. blogspot. co. uk/? view = magazine#! /2012/12/32 - county - sovereinty - movement - new - year. html [accessed January 30, 2013].

③ http://gaughanstaggcumann. blogspot. co. uk/? view = magazine #! /2012/12/wherever - there - is - conflict - women - must. html [accessed January 30, 2013].

④ http://gaughanstaggcumann. blogspot. co. uk/? view = magazine #! /2012/11/ballad - of - alan - ryan. html [accessed January 30, 2013] and "The Ballad of Alan Ryan" http://www. youtube. com/watch? v = Bs - YkfXdtCo [accessed January 30, 2013].

物浦，James Larkin 共和党笛乐队那帮家伙才支持 32 郡主权运动组织。我们同他们没有联系。

James Larkin 共和党笛乐队成立于 1996 年，公开支持 32 郡主权运动组织和正宗爱尔兰共和军。在本研究中，他们当中没有人同意接受采访。Larkin 是利物浦出生的社会主义者，他的父母是爱尔兰天主教徒，Larkin 曾活跃于组织利物浦和爱尔兰的工会运动。通过把产业纠纷引入爱尔兰历史的主流，Larkin 提出积极观点，把罢工战术融入思想斗争，结合武装斗争争取爱尔兰独立（O'Callaghan 2002，p. 102）。为了表明与工会运动没有结盟，James Larkin 共和党笛乐队在利物浦讲话中再次确定 32 郡主权运动组织和爱尔兰共和军的政治和行动：

英国与爱尔兰的冲突没有解决，英国议会和皇家仍坚持对爱尔兰部分领土的主权，反对这样诉求的起义行为将会继续，爱尔兰的战俘仍被关押，任何动情的修辞或民主的借口都无法掩盖这些公然的事实……在爱尔兰实现民主的起点就是英国的立即撤离，真正的和平协议必须由爱尔兰人民自己确定，世世代代维护这些权利。英国议会无权干涉爱尔兰人民的主权事务……英国所说的在六郡事务上保持中立就是一个十足的谎言。

James Larkin 共和党笛乐队加入了西部苏格兰乐队联盟，那也是与 32 郡主权运动组织联系密切的组织。联盟中成员最多的一个是在格拉斯哥的帕克海德共和党笛乐队（Parkhead RFB），也与 32 郡主权运动组织结盟，并参加 32 郡主权运动组织的纪念游行。一位接受访问的利物浦居民说：

Jame Larkin 共和党笛乐队和帕克海德共和党笛乐队能够让英国本土的年轻人陷入为爱尔兰 32 郡统一而战斗的浪漫之中。他们被三色旗环绕，倾听着动荡时期的英雄故事，学唱叛逆歌曲等。在英格兰，只要有那么几个人帮助爱尔兰共和军就足够可怕了。只要一次成功的袭击就是向英国和全世界宣布，爱尔兰共和军回来了……好多次我看到有些人在帮助爱尔兰共和军完成任务。

James Larkin 共和党笛乐队有自己的网站[①]和脸书网页[②]，明确表示他们支持 32 郡主权运动组织。他们的脸书网页维护更新得比他们的网站更好，支持像 Marian Price 这样的“爱尔兰战俘”。这个笛乐队支持终结英国在北爱尔兰六郡的统治，支持爱尔兰共和军的行动。这都是通过网络资源表达相互同情，促进激进化的内容。危险就在于只要有几个英国本土的支持者的协助，爱尔兰共和军就能够在英格兰发起炸弹袭击。

敲诈勒索与谋杀何以成为 32 郡主权运动组织和爱尔兰共和军浪漫化的事业

32 郡主权运动组织和爱尔兰共和军在爱尔兰海两岸发动宣传，促使个人激进化，他们美化敲诈勒索，把正宗爱尔兰共和军成员 Alan Ryan 被谋杀描绘成了 32 郡主权运动组织和爱尔兰共和军事业做出牺牲。在关于 32 郡主权运动组织和爱尔兰共和军的案例研究中，最能证明他们带来危险的案例是将 Ryan 描绘成烈士。Ryan 住在都柏林，经营一家安保公司，从事敲诈勒索，包括对毒品帮派使用暴力和威胁以此筹集资金（就在他死之前不久，爱尔兰共和军的高级指挥官还警告他不要中饱私囊）（BBC 2012）。2012 年 9 月，由于在都柏林树敌众多，有人雇用了一名枪手去杀害 Ryan。他死后的那个星期，爱尔兰共和军在 Ryan 的家乡 Donaghmede 为他进行完整的爱尔兰共和军葬礼，包括爱尔兰共和军颜色党在他的棺椁前鸣枪悼念。这次谋杀事件，尤其是葬礼在爱尔兰市民和政治家中引起了愤怒（Irish Independent 2012）。《爱尔兰独立报》对 Alan Ryan 谋杀案和葬礼的报道包括了本研究中发现和提出的要点。《爱尔兰独立报》将 Ryan 描述成“敲诈犯和杀手”，批评了 32 郡主权运动组织和爱尔兰共和军精心策划 Ryan 葬礼的行为，因为他们把 Ryan 变成了共和主义的烈士，是代表被欺压的工人阶级与毒品大亨做斗争的英雄，有报道说，32 郡主权运动组织和爱尔兰共和军现在已经找到了接班人 Bobby Sands。报告

---

① http：//jimlarkinrfb. blogspot. co. uk/ [accessed January 30，2013].

② http：//www. facebook. com/people/James - Larkin - Rfb/100001306623263 [accessed January 30，2013].

还揭露了32郡主权运动组织如何教育成员在公共媒体前说话，如何选拔发言人。[①] 这篇文章总结了32郡主权运动组织和爱尔兰共和军这些行为的危险后果，说：

特务部门在正宗爱尔兰共和军营地已经建立了一个错综复杂的网络或线人，这伙人负责……在此期间，正宗爱尔兰共和军一时不会采取报复。领导人们会精心策划，就像策划葬礼那样。他们把这看作是对某些难以渗透的社区进行侵入的机会，招募新的一批涉世不深的年轻人（Irish Independent 2012）。

这就是为什么不能轻视32郡主权运动组织和爱尔兰共和军。欧洲警察组织2012年的报告称，爱尔兰共和军不仅获得了支持，而且在爆炸装置制作方面也获得了持续的成功，这正是令人担忧之处，在过去的两年里，爱尔兰共和军提高了他们的工程技术能力（Europol 2012，p. 24）。32郡主权运动组织和爱尔兰共和军不仅给北爱尔兰的安全带来威胁，而且他们威胁英格兰安全的能力也在上升。无论是哪一个恐怖组织想把个体激进化到他们的事业当中，本研究的一项重要议题就是绝不能低估恐怖组织对网络资源的利用。利用网络可以接触数百万民众，这就可以影响数千人的同情，进而可能会有数百人积极行动。即使积极行动的人不到一百人，对于政府和反恐警察来说仍是心头大患，因为他们要确定一个社区中的成员谁会对安全构成威胁。爱尔兰共和军是典型的公共恐怖主义模式（communal terrorism model）（Martin 2013，p. 11）。虽然不会经常成为国际新闻标题，但是在反对英国和爱尔兰新教徒文化冲突中却是根深蒂固，公共恐怖主义邪恶而又棘手（Martin 2013，pp. 119 - 120）。在爱尔兰动荡时期，3284人丧失了性命（Martin 2013，p. 121），为了避免悲剧重演，非常有必要把应对32郡主权运动组织和爱尔兰共和军工作放在优先位置。正如1984年袭击英国首相的临时爱尔兰共和军布莱顿爆炸制造者，Brian Magee切中要害之言，安保部门必须时刻都是幸运的才行，而爱尔兰共和军只要有一次幸运机会就足够了（Taylor 1997，p. 253）。

---

① To support this hear the interview by Ireland's Ocean Radio with Paul Stewart of the 32 CSM on Ryan and his funeral. http://www.youtube.com/watch?v=FwZkvLuBk-g [accessed January 30, 2013].

第七章　反恐侦查中的线人招募：损耗诚信是高尚的事业吗？

引言

本章专门探讨线人招募问题，这些线人都是被捕后关押在警察拘留所里的人员。本研究中的所有采访对象都是我在反恐侦查部门当侦探时管控的线人，是反恐侦查中招募和管控线人研究的构成部分。由于这样的研究涉及警察运用的各种策略，本研究只探讨从警方羁押人员中招募线人的问题。本研究采访了 21 名对象，他们以前是线人，但现在都退出了。利用半框架式采访方法，他们被问及的主题包括招募的方式、为何决定做线人、在招募过程中的感觉如何等。这些主题为研究线人招募提供了启蒙性的资料。

在我的研究数据中，警察对潜在的线人提供引诱使他们的诚信受到了质疑，这种行为可以称为崇高事业型腐败（noble cause corruption）。崇高事业型腐败是一个相对新的概念（Cooper 2012，p. 170），本书剖析了这个术语的含义。以 Cooper 的研究为起点，我运用崇高事业型腐败这种新的理论框架分析我的数据，这就是角色理论（Cooper 2012，pp. 172 – 173）。从 Klockers（1976）到 Porter 与 Warrender（2009）的研究来看，崇高事业型腐败在先前的学术研究中并非无人问津。Cooper 认为，问题在于支撑早期研究的理论框架太宽泛，无法让人理解崇高事业型腐败怎样发生、为什么会发生，以及警察是如何操作的（Cooper 2012，pp. 171－172）。这并非意味着贬低以前的关于崇高事业型腐败的研究工作，这些研究工作在建立基础知识中发挥了重要的作用，对崇高事业型腐败的理解达到了一定的程度。

角色理论（role theory）考虑到了在招募过程中警察与被拘留人员之间的权力关系。在我的分析中探讨了崇高事业型腐败中的“结果证明手段的正义”（ends justifying the means）这一方面的问题，这引出角色理论的一个要素——角色冲突。角色冲突不可避免，因为警察不仅是社会的保护者，而且是国家的代理人。Cooper 指出：

作为国家代理人，警察受到程序法的约束以保护公民个人的权利。一线警察会认为这些方针要求束缚了他们的能力，不利于发挥他们作为无辜者卫士的作用（Cooper 2012，p. 170）。

角色理论适用于反恐侦查，与其他警察相比，反恐主义的侦探们在防范犯罪方面承受着更大的压力，而不是侦查刑事意义上的犯罪活动。防范之所以重要，是因为可以从政治上的反恐怖主义措施进行解释。作为事关国家安全的大事，警察在反恐行动中必须全力与政府政策协调一致。这个政策就是强调防范，以此证明政府有能力保护公民（Deflam 2009，p. 23）。这种压力还在加重，因为恐怖分子把自己看作是政治斗争中合理的战斗人员，人员死亡不是谋杀犯罪而是战争中的伤亡，与一般的犯罪嫌疑人相比，反恐警察面对的是更加坚定地愿为他们的事业奉献的犯罪嫌疑人（Martin 2011，p. 14）。从这一角度出发，对崇高事业型腐败要灵活考量，从警察使用强制力程度的功利主义的角度分析这样的实践行为。

崇高事业型腐败

虽然经济学意义上的警察腐败（为了个人利益而发生的警察不正当行为）可能呈下降趋势，但为了崇高事业而腐败的行为却在上升（Cooper 2012，p. 169）。警察非常关注保护广义上的社区（Cooper 2012，p. 171），Cooper 认为崇高事业型腐败的核心问题就在于警察负有保护无辜者不受邪恶侵害的责任（Cooper 2012，p. 173）。就我的研究而言，警察面对的一种邪恶就是一次恐怖袭击就可能导致无辜生命的丧失以及大量的严重伤亡。为了证明在反恐侦查中使用崇高事业型腐败的正义性，Yoo 说，虽然国家安全部门经常走在侵犯人权的边缘，但国家不对他们进行追究是多数公民所希望的（Yoo 2010，pp. 347 - 350）。问题关键就在于此：一方面，要求警察必须公正执法，保证法律的道德底线；另一方面，有时候法律和程序又被看作是束缚警察行动的绳索。为了保护公众，警察违犯规则，阐明了需求决定手段正义的观点（Punch and Gilmour 2010，p. 10）。

警务工作中，崇高事业型腐败的提出可以追溯到 Klockers（1976）和 Muir（1977）。借鉴 Clint Eastwood 主演的著名侦探电影《肮脏的哈里》（Dirty Harry）中的术语，Klockers 把崇高事业型腐败称为“肮脏哈里问题”，即警察使用“肮脏的手段”达到正当的目的（Klockers 1976，p. 121）。在这一主题基础上，Muir 陈述，警察不得不培养两种品行（virtues），即知识品行与道德品行。Muir 阐述了两者的不同：知识品行是指警察抓住了人痛苦的本质，道德品行是指警察不得不解决达到正义目标与使用强迫手段的矛盾（Muir 1977，pp. 3 - 4）。理解这两种品行的不同的关键是警务工作中“手段”与“目的”之间的关系（Miller 1999，p. 12）。Caiden 发现，任何形式的腐败“都冒犯了公共监护者的理念，这种理念是民主大厦之基”（Caiden 1997，p. 2）。这是对“崇高”功利主义正义性的告诫：作为民主社会公共监护者的一部分，警察被看作是脱离法律行事，在崇高事业型腐败的招牌下，这很可能会得到警察内部认可以及广泛的社会认可（Cooper 2012，p. 176）。而经济上的警察腐败行为在警察队伍内外都是令人讨厌的事情（Westmarland 2005，p. 152；Porter and Warrender 2009，p. 94；Miller 1999，p. 12）。

警察经济上的腐败依据程度不同进行分类（Porter and Warrender 2009，p. 80；Westmarlan 2005，pp. 148 - 149）。在崇高事业型腐败中理应依据强迫程度的不同进行分类，包括对嫌疑人使用极端暴力到相对轻微的强迫方式，如为了获取情报挽救生命更容易被社会接受。Crank 等人对崇高事业型腐败的研究发现，崇高事业型腐败体现在许多警察行为之中，包括利用欺骗的方式获取有罪供述，向新闻报道者提供假消息，诱惑潜在的线人犯错等（Crank et al. 2007，pp. 105 – 106）。最严重的强迫性的崇高事业型腐败就是“街头正义”，警察使用不正当的武力对付嫌疑人（Westmarlan 2005，p. 151）。街头正义源于警察把自己看作是社会的保护者（Cooper 2012，p. 170），把自己的角色看作是“清理工”（Crank and Caldero 2000，p. 35）。这种行为导致 Klockers 把崇高事业型腐败贴上了“肮脏哈里综合征”的标签（同样见于 Westmarlan 2005，p. 162；Punch and Gilmour 2010，p，10）。借助流行的警察剧情进行类比可以展现形象的画面，有助于理解为什么警察会采取这样的行为。例如，在英国，像 BBC 电视节目《火星生活》与《灰飞烟灭》中塑造的 DCI Gene Hunt 这样的人物不仅广受欢迎，而且把这些人物的崇高事业型腐败行为刻画为观众同情这些警察的行为和诚信。

崇高事业型腐败在警察行为中比简单地采取街面清理方式更具有说服力，这可以包括警察自由裁量权的各个方面（Westmarland 2005，p. 151）。与崇高事业型腐败相对应，法律要么是有助于警务活动，要么是警务活动的障碍。Miller 认为崇高事业型腐败并不需要存在，因为刑事司法程序应当是充分的，警察应当严格遵守，他说：

刑事司法中包含的权利是被广大社会看作最基本的权利。它们包括一个社会的基本的道德准则和权利（Miller 1999，p. 13）。

如果警务工作的道德目标是保护公民的权利，那么警察执行法律就必须充分保障这些权利，而不应该利用崇高事业型腐败。正如 Cooper 所指出，问题在于警察不仅仅是保护者，他们还是国家的代理者，因此受程序性法律约束以便保护个体的公民权利（Cooper 2012，p. 170）。这就造成了角色冲突，警察遵从法律使得遵从保护者的角色更加困难。英国近期发生了一起警察规避犯罪嫌疑人在接受警方询问时有权会见律师的权利。[①] 将犯罪嫌疑人带到羁押场所之前在他们的家中询问犯罪嫌疑人被看作是违反职业道德的行为，英国政府修订了《警察与刑事证据法案》（PACE），现在允许犯罪嫌疑人会见律

① Section 58 Police and Criminal Evidence Act 1984.

师，无论是在警察局或在“其他地点”，如嫌疑人的家里。[①] 因为律师在场能够导致嫌疑人对警察的询问避重就轻，警察将《警察与刑事证据法案》看作是获得有罪供述的法律上的障碍（Sanders et al. 2010，pp. 293 – 304）。运用角色理论，这就不难理解。实际上，Cooper 认为崇高事业型腐败是角色冲突的结果，他说：

……警察对这两种角色同时存在的认识越是强烈，他们越可能感受到角色冲突，因此越有可能依据崇高事业型腐败潜规则行事（Cooper 2012，p. 176）。

警察进入警察队伍时都有行侠仗义的愿望，那是指导他们日常行为的激情，但是，正如 Cooper 所言，在面对程序性的障碍时（可能是法律规定的义务），“……有些警察，在他们的良好目的驱使之下，可能会僭越法律规定”（Cooper 2012，p. 174）。这种结果可能会发生，因为腐败衍生于警察实践中根深蒂固的群体行为（Porter and Warrender 2009，p. 81），一旦“手段证明结果正义”（means justifying the end）的原则付诸实践，通过结果，大多数不透明的行为在警察文化术语中都能被证明是正义的（Westmarland 2005，p. 162）。我借助于角色理论分析从线人那里收集的采访数据，因为这个理论可以测量：

1. 警察职业存在的冲突。
2. 崇高事业型腐败中使用强迫的严重程度。
3. 招募过程到底是令人厌恶还是为社会广泛接受。
4. 线人招募中的警察诚信。

警察线人招募

与其他警务活动相比，警察线人使用方面的实证研究很少，即使有，主要集中在非反恐侦查方面（Dunningham and Norris 1996；Innes 2000；Norris and Dunningham 2000；Rosenfeld et al. 2003；Miller 2011；Jones – Brown and

① Police and Criminal Evidence Act Codes of Practice Code C，paragraph 3. 21.

Shane 2011)。通过与警务工作其他领域相比较，Billingsley et al. 解析了线人使用问题实证研究稀缺的原因，他说：

……警察不愿探讨线人使用制度，使之成为未被研究的领域。他们的不情愿是可以理解的，这不仅仅是因为保护线人的身份必须是第一位要考虑的事情，还会使警察特有的侦查方法被暴露并要受公众审查，随之而来的危险就是迫使线人让步，或是招致批判（Billingsley 2001，p. 5）。

关于线人的研究已经得出了许多断言，大多数是围绕线人招募使用中的腐败问题，得出如此断言的原因不难理解。目前的线人研究显示，大多数守法的公民与犯罪活动没有联系或接触。于是，警务部门不得不利用犯罪分子打入犯罪团伙内部，以便获取他们的详细情报。利用犯罪分子作为线人必须要考虑的一个问题就是他们在作为线人过程中犯罪的问题（Colvin 1998，p. 38；Clark 2001，p. 38）。警察使用线人风险性的问题引起了争论，其中一种被认定的风险就是警察缺乏职业操守（Williamson and Bagshaw 2001，p. 50）。

在爱尔兰动荡时期，英国特别行动处（Special Branch）主要招募那些曾经是恐怖组织中活跃分子的人作为线人（O'Callaghan 1998；Bamford 2005，p. 591），而不是把特工安插到恐怖组织的某些位置（McGartland 1997；Bamford 2005，p. 591；Hewitt 2010，p. 64），这主要是北爱尔兰皇家警察特别行动处采用的方法（Bamford 2005，p. 592）。到了 20 世纪 80 年代中期，北爱尔兰皇家警察与英国军队情报处联袂出手，将线人安插到恐怖组织内部（Taylor 1997，p. 288）。同任何恐怖组织或犯罪集团一样，组织内被安插了线人是临时爱尔兰共和军面临的最大危险之一（Taylor 1997，p. 287），正如 Hewitt 发现的，线人造成的不仅是恐慌，而且使临时爱尔兰共和军成员间产生猜疑（Hewitt 2010，p. 124）。

招募线人的传统途径是从被逮捕羁押的人员中物色，或是从警察遇到的违法犯罪人员中挑选。在过去的这些年中，这种招募线人的方法几乎没有变化（South 2000，p. 69；Gill 2000，p. 187）。Turcotte 的研究也强调，警察必须确保与线人建立起来的关系是有利于警方的权力不平衡关系（Turcotte 2008，

p. 296)。1976年，英国特别行动处招募了“实物交易”（paid－in－kind）型线人，这些人被捕后在接受警察询问时被招募为线人，因为警察有控制线人的某种方法，包括对轻罪进行起诉的威胁（Bunyan 1976，pp. 137－138)。这种招募线人的方法招致了批评，因为被羁押的犯罪嫌疑人处于被迫从属、困惑、孤独、恐惧之中，因此那些被拘留的人员屈尊听命，同意提供情报也就不足为奇了（Dunningham and Norris 1998，p. 21)。这是线人招募全球通用的方法。澳大利亚新南威尔士州的反腐败独立委员会1993年关于警察线人的讨论报告指出，尽管一直鼓励警察培养线人，但在如何采取最合适的途径招募线人方面却缺乏指南（Independent Commission Against Corruption 1993，p. 20)。新南威尔士州警察培训资料中提道，每一名被捕人员都是潜在的线人，应当视情况进行培养。资料中还提道：

不要错过任何盘问犯罪分子的机会……对他们的女眷和家人要给予最大的尊重和礼貌，尤其是在搜查他们的家的时候……要采用妥当的方式进行询问。如果你觉得他适合做线人，就要向他表达友善，尽量施以恩惠满足他提出的小的要求……如果他想要一包香烟，用自己的钱给他买。他可能为你提供某些犯罪嫌疑人的真实身份，你的小的付出会得到十倍的回报（Independent Commission Against Corruption 1993，p. 21)。

尽管这份资料反映了当今的社会价值观，但对于目前的情形未必适合，在当前的警务环境下，招募线人的方式依然没有变化。

警察为被羁押的人员提供保释机会的时候，这种选择具有的自主性非常有限，一旦发生不配合的事件，结果会雪上加霜。在Harfield看来，警察采用的这种方式天然具有“强迫性的本质”（Harfield 2012，p. 91)。在此类情形下，如何提出条件非常重要，因此应当寻求起诉机构的指导意见，如英国的皇家检控署（Crown Prosecution Service)、美国的地区检察官。鼓励他人成为线人时，不要提出无法实现的诱惑条件，尤其是要招募那些处于羁押之中的犯罪嫌疑人时。

研究方法

受访对象及数量

我找到了不再做线人的21位采访对象，他们同意接受采访。其中9人是我在1988年至1993年爱尔兰动荡期间掌控的线人，12人是我1999年至2007年在反“圣战”恐怖侦查处工作期间掌控的线人。在这些人中，13人是被捕后被招募为线人的。在本章中，只分析了来源于这13位采访对象的数据。

由于包含的受访对象不多，有人可能会辩驳说这对于反恐怖主义线人使用的研究缺乏代表性。Snell和Tombs在研究丧失亲人的家庭的工作中遇到了相似的问题。关于他们的数据的代表性问题，他们说：

考虑到研究主题的性质，这需要采取一种敏感的、私人的半框架采访形式，还有获得研究人群同意的问题，我们认为在这种情形下获取的任何数据都应当看作是极其珍贵的——而且，从中可以学到的东西非常多（Snell and Tombs 2011，p. 212）。

Rosenfeld等对街面线人研究的人数也仅有20人，他们认为这个数量足以包含街面犯罪群体中存在的不同观点（Rosenfeld et al. 2003，p. 293）。本研究当然不是反恐主义线人招募的绝对的灵丹妙药，但所获得的数据的价值还是不可估量的。

使用的研究方法

本研究使用半框架式采访收集数据，这是定性研究方法，采访对象就主题问题发表看法而不受干扰（Bryman 2012，pp. 471 –472），只有在总结采访内容时才提出问题，就访问对象提出的重要事项进行阐明或进一步说明（Bayerns and Roberson 2011，p. 112）。事先告知采访对象采访的主题范围非常重要，因为这能够让采访对象的回答聚焦于主题（Bayerns and Roberson 2011，p. 113）。采访过程进行了录音并辅之以手写笔记，记录时间和受访者谈及的主题内容。这更便于在数据分析时直接找到记录中的主题内容。

采访中虽然没有制定系列的采访问题，但要求采访对象探讨以下主要话题：

1. 他们是如何被招募的。

2. 警察招募他们时使用了什么样的方法。

3. 他们为何决定做线人。

4. 当线人的感觉如何。

因为他们提供的是关于恐怖组织的情况，为了他们人身安全，保证采访对象匿名非常重要。

把嫌疑人变成线人

警察“转变”（Turcotte 2008，p. 294）或“翻转”（Miller 2011，p. 212）被逮捕的嫌疑人为线人的做法在学术和媒体界饱受争议。Innes 的研究发现，警察政策鼓励物色线人，提醒警察他们接触的每一个人，尤其是犯罪分子，都应当作为潜在的线人看待（2000，p. 367）。他总结了警察招募线人的一些策略“……根据警察对相关个体的评估，采取他们认为可能最为有效的途径”（Innes 2000，pp. 367 – 368）。这些招募线人的策略和方法是通用的。例如，在加拿大 Turcotte 发现警方文件鼓励警察把每一个犯罪分子看作是潜在的线人。有意义的是，她发现文件中提倡的鼓励犯罪分子提供情报的方法不是通过肉体上的强迫而是通过心理游戏（Turcotte 2008，p. 296）。所有关于线人的实证研究发现，警察使用的招募线人的心理游戏包括：

1. 夸大嫌疑人所面临的被指控的罪行。

2. 一旦他们的罪行被指控和审判，他们可能面临长期收监的宣判。

3. 如果嫌疑人不止一个，警察就会暗示某个嫌疑人，其他嫌疑人想要达成交易。

4. 警察谈及提供情报线人能够有不菲的收入，否则，如果嫌疑人不愿告发，判决有罪后他们会失去什么（Innes 2000，p. 368；Norris and Dunningham

2000，p. 387；Rosenfeld et al. 2003，p. 392；Leiberman 2007，p. 3；Turcotte 2008，p. 296；Jones - Brown and Shane 2011，p. 53；Miller 2011，p. 212）。

尽管 Turcotte 说她的研究中没有警察使用身体强迫的情况，但无法辩驳的是上面提到的策略都具有强迫性，因为这些策略的目的就是威吓被警察羁押的嫌疑人。

在我的研究中，研究对象当时在被捕后就经历了相似的警察策略。一名爱尔兰线人被捕时住在英格兰，经营一家快递公司。他在爱尔兰的当年的朋友造访了他，要求他的公司为他们运送包裹。根据他对他们背景的了解，他怀疑这些人是临时爱尔兰共和军成员。因为担心临时爱尔兰共和军的惩罚，他同意遵命行事。这令他受到了警方调查，结果被捕。警方提出如果他同意作为线人，那么他面临的指控可以重新审查，且有可能免予起诉。对于被招募之事，他说：

我怀疑 AAAA 和 BBBB 是爱尔兰共和军……我对他们心有余悸，从来没敢问包裹里是什么东西，我知道这是爱尔兰共和军的勾当，但是我害怕他们。当警察问我如何能够帮助阻止爱尔兰共和军时，我意识到失去家人和生意的代价太大了，所以我同意向警方传递信息（Irish 1）。

被捕后被招募为线人的其他五名爱尔兰线人中的两个也是出生在爱尔兰，有着相似的协助临时爱尔兰共和军活动的经历，陈述的被招募的经历也相似。其他两名逮捕后被招募的爱尔兰线人是出生在英国的临时爱尔兰共和军的同情者。其中一个曾经为临时爱尔兰共和军筹集资金，另外一个把自己的房子用作临时爱尔兰共和军的安全屋。关于被招募之事，筹集资金的那位说：

在接受警察讯问之后，我被关进了监号，这时我才意识到问题多么严重。警察说如果我反咬爱尔兰共和军，那么我面临的起诉可能会被撤销，如果不，审判就要落到纸面上，我就会失去工作。我当时很年轻，卷入了×××。我来到×××，和乐队一起排练，参加游行，津津乐道地唱着反叛歌曲。回首往事，我真是愚蠢，一个人年轻的时候，不考虑后果（Irish 7）。

那位允许临时爱尔兰共和军使用自己房屋的线人出生在英国，在爱尔兰有亲人。她容纳她的爱尔兰远房亲人和一些朋友住在家里。最开始，她认为这没有什么，但随着时间推移，来访客人越来越频，这些客人的活动令她怀疑有些访客是临时爱尔兰共和军成员，正实施或策划袭击英国本土。她说：

好几次，我想向警方告知我的怀疑，但我清楚爱尔兰共和军怎样对待那些出卖他们的人……当警察告诉我这些客人做了什么的时候，我感到晕了，容留他们住在我的房屋里实际上是我促成了灾难的发生……当他们告诉我可以告发时，我不得不考虑了，我并不喜欢爱尔兰共和军的所作所为，但这些人是家人。我没有被起诉，但我要记录谁住在我家，并提供记录名单（Irish 4）。

一名负责“圣战”组织的线人当时被捕并被警察讯问是因为触犯了英国2000年《反恐怖主义法案》中的轻罪（持有很有可能对他人实施或准备实施恐怖主义有帮助的文件）。[①] 作为一名 IT 专家，这名线人被两名“圣战”组织人员蒙骗，并从极端“圣战者”的网站下载材料。在这些下载材料中，反恐队警察怀疑加密信息从上边传递给了行动人员。在对嫌疑人讯问中，事情变得清晰了，这个嫌疑人根本不知道自己行为的后果，于是警察让他做线人。根据这一条件，他的案子将由有关机构重新审查，可能的结果是他将获释，理由是证据不足不予起诉。他得知，如果同意做一名线人，有助于撤销起诉。关于招募之事，他说：

年轻时，作为一名网络战士感觉挺兴奋的……我认为利用社会媒体在不同的网站里探讨探讨没有什么，警察也不会那么认真对待。我的家被搜查了，我被讯问了，事情闹大了……我不是“圣战主义者”……但我想到后果时，如果我被起诉，我的余生就废了。我别无选择，只能帮助警察（Jihadist 1）。

大多数“圣战者”线人被捕，是因为持有很有可能对他人实施或准备实施恐怖主义有帮助的文件，他们的回答相似。一名因其他情形被捕的“圣战者”线人说：

这对我来说仍是沉痛的打击，XXXX 与 YYYY 当时在准备恐怖袭击。你认为你对某人十分了解，然后发现他们根本不是你知道的人。我们是发小，

① Section 58（1）Terrorism Act 2000.

他们从来没有做过任何事情让你怀疑他们是AAAA。被捕的时候，我仍然惊愕不已，我想只要能走出警察局，我愿意做任何事情。被捕几乎毁掉了我的生活，因为我被解雇了，我的家人也极有可能与我脱离关系……当我同意告发的时候，自己的脑袋在哪都不知道了。我无计可施……我想，唯一能够证明自己清白的途径就是帮助警察（Jihadist 4）。

角色冲突与警察诚信

崇高事业型腐败是否存在于线人招募过程中的一个要素就是警察使用的强迫力。程序性指导原则设定的目标就是防止警察使用强迫手段。在加拿大，最近通过指令与方针的形式制定了相关法规规范线人的使用（Turcotte 2008，p. 293）。虽然在美国还没有这样的成文法规（Jones - Brown and Shane 2011；Miller 2011，p. 204），在英国对线人的使用原来受《内政部手册》规范，现在被2000年《调查权规范法案》（RIPA）取代。根据《调查权规范法案》，线人由一名操控者（handler）和一名监控者（controller）①管理，监控者必须比操控者级别高，② 对操控者使用线人情况进行监督。该法案还规定，必须在线人使用前、使用中、使用后进行风险评估，评估内容包括一旦线人的身份暴露可能带来的后果。③

至于如何招募线人的指导原则在《调查权规范法案》及其实施准则里都没有体现。两部文献中关于线人招募的唯一规定是个人自愿提供信息，自愿者有自由选择的权利。从定义上看，自由选择不允许涉及任何形式的强迫。上文提到的心理游戏，警察的行为在程序上并不违法。正如Miller所言，关于崇高事业型腐败，为了更重要的道德正义，警察需要培养习惯做法，变通规则（Miller 1999，p. 17）。从我的数据以及他人前期研究发现来看，线人招募中心问题是警察的诚信，而诚信暗含着诚实。夸大、撤销或降低指控作为对

---

① Section 29 (5) RIPA and RIPA Codes of Practice, paragraph 6. 7.

② Section 29 (d) (a) and (b) RIPA and RIPA Codes of Practice, paragraph 6. 9.

③ RIPA Codes of Practice, paragraph 6. 4.

同意充当线人的回报在道德上可能被看作是错误的。在上述案例中，警察告诉线人如果他们不告发，对他们的随后审判就会“落到纸面上”的做法本身不是腐败而是强迫，因为羁押中的嫌疑人被抓住了把柄，他们容易遭受崇高事业型腐败的侵害。那位说自己无计可施，为了证明清白愿意做任何事情的线人，他被招募的情形与此相同。不知道将会发生什么使得犯罪嫌疑人处于恐惧环境之中，在警察羁押场所，相对来说他们是无能为力的（Sanders and Young 2012，p. 851）。

当遇到程序上的障碍，如果警察感觉到不得不跨越界限以达到“善良的目的”，不得不付出诚信代价，则涉及角色理论中的角色冲突（Cooper 2012，p. 174）。运用角色理论，就可以看出，警察遵循着手段证明结果正义（the means justify the ends）的原则来追求大善的目的。反恐侦查的警察承担着保护社会大多数人的压力，防止恐怖主义活动的发生，避免恐怖活动造成的灾难。这就解释了为什么处于角色冲突中的警察感觉到必须借助于崇高事业型腐败手段（Cooper 2012，p. 176）。在理解警察面对的这种两难抉择的情境时，功利主义理念主张个体嫌疑人的利益必须与保护公众免受涂炭相权衡（Williamson and Bagshaw 2001，p. 56）。在这种情形之下，公众情愿对警察轻微的不道德行为睁一只眼闭一只眼（Williamson and Bagshaw 2001，p. 59）。

确定在这些情形下的诚信损害符合角色冲突是非常重要的。Cooper 确认了四种角色冲突：

1. 内部冲突（Intrasender）——警察与上司之间的冲突，上司要求警察遵纪守法。

2. 部门间冲突（intersender）——上司要求警察把街面上的坏蛋清理掉，但公诉检察官要求警察不能超越法律的界限。

3. 社会角色冲突（Interrole）——在警察队伍之外，那些与家人和朋友缺乏联系的人对宪法性要件要求敏感，喜欢质疑警察的行为，但警察明白他们作为公众保护者和国家代理人的双重角色。

4. 身份角色冲突（Person role conflict）——手段与目的二者之间的关系，警察把自己看作是无辜民众的保护者，同时要保证坏人的宪法权利（Cooper

2012，p. 175）。

警察损害诚信，利用嫌疑人弱点体现在部门间冲突与身份角色冲突中。

就部门间冲突而言，对有组织严重暴力犯罪（包括恐怖主义）的侦查涉及许多利益相关者，包括检察官，如美国的地区检察官、大多数欧洲国家的治安法官（欧盟也提出成立公共检察机构）（Peers 2011，pp. 855 – 860）、英国的皇家检控署（Sanders et al. 2010，pp. 423 – 428）。检察官要求警察按照各国的证据规则开展侦查工作，确保获取的所有证据的可采信性。这就可能引起其他类型的崇高事业型腐败范围的冲突，当然包括更严重类型的崇高事业型腐败。如果任何形式的不诚实，包括招募犯罪嫌疑人成为线人时的警察损害诚信的行为，都有可能因检察官担心受到质疑的警察招募线人的策略被揭露而撤销从线人那里获取的后期证据，那就可能导致法院认定该证据不可采信。

在线人招募中，最适合的角色冲突类型是身份角色冲突。在我的研究数据中，受访对象在面对成为线人的要求时感觉到处于被羁押状态中的无能为力和脆弱。虽然没有明面上的强迫，如身体上强迫，但使用了精神上的强迫，因为警察利用了犯罪嫌疑人的脆弱性。这就可能丧失诚信，因为警察给犯罪嫌疑人的是赤裸的选择，要么成为线人，撤销控诉；要么拒绝合作，他们就会被控诉。这样做，警察可能被控诉利用了被羁押人的脆弱性。尽管此类警察行为的严重程度比较低，但仍是崇高事业型腐败的一种，因为在角色冲突面前，警察很可能采取崇高事业型腐败（Cooper 2012，p. 176）。Cooper 说这包含着两方面重要构成要件：

1. 警察主观上感觉他们是保护者。在我的研究中，警察把自己看作在保护广大民众免受恐怖主义活动的威胁。

2. 警察主观上认为他们被要求作为国家的代理人。就这一点，在我的研究中，警察自相矛盾地认为，从技术层面而言，他们招募被捕人员作为线人没有违反规则或法律，但他们也明白损害了诚信，因为他们利用了嫌疑人的脆弱性（Cooper 2012，p. 176）。

Cooper 还说道：

人们也可能假定并验证，警察越是强烈地意识到这两种角色冲突同时交义存在，他们越有可能经受角色冲突，由此而依据崇高事业型腐败行事（Cooper 2012，p. 176）。

结论

在广义的警察腐败研究范畴内，大家在研究崇高事业型腐败时，根据强迫形式非常严厉到不太严厉的阈值，可以划分出不同类型的警察行为。这样的阈值应当包括从使用非常严厉的强迫，如过度使用暴力，到警察诚信的损耗。就我的研究而言，发生诚信损耗的情形不是违法或是程序规则，而是与处于羁押状态的脆弱嫌疑人玩心理游戏。

Cooper 的角色理论为理解崇高事业型腐败发生的情境提供了一个有用的理论框架。该理论的角色冲突这一方面，即警察把自己看作是保护者和国家代理人，让我们洞察到警务工作中的崇高事业型腐败无处不在。运用角色理论证明崇高事业型腐败理应包括不同类型，不要把它只看作 Klockers 所描述的“肮脏哈里问题”，即对嫌疑人使用超过限度的暴力以保护社会免受犯罪侵害。角色理论让我们考虑到那些警察基于保护社会的理由而实施的不太严重但更隐蔽的崇高事业型腐败行为。这些不太严重类型的崇高事业型腐败能够得到广泛民众的认可，他们宽恕了警察行为，如招募线人，因为警察需要获取高质量的情报以防止恐怖主义活动。

在运用角色理论分析我的数据时，还有一个发现，警察并没有扭曲那么多的程序规则（因为现有的唯一规则是鼓励招募嫌疑人成为线人的警察部门政策），而是警察如何平衡广大社会的需求重于个体嫌疑人获知他们可能被指控何罪的需求的实用主义理念。这挑战了招募线人时的警察诚信，一个能够获得社会认可的诚信问题。Cooper 警告说，即使在此类情形中看起来高尚，公众的认可可能导致警察采用其他不太高尚的腐败形式（Cooper 2012，p. 177）。概括而言，这种论断有待商榷，因为社会成员面临的恐怖袭击的风险非常高。这是警察工作中的一种情形，如果结果确实证明手段正义，对于大多数反恐怖主义警察来说，这是他们实施崇高事业型腐败的界限。

第八章 线人管控

引言

招募之后，警察必须对线人进行管控，这就把他们带进了潜在的道德地雷情境之中。原因之一就是大多数线人仍然活跃于恐怖主义或者刑事犯罪活动之中。负责线人管控的警察对此心知肚明，问题是允许线人继续从事何等程度的活动。线人不能突然脱离他们的圈子，并停止活动，因为那样会引起他们同伙的怀疑，这对于线人是非常危险的。

本章研究与线人管控相关的法律和政策，侧重点是英国、澳大利亚和美国与之相关的法律和政策。正如我们在其他国家看到的那样，这几个国家管控线人的规定各有不同：英国通过立法进行管控；在澳大利亚管控线人是政策性的规定；在美国，联邦机构必须遵守相关的线人管控政策，但有些州和郡根本没有这样的政策。这就有必要对线人管控中涉及的道德问题进行研究，本研究以 1968 年至 1997 年爱尔兰动荡期间如何使用线人为例，揭示线人使用中如果采用不道德的方式发生的各种问题。本章结论中探讨了刑事审判中线人证据问题，我们会再次看到各国之间操作方式的不一致。

线人管控需要法律还是政策？

当我们对警察管控、使用线人的过程进行分析时会发现，各国之间没有一致的条款规定和程序。以英国为代表的一些国家制定了必须遵守的强制性的成文法律原则，而有些国家规定了强制性的或是指导性的政策方针，还有些国家根本没有任何规章可循。在有些国家，指导方针的形式可能发生变化，英国的情况就是如此。现在英国警察使用线人受《调查权规范法案》以及该法案的实施准则的约束；在此之前，同大多数国家一样，英国使用线人遵循《内政部指导手册》的政策文件的规定。本书将分析立法与政策对警察使用线人的影响。

英国的《调查权规范法案》

实质上，《调查权规范法案》强化了线人招募与使用的程序，该法案称之为隐秘的人力情报来源（Covert Human Intelligence Sources）。[①]《调查权规范法案》的实施取代了内政部政策。这种情况的出现是欧洲人权法院对 Khan 诉讼英国政府[②]等案例裁定的结果。Khan 案件涉及警察秘密监视的事实。Khan 控诉称这样的监视是非法的，因为警察的授权来源于政策规定而不是法律规定的法案。欧洲人权法院认为，内政部政策文件不是法律（成文法）规定的法案，《欧洲人权公约》第 8 条（隐私权）对国家干涉这样的权利做出了限制。有鉴于此，《调查权规范法案》对警察在英国实施监视的法律规定做出了重大调整。根据《调查权规范法案》的规定，线人是指与调查对象（人或组织）建立或保持个人或其他关系以获取情报或为了接近另外一个人以获取情报并传递给国家机构的人。[③] 另外一个重大变化就是相伴而生的实施准则（Codes of Practice），指导警察运用《调查权规范法案》管控、使用线人。虽然警察违反实施准则未必会构成非法行为，但这样的违反行为有可能导致线人在侦查阶段获取的证据在刑事审判中被认定为不可采信。《调查权规范法案》及该

① Section 26（1）（c）RIPA.
② （2000）8 EHRC 310.
③ Section 26（8）RIPA.

法案的实施准则中的另一处变化是线人要由一名操控者（a handler）[①] 和一名监控者（a controller）[②] 共同管理。监控者必须比操控者级别高，对操控者使用线人情况进行全面的监督。[③] 该法案还规定，必须在线人使用前、使用中、使用后进行风险评估，评估内容包括一旦线人的身份暴露可能带来的后果。[④]

根据先前的内政部指导方针也要进行风险评估，但对于如何经营线人的记录不像《调查权规范法案》那样严格。根据《调查权规范法案》，操控者必须不断地向监控者报告。[⑤] 报告的内容包括告知监控者何时何地要与线人见面、线人的行为、线人的安全及待遇等。[⑥] 根据《调查权规范法案》，操控者在他们的上司或监控者不知情的情况下自行会见线人是不被允许的，而且该法案鼓励操控者在与线人的任何见面中有一名同事的陪伴。这样能够证实操控者与线人的接触符合职业道德规范。

其他国家关于线人使用的政策规定

澳大利亚

担忧腐败会危害线人的使用，澳大利亚各州政府已经考虑制定关于线人使用的政策规定。1993 年，新南威尔士州的反腐败独立委员会提出了关于线人招募与管控的建议案，包括以下内容：

1. 招募线人时，要对潜在的线人进行评估，评价其可能提供的情报和个人特点。

2. 引入线人预先登记评估程序，评估内容包括线人的动机或涉嫌的动机、线人的人格或心理结构、是否吸毒、警察与该线人以前的交往、预期的

① Section 29(5)(a) RIPA and paragraph 6.7 Codes of Practice: Covert Human Intelligence Sources.
② Section 29(5)(a) RIPA and paragraph 6.9 Codes of Practice: Covert Human Intelligence Sources.
③ Paragraph 6.8 Codes of Practice: Covert Human Intelligence Sources.
④ Paragraph 6.14 Codes of Practice: Covert Human Intelligence Sources.
⑤ Section 29 (5) (b) RIPA.
⑥ Paragraph 6.15 Codes of Practice: Covert Human Intelligence Sources.

危险，管控该线人可能遇到的问题以及该线人可能传递的情报的性质或质量。

3. 应当对警察进行线人管控的相关培训，指明在培养与线人关系中的相关后果，引入管理警察和线人关系的程序。

4. 引入责任机制，涉及会见线人报告机制，与线人签署合同或线人情报报告机制，上司介入线人管控机制以及采用线人个案警官负责机制（Independent Commission Against Corruption 1993，pp. 81－83）。

这些建议中的许多内容回应了线人招募与管控中各国共同关注的问题，有些关注的问题也是英国制定《调查权规范法案》的背后推力。虽然承认在刑事侦查中警察使用线人所具有的独特好处，西澳大利亚议会反腐败与犯罪委员会2011年对控制行动与线人使用腐败风险的报告还是确认了线人使用对执法造成的诸多风险。有鉴于此，该委员会建议制定和实施“……严格的内部政策规定和程序，减少对侦查本身的内在风险”（Western Australia Parliament Joint Standing Committee on the Corruption and Crime Commission 2011，p. 28）。从1993年新南威尔士州的报告到西澳大利亚议会报告，都没有关于警察使用线人的程序方面的政策规定作为强制性法律要求警察必须遵守。

尽管没有关于警察使用线人的特定政策，新南威尔士州1997年制定了《（控制行动）执法法案》，其中规定，控制行动是指为了获取证据、迷惑或逮捕涉嫌刑事犯罪或腐败犯罪之人而采取的行动。[①] 依据此法案，警察可以申请采取控制行动，申请中要列出正在侦查的犯罪性质[②]并得到首席执政官授权[③]（包括新南威尔士州警察行政长官[④]）。该法案明确规定哪些活动不允许授权，包括：

1. 引诱或鼓励他人从事刑事犯罪活动或腐败行为。

2. 从事很可能危及其他参与人健康与安全或导致严重财产损失的行为。

3. 涉及实施性犯罪的行为。[⑤]

① Section 3（1）Law Enforcement（Controlled Operations）Act 1997.

② Section 5 Law Enforcement（Controlled Operations）Act 1997.

③ Section 6 Law Enforcement（Controlled Operations）Act 1997.

④ Section 3（1）Law Enforcement（Controlled Operations）Act 1997.

⑤ Section 7（1）Law Enforcement（Controlled Operations）Act 1997.

根据该法案，平民参与人，包括线人，不能被授权参加控制行动，除非让首席执政官相信警察无法完成行动中的某方面任务，而且没有平民参与人参与是不可能的。[1] 虽然该法案看起来也有一定程度的法定的控制，但与英国的《调查权规范法案》不同，该法案自身缺乏应当如何管控线人的详细规定。因为不是专门针对线人管控的问题，该法案关注更多的是防止警察在刑事侦查中的腐败活动。

美国

2006 年司法部长签署了新的《机密线人使用指导方针》［以下简称《指导方针》（2006 版）］是强制性的法律规定，但只适用于美国联邦机构，如联邦调查局（FBI）或缉毒局，并不适用于美国各州、郡、都市的警察部门。与其他国家一样，美国在刑事侦查中关于线人的使用规定了相似的条件和条款。在诸多因素中，警察必须确定一个人是否适合成为一名线人，主要包括该人的年龄、提供情报的动机、可能对侦查带来的危险、该人是否诚实可靠、是否有犯罪记录等（2006，pp. 8 –9）。《指导方针》（2006 版）规定，发展使用高层次的线人必须得到授权。高层次线人，是指那些在全国或国际上有业务活动的企业中工作的人员。这些活动必须是对联邦机构的目标具有重大意义，或者线人有可能被卷入严重的刑事犯罪，腐败或是暴力活动（2006，p. 3）。这种授权必须来源于机密线人审查委员会（Attorney General's Guidelines 2006，p. 13）。

在对线人的管控中，负责管控的警察不能阻止或干涉对该线人进行的任何侦查或逮捕，也不得向线人透露关于对其进行的其他方面侦查的任何信息。此外，警察不能与线人交换礼物或接受来自线人的具有实质价值的任何东西，也不能与线人发展社交关系，除非是处于行动必要之原因（2006，p. 17）。除了已经获得授权的活动，警察不能授权线人从事任何构成轻罪或重罪的活动（2006，p. 19）。出于对腐败问题以及侦查过程中线人实施犯罪活动的担忧，

---

① Section 7（3）Law Enforcement（Controlled Operations）Act 1997.

我们看到各国关于线人使用的政策和程序中有许多相似之处，普遍的做法是严格控制，记录线人使用情况，明确责任。

2005 年，FBI 检查了本机构执行 2002 年《机密线人使用指导方针》[以下简称《指导方针》(2002 版)] 的情况，报告指出在检查的 120 份机密线人档案中，他们发现执行《指导方针》(2002 版) 存在瑕疵的案例有 104 起 (87%)。具体瑕疵包括：警察没有对线人的适合性进行评价，警察没有对线人进行必要的指导，没有获得允许线人从事非法活动的正式授权，没有报告线人实施的未授权的非法活动 (2005，paragraph VI)。自从那份报告公布以来，对《指导方针》(2002 版) 遵守情况的关切并没有降低。2013 年 8 月，国会议员 Stephen Lynch (2013) (代表马萨诸塞州第 8 区) 致信给美国司法部部长，要求修改《指导方针》(2002 版)，强化 FBI 使用线人的责任与透明度，保护公众免受授权的和未授权的线人的犯罪侵害。国会议员 Lynch 关注的是在 2011 年，FBI 授权了 5658 起线人非法活动。① 他关注的焦点问题是美国国会审查以及联邦机构的责任，尤其是 FBI 授权发展线人的责任。为此，他向众议院提交了一份议案——"机密线人责任制法案 (2013)"。如果通过，该法案将要求各联邦机构依据司法部部长签署的《指导方针》(2006 版) 做出报告，公开授权犯罪的总数及犯罪类型，涉毒犯罪中的毒品使用数量，盗窃或抢劫犯罪中涉及的金额，犯罪行为是否得到授权，以及告知每起犯罪发生在哪个州。

在新泽西州进行的另一起关于线人使用的研究中，Jones Brown 和 Shane 发现，在现有的各州、郡、都市关于线人使用的书面政策规定中存在诸多问题。从州的层面来看，他们发现线人使用政策杂乱无章，散布在不同的文件中。各郡的政策彼此不同，而有些郡的政策差异非常大，因为它们的政策文件在所有的都市警察部门都不存在。这与执法机构评审委员会 (美国警察机构的评审机构) 的建议相矛盾。他们还发现，在那些制定了线人使用政策的警察机构中，警察并非都清楚这些政策的存在，也没有受过相关的培训，以

① The document can be retrieved from http：//www. documentcloud. org/documents/742049 – fbi – oia – report. hmtl [date accessed May 27，2014].

致他们说“……留出了故意和非故意违法的空间”（Jones – Brown and Shane 2011，p. 4）。

需要特别提出，在没有强制性法律指导警察使用线人的司法区域却对使用线人的程序控制得更为严格的地方，警察在这方面的实践还不错。这包括以下做法：

1. 有一位比操控线人的警察级别高的警官作为监控者，负责过程监督、指导和支持负责操控线人的警察。

2. 实施风险评估制度，评估线人执行预期任务的风险，线人可能实施不可接受的刑事犯罪活动的潜在风险，基于线人的行为和联系，可能导致线人与负责操控的警察之间发生腐败活动的潜在陷阱。这样的风险评估必须是持续的，在线人使用期间由负责监控的警官实施。

3. 与线人的接触以及他们传递给负责操控的警察的信息进行记录并存档。

4. 负责操控的警察要由另一名警察陪伴以证实与线人接触期间所说的内容。

这些要点不仅是为了保护正在服役的线人，而且也是为了保护负责操控线人的警察。下一节将解释为何在刑事侦查中使用线人存在这样的担忧。

线人管控中的道德问题

提供情报的动机与刺激因素

一些关于线人的研究成果表明，提供情报的刺激因素和动机包括为钱而传递情报、报复、清除竞争对手以及寻求负责线人操控的警官的恩惠照顾（Billingsley et al. 2001，p. 86）。Rosenfeld 等认为，提供情报的刺激因素和动机包括畏惧（警察）、贪婪、报复、利他主义、减刑，甚至包括自尊的需求（Rosenfeld et al. 2003，p. 92）。Miller 的研究发现，为了获取报酬而提供情报的金钱动机在他研究的最常见动机类型中位列第二，排在首位的是为了减轻量刑或控诉罪名（Miller 2011，pp. 211－221）。

Miller 确定了个人充当线人的四种动机类型：

1. “捶打”服从型——这些人是在被捕后被“策反的”，由于法律的强迫只能同意提供情报。这种强迫就是如果同意配合警察提供情报，就会撤销刑事指控。

2. 猎取奖赏型——这种类型的线人为了奖赏而工作，这可能会出现问题，因为只有被他们举报的人被成功起诉，他们才有可能得到奖赏。此类动机潜在的威胁就在于对金钱的渴望，线人有可能为了确保成功的诉讼而编造情节，提供虚假证词，甚至是栽赃陷害。

3. 报复型——这种类型的线人出于报复的动机而举报，这样的线人可能是犯罪分子为了除掉竞争对手，也可能是“朋友”对谣言制造者的报复，或是报复关系密切却蔑视自己的同伴。

4. 警察迷——这些人一般是比较古怪的市民和警察迷，他们有时候会提供一些有用的情报，但大多数情况下提供的情报质量很差，因为他们通常不会沉浸在犯罪亚文化之中（Miller 2011，pp. 214－215）。

从已经完成的研究来看，最令人担忧的动机因素是线人企图寻求警察的照顾。在举报“更大罪犯”时，线人可能希望操控者对他们自己的犯罪行为睁一只眼闭一只眼（Colvin 1998，p. 41）。操控者与线人之间的这种关系被看作是警察腐败的一种，由此而付出的代价就是犯罪分子对警察形成了免疫功能（Sanders et al. 2010，p. 328）。在 Clark 看来，这是线人与操控者之间的角色倒置，结果是犯罪分子积极招募潜在的腐败警察，保护警察免受暴露，回报警察以相当于金钱一样的情报价值（Clark 2001，p. 41）。正如 Leiberman 所言，警察必须清楚线人提供情报的动机（Leiberman 2007，p. 2）。

线人：必不可少的恶人

无论是实战者还是学者，都认识到线人使用是刑事侦查的重要情报来源，不可替代（Bean and Billingsley 2001，p. 25；Leiberman 2007，p. 1；Miller

2011，p. 203）。最有效的线人是那些与犯罪分子有联系或瓜葛的人，Greer 对线人的分类仍是一个有用的模型。Greer 认为，线人的分类主要依据两个变量，一个是线人与他们举报人的关系，另一个是警察与为之提供情报的线人之间的关系（Greer 1995，p. 510）。他把线人分为：

1. “偶然目击者（casual observer）”——这样的线人是“局外人（outsider）”，与被举报的人没有任何联系或关系。

2. “一次性共谋证人（one－off accomplice witness）”——这样的线人是“局内人（insider）”，因为他们与被举报的人有着联系或关系。他们向警方传递情报可能出于悔悟或是为了获得从轻处罚。

3. “超级草（supergrass）”——这样的线人不仅与他们要向警方举报的人有着联系或关系，而且他们对正在策划的犯罪或已经实施的犯罪知道内情，这种超级线人向警方提供多方面的犯罪事件（Greer 1995，pp. 11－12）。

尽管与犯罪分子没有联系的目击证人是刑事侦查中向警方提供情报的重要来源，但是，如果警察想获取高价值的内部情报，那么就必须培养“超级草”一类的线人。正如 Leiberman 指出的，使用机密线人能够让侦查员锁定主要目标，因为他们是局内人，有能力接触到警察无法接近的场所或人员（Leiberman 2007，p. 1）。为了获取这样的情报，意味着警察不仅要操控本是犯罪分子的线人，因为他们能有效地获取必要的情报（Miller 2011，p. 206），而且警察还不得不操控犯罪分子的道德品行和价值理念，这些有可能把警察拉下水，发生腐败和不道德行为（Crous 2009，p. 117）。

符合道德的线人管控

在线人管控中，警察要运用一定的骗术，包括把某个线人安插到犯罪团伙圈内，骗取侦查目标的信任。因为这样的骗术是主动式警务的有效手段，目的是防止严重犯罪的发生，这样的骗术具有正当理由，线人的角色非常重要，对侦查任务的完成行之有效（Williamson and Bagshaw 2001，pp. 55－57）。Williamson 和 Bagshaw 称这样的理由为“目的导向思维”（ends－based thinking)，即为应对高发犯罪和严重犯罪是警察实施骗术手段的正当理由。他们指的手段还包括剥夺热衷于犯罪的罪犯公平待遇的权利（Williamson and Gagshaw 2001，p. 57）。警察要证明他们使用不道德手段控制犯罪的道德合理性。Harfield 指出，实战中警察操控线人（尤其是那些活跃的犯罪分子）的窘境在于，只有通过线人，他们才能确定另外一个人正在实施犯罪，尤其是要确认这种犯罪的严重程度的时候（他列举的例子包括毒品交易、贩卖人口、恋童倾向的性犯罪）（Harfield 2012，pp. 79 – 80）。在平衡使用线人与保护被害人之间的道德权利时，Harfield 说道：

为了保护被害人或潜在被害人免受严重犯罪侵害或者为了使这样的犯罪得以彻查和追诉的道德权利必须重于嫌疑人隐私的道德权利（Harfield 2012，p. 80）。

即使警察警告线人只能扮演次要角色，但实际情况警察也无法预测，线人很可能自我感觉有必要发挥更积极的作用，因此，负责操控的警察不知道线人参与策划犯罪的真实程度以及他们实际达到了教唆犯的地步（Dunningham and Norris 1998，p. 22）。这就引出一个严峻的问题，为了获取情报，警察到底允许线人从事何种程度的犯罪？Harfield 认为，这是警察必须考虑的一个重要问题，因为线人卷入犯罪越深，线人在道德上犯的错误就会越大，道德伤害就会与日累加（Harfield 2012，p. 81）。正如他所说：

即使从法律上看不是不道德的，实施犯罪本身也是道德上的伤害。这反过来会增加道德上的伤害：为了起诉犯罪而实施犯罪破坏了刑事司法制度的真正目的以及司法者和司法机构的诚信（Harfield 2012，p. 82）。

1968 年至 1997 年爱尔兰动荡时期：警察违背道德操控线人案例研究

这种情况如何升级的一个典型例子出现在北爱尔兰 1968 年至 1997 年动荡时期，共和军恐怖组织，如临时爱尔兰共和军，主要是罗马天主教徒，想要从英国的统治下独立，而像北爱尔兰防卫协会（Ulster Defence Association）

和北爱尔兰志愿军（UVF）之类的保皇派恐怖组织，主要是新教徒，掀起继续留在英国统治下的运动。这是两条战线上邪恶的恐怖主义战役。临时爱尔兰共和军在英国本土部署了他们的英格兰行动处现役队（ASU），他们的行动受到英国秘密机构军情五处（MI5）和英国警察部门特战部反恐队（CTU）监视控制。在北爱尔兰，英国军事情报署、军情五处和警察、先前的北爱尔兰皇家警察（RUC）监控临时爱尔兰共和军和保皇派组织的活动。防范恐怖活动至关重要的就是使用线人，他们活跃在这些恐怖组织内部。在英国本土，英国特战部反恐队招募线人的一种方法是招募那些已经活跃在临时爱尔兰共和军恐怖组织中或与他们有联系的人员（O'Callaghan 1998；Bamford 2005，p. 591），而不是先招募线人再把他们安插到恐怖组织中某个位子（McGartland 1997；Bamford 2005，p. 591；Hewitt 2010，p. 64）。英国特战部反恐队采取这种方法的主要原因是他们发现难以往临时爱尔兰共和军的英格兰行动处现役队中安插线人，因为在英格兰的现役队成员不超过4人，因此很难渗透进去。正如Sarma指出的那样，临时爱尔兰共和军的“……英格兰行动处是现役队有效模式的典例，保证了内部安全”（Sarma 2005，p. 171）。因此，英国特战部反恐队不得不依靠与临时爱尔兰共和军英格兰行动处行动人员有联系的线人，他们愿意成为志愿者或是被捕后在羁押中被反恐队警察策反。

在北爱尔兰的皇家警察就不是这样的情况了。区分爱尔兰动荡时期北爱尔兰皇家警察与英国特战部的线人操控实践非常重要，当时的暴力冲突如此严重，北爱尔兰被称为英国的越南（Ryder 1989，p. 6）。北爱尔兰皇家警察招募并安插线人进入保皇派组织，有些北爱尔兰警察特战部警官被指控参与线人谋杀活动，不仅杀害临时爱尔兰共和军成员，而且杀害律师，因为他们的主要客户是涉嫌与临时爱尔兰共和军共和事业有牵连的共和派人士和爱尔兰天主教徒（Punch 2012，pp. 121 - 135）。在当时，英国内政部指导方针是英国和北爱尔兰特战部反恐队使用线人需要遵守的仅有的政策规定。指导方针规定，警察绝不允许利用线人诱导他人犯罪，警察不得建议、煽动或引诱犯罪，而且线人完全参与犯罪的不享受不受逮捕或起诉的线人保护豁免权（Police Ombudsman for Northern Ireland 2007，paragraph 31. 5）。尽管没有实证证明英国特战部反恐队在爱尔兰动荡期间遵守了操控线人的指导方针（这可能是由于各个部门不允许实证研究的缘故），但来自2007年的Ballast报告的证据显示，他们确实遵守了这些指导方针（Police Ombudsman for Northern Ireland 2007，paragraph 31. 3）。相对而言，在动荡时期之后完成的许多报告，从2003年Stevens报告（Punch 2012，pp. 123 - 124）、2004年Corey报告（Moran 2010，p. 20；Punch 2012，pp. 136 - 138）到Ballast报告，以及相关的实证研究表明，北爱尔兰皇家警察特战部并没有遵守内政部指导方针（Bamford 2005，pp. 600 - 603；Moran 2010，pp. 19 - 20；Sarma 2005，p. 168；Punch 2012，p. 120），而且警察参与了未被授权的杀戮活动。

对于这样案例暴露出的问题严重程度，Clark指出在线人使用上的腐败并未达到蔓延泛滥不可控制的地步（Clark 2001，p. 49），但是当时某些北爱尔兰皇家警察的行为是那些罕见情形中的典型案例，当时的情形是标准下降，监督失控，警察极易受到诱惑，"……在这样的情形下，线人和警察腐败堕落的概率非常高"（Clark 2001，p. 38）。除此之外，从道德层面而言，这样的行为损害了社会交往赖以存在的信任（Harfield 2012，p. 92）。即使警察面临压力，他们在侦查期间受结果—导向思维（the end - based thinking）的驱使渴望得到结果，这样的原因并不能用来宽恕不道德的线人管控行为。

线人证据

有些时候，线人传递的一些情报会成为刑事审判中的证据。这本身会导致两方面的争议：一是关于线人因参与了他们所举报的犯罪而面临审判的减刑安排问题；二是关于线人作为目击证人举报犯罪活动时匿名保护的问题。在这里，我们探讨几个案例，看看一些国家如何处理这样的问题。

起诉豁免权/从轻量刑

1. 英国2005年《严重有组织犯罪与警察法》（SOCPA）。《严重有组织犯罪与警察法》第71条与72条对在审判中使用由线人提供的证据做出了立法规定。使用线人的原因之一是攻破刑事犯罪活动壁垒是最经济的一种侦查方法（Colvin 1998，p. 38；Williamson and Bagshaw 2001，p. 55；Sanders et al. 2010，p. 326）。这包括对线人从轻量刑或者免于起诉。[①] 然而，适用豁免权的条件必须适当，[②] 而且只有像公诉机构检察长这样的特定的检察官才有权授予豁免权，[③] 他们以书面通知的形式告知犯罪人豁免权的条件。[④] 这样的豁免权是应对有组织犯罪的一种鼓励措施，这种权力很广泛，适用于相对较轻的犯罪行为（Owen et al. 2005，p. 48）。这种法律条款是为了明确和强化普通法律条款鼓励犯罪人协助执法机构，提供他人犯罪的情报和证据（Corker et al. 2009，p. 26）。自从《严重有组织犯罪与警察法》第 71 条和第 72 条实施以来，Corker 等发现，由于使用这些条款的复杂性，检察官不愿意使用这些条款规定，而是遵循普通法的相关条款，让法庭来做出豁免权的裁定（Corker et al. 2009，p. 262）。

2. 美国新泽西 Brimage 指导方针。在新泽西州诉 Brimage 案例中，[⑤] 当事人请求新泽西州高级法院通过协商的辩诉交易，依据 1987 年《综合毒品改革法案》第 12 条规定放弃法定的最低判决。为了保证一致性，新泽西州高级法院要求新泽西州检察长审查新的辩诉指导方针，要求新泽西州的 25 个郡必须遵守，这些指导方针包括最低的和标准的判决，清除各郡之间不一致的条款。指导方针必须细化允许范畴内的特定犯罪类型，必须明确上下浮动的依据。新泽西州高级法院还规定，新泽西州检察长可以在各郡之间根据特定因素灵活对待不同的犯罪人，在所有辩诉交易中必须考虑犯罪及被告人的各自特点，如被告人是初犯还是再犯。另外，检察官必须在记录上阐明原因，陈述放弃或不放弃法定假释期间的不适合性，如果检察官违反了这些指导方针，他们必须阐明违反的原因，并清晰记录在案。[⑥]

---

① Section 71 Serious Organsed Crime and Police Act 2005.

② Section 71（1）Serious Organsed Crime and Police Act 2005.

③ Section 71（4）Serious Organsed Crime and Police Act 2005.

④ Section 71（1）－71（3）Serious Organsed Crime and Police Act 2005.

⑤ （1998）706 A. 2d 1096.

⑥ （1998）706 A. 2d 1096，III paragraph C.

刑事审判中的线人证人匿名问题

1. 英国2009年《验尸官与刑事司法法案》。2009年《验尸官与刑事司法法案》的第86~97条规定了刑事司法审判中关于证人匿名的条款。英国议会在上议院对R v Davis案例[①]的裁定之后制定了这些条款，在这起案例中七位目击凶杀案的证人担心他们的生命安全，包括三位指认Davis是枪手的证人。在对Davis的审判中，法官准许目击证人使用假名提供证据，可能暴露他们身份的地址和个人信息在法庭上不予出示，目击证人站在屏风后面作证，只有法官及陪审团能够看得见他们，而且他们的声音经过技术改变，避免被Davis和他们律师们识别出来。[②] Davis提出上诉，辩称他被剥夺了与指控人对质的权利，而这是英国普通法确立了很久的一条原则。上议院与Davis的意见一致，并准许了他的上诉请求。在这份裁定中，Mance勋爵说道：

……任何对普通法基本原则的改变，涉及目击证人身份保护争议、对证人身份信息的交叉询问、允许辩护方知道并询问目击证人之议题……关于他们身份保护的问题应当由议会签署和界定，而不是由法院来创造。

为了保护目击证人或他人的安全，保护财产免遭严重损害或公共利益免受现实的危害，[③] 英国议会做出规定，公诉机构可以申请“证人匿名保护令”(witness anonymity order)。

(1) 在刑事诉讼过程中，目击证人的姓名和其他可能确定其身份的细节可以从材料中清除，不向任何方透露。

(2) 目击证人可以使用假名。

(3) 不允许向目击证人询问任何可能导致确认目击证人身份的具体描写性问题。

(4) 设立屏风保护目击证人（不包括法官和陪审团）。

---

① [2008] UKHL 36.

② [2008] UKHL 36, paragraph 3.

③ Section 88 (3) Coroners and Justice Act 2009.

（5）目击证人的声音应当进行调制改变。[①]

提出申请时，检察官必须将目击证人的身份告知法庭，但在诉讼过程中不能向其他任何一方的法律代理人提供可能泄露目击证人身份的信息或导致目击证人被识别出来的信息。[②] 该法案同样允许被告人提出申请，保护他们希望通知出庭的证人，这种情形下，他们也必须将证人的身份告知法庭，包括检察官，但不包括其他被告人或者他们的法律代理人。[③] 根据规定，申请“证人匿名保护令”时要附上相关条件，包括证人相关的信誉度及证明，证人可能是影响被告人的唯一的或决定性的证据，是否只有公开证人身份才能验证证人证言。[④] 虽然2009年的这个法案条款涵盖了许多类型的证人，很明显，这也包括哪些线人证据可以提交给英国的刑事审判法庭。

2. 加拿大的机密线人特权。虽然没有法定的条款，但加拿大确立了相关的法律程序，用于规范线人特权以及刑事审判中泄露线人身份的相关问题。概括而言，不仅警察而且皇家检察官和法庭都有义务不准公开危及警察线人身份的任何信息。[⑤] 在加拿大，这条原则已经得到认可有一段时间了，被认为对刑事司法制度的运行具有非常重要的意义。[⑥] 这条原则背后的基本原理就是保护线人免受报复的危险，在R v Barros案例中得到认可，目的是鼓励将来的线人合作，法庭裁定中说道：

……这种特权鼓励其他潜在的线人涌现出来，保证他们不受报复……保护机密信息来源的义务超出证据规则，且不局限于法庭之内。[⑦]

这种特权中的一条重要原则是皇家检察官依靠线人特权保护下的材料证实报告人有罪。正如Fish大法官在R v Basi案件中所坚持的那样，控诉机构不能在审判中引用保留性信息（withheld information）作为证据而不将这样的

---

① Section 86（2）Coroners and Justice Act 2009.

② Section 86（2）Coroners and Justice Act 2009.

③ Section 86（3）Coroners and Justice Act 2009.

④ Section 86（2）Coroners and Justice Act 2009.

⑤ Named Person v Vancouver Sun（2007）224 C. C. C. 1（3d）（S. C. C.），paragraph 17.

⑥ R v Leipert（1997）112 C. C. C（3d）385（S. C. C.），paragraph 10.

⑦ R v Barros（2011）273 C. C. C（3d）129（S. C. C.），paragraph 30.

证据先提供给辩护方。[①] 辩护方可以挑战线人特权的唯一情形是被告人能够证实他们的清白处于危险境地之时。[②]

在刑事审判中，并不是所有的国家都有相似的关于线人豁免权和从轻量刑的条款。尤其是对于那些机密线人（那些正在有组织犯罪团伙中活动的线人），在公开的法庭上泄露他们的细节信息会威胁到线人的个人安全，有可能对他们的家庭成员带来潜在的危险。关于在刑事侦查中使用线人的问题，一个永恒的主题就是他们传递的信息的重要性。除非有完全的安全把握，人们会明白为什么警察不愿意说出线人的个人具体情况，尤其是当他们传递的信息在审判中作为控告侦查中的主犯的证据之时。

结论

本章揭示了国家官方对警察与线人之间潜在的腐败活动的关切。此类腐败范畴包括操控线人的警官允许他们的线人实施多少不法活动，以及警察被恐怖主义分子或犯罪分子收买而实际上变成恐怖或有组织犯罪团伙的线人。当收集情报或信息依赖于涉及此类活动的人员时，这是一个永远的议题。因为可靠的线人往往成为情报的最佳来源，这样的议题不会一夜间消失。正如我们看到的，解决这样问题的一种可行途径就是建立一个敬业的线人管控部门，与负责侦查的警察分离，这样可以消除警察为了达到侦查目的而允许不道德行为发生的邪念。

在有些情形中，线人提供给警察的情报可能成为审判中的证据，这可能是证实犯罪的关键证据，这就造成了泄露线人身份的两难境地。在诸多司法管辖中，无论是通过成文立法、案例法，还是政策，都制定了相关措施防止被告人获知线人的身份。这样做有两个方面的重要原因：一是出于健康与安全的原因，因为线人可能会遭到暴力报复。例如，在涉恐犯罪案件中的线人，暴力报复可能导致线人死亡。二是确保线人能够继续发挥线人的作用。如前

① R v Basi (2009) 248 C. C. C. 257 (S. C. C.), paragraph 51.

② R v Basi (2009) 248 C. C. C. 257 (S. C. C.), paragraph 40.

所述，关于审判中的正当程序涉及一个重要问题，即被告人有权与控告人当面对质。不影响正当程序的一种妥协方式就是英国的一个案例，通过立法仍然能够保证被告人得到公正的审判。

结论

本书中关于恐怖主义研究主要包含三方面主题：防范恐怖主义行为、平衡国家安全与个人权利、提高国家间侦查程序的相容性。

防范恐怖主义行为

在本研究涉及的问题之中，从对各国情况的分析来看，一个显著主题就是对防范恐怖主义行为发生的渴望。这一点从各国政府颁布的政策和制定的相关反恐怖主义法律条款中可以得到证明。这些条款包括反恐怖主义警察享有更广泛的权力进入住地场所，搜查、扣押物品，设立涉及防范方面的犯罪罪名，授权警察在嫌疑人能够发动恐怖主义造成屠杀之前逮捕他们。一次恐怖袭击的伤亡人数就可能构成屠杀。美国所经历的“9·11”恐怖袭击中，2977 名被害人罹难，伦敦“7·7”爆炸案夺取了 52 条生命。更近阶段的 2013 年 12 月，发生在俄罗斯伏尔加勒市的两起袭击事件中，有 34 名受害者被杀害。除了这些袭击事件，2013 年还发生了许多低级别的恐怖袭击，如 2013 年 4 月波士顿爆炸案。这些类型的恐怖袭击事件与“9·11”和“7·7”那样复杂的高级别恐怖袭击事件相比伤亡率可能比较低，如波士顿袭击事件造成 3 人死亡，然而后果依然十分严重，因为这次袭击造成 264 人受伤，而且许多人留下了终身残疾。另外一起引起世人关注的低级别袭击事件是 2013 年 6 月发生在伦敦 Woolwich 兵营外的谋杀不当班的士兵 Lee Rigby 的案件。在一个工作日的下午，Lee Rigby 被两名“圣战者”恐怖分子驾车撞倒，他们跳下车，当着路人的面将 Lee Rigby 砍死。有多少被害人死亡并不是关键之处，即使只有一个像 Lee Rigby 那样的受害者，但在民众头脑中产生的恐怖效应很可能是毁灭性的。

正如本书从始至终所指出的那样，关于恐怖主义袭击，多数人所要警醒的是袭击者与受害人之间并没有直接的联系。在绝大多数情形中，他们都是从事日常活动的民众，要么是工作，要么是休闲娱乐，多数人都是过着日复一日的平淡生活。这是恐怖主义行为所能引起的另一种类型残害，因为这能令民众感到恐惧，他们会突然感觉自己是那样易于遭受袭击的伤害。这种恐惧的结果就是使某些民众因为担心受害而可能会改变他们的日常生活，包括使用某些公共交通或者远离某些地理区域。除了防止遭受恐怖主义袭击带来的伤亡之外，这也是政府想要防止的恐怖效应的一部分。为了达到此目的，反恐侦查人员要求享有更广泛的权力，依法干涉涉嫌恐怖主义活动的嫌疑目标的生活，甚至包括那些处于此类活动边缘的人。这些干涉行为包括从对嫌疑目标的监听监控到有权逮捕那些早期阶段准备实施恐怖主义活动的人员。为了涵盖不同起因的多种行为，恐怖主义的法律定义是比较宽的，如英国和加拿大的定义。除此之外，我们还看到防范性法律措施的扩大，目的就是使反恐怖主义警察有能力在早期阶段采取行动，应对恐怖主义活动，尤其是当这些恐怖活动仍然处于计划或准备阶段之时。

国家安全利益与个人权利、自由之平衡

本书研究中的另一个重要议题是关于恐怖主义的广义法律定义，法定的防范性罪名的增加以及反恐侦查人员权力的扩大。正如对法律条款分析中所发现的那样，这些权力的侵犯性本质引起普遍关切，曾经的与恐怖主义活动没有联系的行为现在置于反恐机构调查监控之下。正如那些准刑事措施，尤其是资产冻结令，法院得确保个人的权利与自由得到保证。英国的《恐怖主义防范与侦查措施法案》（TPIM）就是这方面的一个例子。由于法院的裁定，

英国政府不得不几度修订该法案，确保个人权利与自由得到保护，免受不正当之侵犯。对国家安全利益与个人权利进行平衡是法院的法律职责，在履行这样的职责中，法院会做出对国家安全利益有利的裁定。正如在英国的Miranda案件中看到的那样，2000年的《反恐怖主义法案》附则7中规定的在港口与边境实施拦截与搜查的权力适用于David Miranda，他是从美国国家安全局前雇员斯诺登手中接收文件的《卫报》记者的同伴，这样的裁定引起了一定程度的争议。问题的关键在于Miranda是否持有新闻资料。当法院裁定并非如此时，强调个人自由重要性的倡议者们显然大失所望，这种情况从那些倡议者们提出的申辩中可以得到证明。这方面的一个例子就是在第三章中讨论的Atkinson对Miranda裁定提出的束缚新闻自由的申辩。Atkinson申辩说，根据反恐怖主义立法的规定，撰写意图影响政府文章的记者和他们的雇主都有可能被起诉。在Miranda案件以及所有国家类似案件的裁定中，法院明确表示，在某些情况下我们不得不承认，关于恐怖主义侦查，如果是为了国家的利益则不能与政府对立。国家利益不仅涉及保护政府行为，而且包括保护绝大多数公民安全，免受恐怖主义袭击。

法院是如何处理国家安全利益与个人自由的另一个例子见于第三章中所分析的In Re Sealed和Clapper案件中关于情报交换的问题。在这两起案件中，美国法院认为，至关重要的是保证政府有能力获取有价值的情报，保护公民安全，国家机构有能力在反恐侦查中确认可能的刑事诉讼对象。这两起案例都涉及《外国情报监控法案》中规定的权力。另一个相关的案例就是Klayman案。正如第三章所讨论的那样，依据具体案件具体处理的原则考量个别申述人申请的合理性的强度，我们看到，在Klayman案中，法院考虑到不能总是做出偏向国家安全利益和政府行为的裁定。法院展示了在三权分立的框架中他们如何独立于行政权，并非总是充当国家行为的橡皮图章。这在Klayman案中可以看到，Leon法官坚持认为，他不相信将控诉人的信息从数据库中删除会对整个项目造成不利影响。正因为国家安全利益与个人权利并非彼此排斥，而是互相包容的，因此在法院认为必要且公平所需之时，他们将一如既往地保护个人的权利。

提升国家间反恐侦查程序的相容性

当应对国际恐怖主义威胁需要不同国家反恐机构开展国际合作时，法律与证据收集程序方面的相容性尤为重要，如果在一个国家中获取的证据可能被另一个国家在审判中使用，这相容性就更为重要。虽然本研究发现各国法律中有一定程度的相容性，从恐怖主义的法律定义到相关的法定防范措施，但不同之处颇有存在。尽管没有关于恐怖主义的法律定义，但美国《刑法典》中有关于国际恐怖主义界定的法律条款，这些条款与英国、加拿大和澳大利亚的规定相似，这就提供了一定程度的相容性。第一章中关于宗教诱发恐怖行为的证据研究是不同国家间相容性的例证之一；第四章中关于资助恐怖主义以及对个人资产冻结措施的相关法律规定是国家间相容性的又一个例证。

在反恐侦查中，关于线人使用法律条款相容性的缺失导致一定程度的担忧。正如第七章中所述，尽管在如何招募线人方面存在着相似性，但关键是线人管控与使用方面的法律，有些情况是没有法律，尤其是在美国，这成为国际合作中潜在的问题。正如第八章所述，英国是唯一制定了成文法律条款的国家，规范关于管控线人以及如何在刑事审判中使用线人证据等各方面问题，但在其他国家中情况并非如此。在美国，有些警察机构甚至连指导线人使用的政策都没有。这就会产生对线人提供的信息或情报可靠性的质疑，如果这样的情报对于潜在的国家间的引渡程序至关重要，就会产生强烈的反响。在联邦制国家中，联邦政府不想被地方政府看作专权独断的想法是可以理解的，但退一步讲，至少应当制定最基本的法律原则指导所有的美国反恐警务机构。这必须是关于线人使用的法律，不是政策规定。正如第八章所述，美国司法部长签署的《机密线人使用指导方针》的实施效果并不好，调查发现，FBI 在执行该指导方针方面存在问题的案例高达 87%。法律更能确保对线人使用的控制，尤其是违反法律控制将导致证据不被采信的处罚，这可能导致控诉方不得不在审判中撤诉，对没有遵守法律规定的警察采取纪律处分。

结论

本书研究表明，反恐怖主义活动绝非易事。对于政府和侦查人员而言，时刻面临着防范恐怖主义行为发生的压力。这就是我们见证了大量相关反恐怖主义立法问世的原因所在，尤其是在那些成为国际恐怖主义组织主要袭击目标的西方国家。防范方面的压力有可能迫使调查人员寻求捷径或是对控制他们行为的相关法律和政策要求视而不见。同制定法律相比，在只有政策方针规范行为的情形中，侦查人员违反规定的概率更大。负责恐怖主义侦查的警察面临的另一种压力是对个人权利的尊重，各国通过立法赋予侦查人员更大权力侵犯公民隐私权之后更是如此，这些权力包括对公民的个人和家庭生活进行监控，对个人的财务金融进行监控。这些问题促使爱德华·斯诺登揭发美国国家安全局与英国政府通信总部在“棱镜”计划中的所作所为。他控诉说，监控行为违法，因为国家安全局实施的绝大多数监控行为都没有得到相关的授权，而通过利用英国政府通信总部的服务，美国就能规避美国法律关于对电子信息来源实施监控的法律规定。法院发现，在确保国家安全利益与个人权利之间寻找公正的平衡点并非易事，但在所有的刑事犯罪行为中，恐怖主义行为是使用暴力的最恶劣的方式。与恐怖主义行为所造成的灾难性后果相比，正如本书中所言，拘留羁押是暂时性的，生命的丧失是永久的。关于这一点，提醒那些对国家应对恐怖主义以及警察反恐怖主义行为总是吹毛求疵的人切莫忘记。

参考文献

[1] Aas, K. F., 2007. Globalisation and Crime. London: Sage.

[2] Adams, G., 1989. Presidential address to Sinn Fein's January 1889 Ard Fheis. An Phoblacht/Republican News, February 2, 1989.

[3] Adams, G., 1990. Cage Eleven. Dingle: Brandon Book Publishers.

[4] Adams, G., 1996. Before the Dawn. London: Heinemann.

[5] Adams, G., 2003. A Farther Shore: Ireland's Long Road to Peace. New York: Random House.

[6] Alston, p., and Weiler, J. H. H., 1999. An "ever closer union" in need of a human rights policy: The European Union and human rights. In Alston, p. et al. (editors), The EU and Human Rights. Oxford: Oxford University Press.

[7] American Civil Liberties Union, 2007. ACLU Fact Sheet on the "Police America Act." Retrieved from https://www.aclu.org/national-security/aclu-fact-sheet-%E2%80%9Cpolice-ameirca-act [accessed September 5, 2013].

[8] Anderson, D., 2012. The Terrorism Acts in 2011. London: The Stationery office.

[9] Anderson, D., 2013. The Terrorism Acts in 2012. London: The Stationery office.

[10] Anderson, D., 2014. The Terrorism Acts in 2013. London: The Sta-

tionery office.

[11] Anderson, M., 1998. European frontiers at the end of the twentieth century. In Anderson, M., and Eberhard, B. (editors), The Frontiers of Europe. London: Pinter.

[12] [13] Anderson, M., and Eberhard, B. 1998. The Frontiers of Europe. London: Pinter.

[14] Argomaniz, J., 2012. The EU and Counter – Terrorism. London: Routledge.

[15] Arreguin – Toft, I., 2002. Tunnel at the end of the light: A critique of US counter – terrorist grand strategy. Cambridge Review of International Affairs 15 (3).

[16] Attorney General's Guidelines Regarding the Use of Confidential Informants, 2006. Retrieved from https: //fas. org/irp/agency/doj/fbi/chs – guidelines. pdf [accessed August 8, 2014].

[17] Audit Commission, 1993. Tackling Crime Effectively Management Handbook, vol. 2. London: Audit Commission.

[18] Baker, C., 1998. Membership categorization and interview accounts. In Silverman, D. (editor), Qualitative Research: Theory, Method and Practice. London: Sage.

[19] Balzacq, T., Bigo, D., Carrera, S., and Guild, E., 2006. Security and the two – level game. CEPS Working Document No. 234/January 2006.

[20] Bamford, B., 2004. The United Kingdom's "War against Terrorism." Terrorism and Political Violence 16 (4).

[21] Bamford, B. W. C., 2005. The role and effectiveness of intelligence in Northern Ireland. Intelligence and National Security 20 (4).

[22] Barnett, H., 2013. Constitutional and Administrative Law (10th edition). Abingdon: Routledge.

[23] Bayerns, G. J., and Roberson, C., 2011. Criminal Justice Re-

search Methods: Theory and Practice. Boca Raton, FL: CRC Press.

[24] BBC, 2010. Real IRA admits to borderkilling. Retrieved from http://news.bbc.co.uk/1/hi/northern_ireland/foyle_and_west/8535731.stm [accessed January 30, 2013].

[25] BBC News, 2014. Police fail to seize terror inmate Munir Farooqi's home. May 23, 2014. Retrieved from http://www.bbc.co.uk/news/uk-england-manchester-27540945 [accessed July 7, 2014].

[26] Bean, p., and Billingsley, R., 2001. Drugs, crime and informers. In Billingsley, R., Menitz, T., and Bean, p. (editors), Informers: Policing, Policy, Practice. Cullompton: Willan Publishing.

[27] Bell, S. 2013. Canada pushed EU to add Hezbollah to list of banned terrorist organizations official saysnational post. July 31, 2013. Retrieved from http://news.nationalpost.com2013/07/24/canada-pushed-eu-to-add-hezbollah-to-list-of-banned-terrorist-organizations-official-says/ [accessed October 20, 2013].

[28] Berenshoetter, F., 2012. Mapping the field of UK-EU policing. Journal of Common Market Studies 50 (1).

[29] Bergeron, J., 2013. Transnational organized crime and international security. The Rusi Journal 158 (2).

[30] Bigo, D. et al. 2013. Open season for data dishing on the web. CEPA Policy Brief No. 293, June 18, 2013.

[31] Billingsley, R., Menitz, T., and Bean, p. (editors), 2001. Informers: Policing, Policy, Practice. Cullompton: Willan Publishing.

[32] Bogusz, B., and King, M., 2003. Controlling drug trafficking in Central Europe: The impact of EU policies in the Czech Republic, Hungary and Lithuania. In Edwards, A., and Gill, p. (editors), Transnational Organised Crime: Perspectives on Global Security. London: Routledge.

[33] Brodeur, J. p., 2005. Cops and spooks: The uneasy partnership. In

Newburn, T. (editor), Policing: Key Readings. Cullompton: Willan Publishing.

[34] Bryman, A., 2012. Social Research Methods (4th edition). Oxford: Oxford University Press.

[35] Bunyan, T., 1976. The History and Practice of the Political Police in Britain. London: quarter Books.

[36] Bures, O., 2008. Europol's fledgling counterterrorism role. Terrorism and Political Violence 20 (4).

[37] Burkinshaw, p., 2003. European Public Law. London: Butterworths.

[38] Caiden, G. E., 1997. Undermining good governance: Corruption and democracy. Asian Journal of Political Science 2 (5).

[39] Cape, E., 2012. Police station and practice update. Legal Action 24-29.

[40] Carpenter, J. S., Levitt, M., and Jacobson, M., 2009. Confronting the ideology of radical extremism. Journal of National Security Law and Police 3.

[41] Cini, M., 2003. European Union Politics. Oxford: Oxford University Press.

[42] Calrk, R., 2001. Informer and corruption. In Billingsley, R., Menitz, T., and Bean, p. (editors), Informers: Policing, Policy, Practice. Cullompton: Willan Publishing.

[43] Clarke, R., and Lee, S., 2008. The PIRA, D-company and the Crime-Terror Nexus. Terrorism and Political Violence 20 (3).

[44] Cochrane, F., 2013, Not so extraordinary: The democratization of UK counterinsurgency strategy. Critical Studies of Terrorism 6 (1).

[45] Cohen, M., 1998. Under Surveillance: Covert Policing and Human Rights Standards. London: Justice.

[46] Commission (EC), 2007. Report from the Commission Based on Art 11 of the Council Framework Decision of 13 June 2002 on Combating Terrorism. COM (2007) 681, Brussels. November 6.

[47] Commission of the European Communities, 2005a. Proposal for a Council Framework Decision on the Exchange of Information under the Principle of Availability. COM (2005) 490 Final 12. 10. 2005. Brussels: EU Commission.

[48] Commission of the European Communities, 2005b. Proposal for a Council Framework Decision on the Exchange of Information under the Principle of Availability. Memorandum MEMO/05/367. Brussels: EU Commission.

[49] Commission of the European Communities, 2005c. Communicationfrom the Commission to the Council and the European Parliament. COM (2005) 124 Final 06. 04. 2005. Brussels: EU Commission.

[50] Commission of the European Communities, 2005d. Communicationfrom the Commission to the Council and the European Parliament—The Hague Programme: Ten Priorities for the Next Five Years, a Partnership for Renewal. Brussels: EU Commission.

[51] Commission of the European Communities, 2005e. Communicationfrom the Commission to the Council and the European Parliament: Developing a Strategic Concept on Tackling Organised Crime. COM (2005) 232 Final 02. 06. 2005. Brussels: EU Commission.

[52] Commission of the European Communities, 2005f. Communicationfrom the Commission to the Council and the European Parliament: Establishing a Framework Programme on "Security and Safeguarding Liberties" for the Period 2007 - 2013. Retrieved from http://europa. eu. in/council [extracted December 10, 2005].

[53] Commonwealth of Australia, 2012. National Counter - terrorism Plan. Retrieved from www. nationalsecurity. gov. au/... /national - counter - terrorism - plan - 2012. pd... [accessed August 8, 2014].

[54] Coogan, T. p., 1995. The Troubles: Ireland's Ordeal 1965 - 1956 and the Search for Peace. London: Hutchinson.

[55] Cooper, J. A., 2012. Noble cause corruption as a consequence of role conflict in the police organization. Policing and Society 22 (2).

[56] Cope, N., 2008. Crime analysis: Principles and practice. In Newburn, T. (editor), Handbook of Policing. Cullompton: Willan Publishing.

[57] Corker, D., Tombs, G., and Chisholm, T., 2009. Sections 71 and 72 of the Serious Organised Crime and Police Act 2005: Wither the common law? Criminal Law review 261 -271.

[58] Council of Europe, 2004. Combating Organised Crime: Best Practice Surveys of the Council of Europe. Strasbourg: Council of Europe Publishing.

[59] Council of Europe, 2005a. Council of Europe Convention on Action Against Trafficking in Human Beings and its Explanatory Report. Strasbourg: Council of Europe Publishing.

[60] Council of Europe, 2005b. Special Investigation Techniques in Relation to Serious Crimes Including Acts of Terrorism: Recommendation Rec (2005) 10 and Explanatory Memorandum. Strasbourg: Council of Europe Publishing.

[61] Council of the European Communities, 2005. Communication from the Commission to the Council and the European Parliament. COM (2005) 124, Brussels, April 6.

[62] Council of the European Union, 2004. EU Drugs Strategy (2005 - 2012). Brussels, 15074/04.

[63] Council of the European Union, 2005. The European Union Counter - terrorism Strategy. 14469/4/05, November 30, 2005.

[64] Council of the European Union, 2006. Press Release: Justice and Home Affairs. (April 2006) 8402/06 (Press 106).

[65] Crank, J., Flaherty, D., and Giacommazzi, A., 2007. The noble cause: An empirical assessment. Police and Society 35.

[66] Crank, J. D., and Caldero, D. S., 2000. Police Ethics: Noble Cause Corruption. Burlington: Anderson Publishing.

[67] Crawford, A., 2002. Crime and Insecurity: The Governance of Safety in Europe. Cullompton: Willan Publishing.

[68] Crous, C., 2009. Human intelligence sources: Challenges in policy development. Security Challenges 5 (3).

[69] Danziger, Y., 2012. Changes in methods of freezing funds of terrorist organisations since 9/11: A comparative analysis. Journal of Money Laundering Control 15 (2).

[70] DeBreadun, D., 2012. McGuiness outlines SF vision. The Irish Times, May 25.

[71] Deflam, M., 2006. Europol and the policing of international terrorism: Counter-terrorism in a global perspective. Justice Quarterly 23 (3).

[72] Deflam, M., 2009. The Policing of Terrorism: Organizational and Global Perspectives. London: Routledge.

[73] Den Boer, M., Hillebrand, C., and Nolke, A., 2008. Legitimacy under pressure: the European web of counterterrorism networks. Journal of Common Market Studies 46 (1).

[74] Department of Work and Pensions, 2011. Family Resources Survey. Retrieved from http://www.research.dwp.gov.uk/asd/frs/ [accessed March 31, 2012].

[75] Dillon, M., 1994. 25 Years of Terror: The IRA's War against the British. London: Bantam.

[76] Dixon, D., 1997. Law in Policing: Legal Rules and Police Practices: Legal Regulation and Police Practices. Oxford: Oxford University Press.

[77] Donohue, L. K., 2008. The Cost of Counterterrorism: Power, Politics and Liberty. Cambridge: Cambridge University Press.

[78] Douglas, R., 2010. Must terrorist act for a cause? The motivational

requirement in definitions of terrorism in the United Kingdom, Canada, New Zealand and Australia. Commonwealth Law Bulletin 36 (2).

[79] Douglas - Scott, S., 2002. Constitutional Law of the European Union. Harlow: Pearson Education Ltd.

[80] Dunningham, C., and Norris, C., 1996. A risky business: The recruitment and running of informers by English police officers. Police Studies 19 (2).

[81] Dunningham, C., and Norris, C., 1998. Some ethical dilemmas in the handling of police informers. Public Money and Management (1891) 18 (1).

[82] Edwards, A., and Gill, p. (editors), 2003. Transnational Organised Crime: Perspectives on Global Security. London: Routledge.

[83] Ekblom, p., 2003. Organized crime and the conjunction of criminal opportunity framework. In Edwards, A., and Gill, p., (editors), Transnational Organised Crime: Perspectives on Global Security. London: Routledge.

[84] Elvins, M., 2003. Europe's response to transnational organized crime. In Edwards, A., and Gill, p., (editors), Transnational Organised Crime: Perspectives on Global Security. London: Routledge.

[85] English, R., 2009. Terrorism: How to Respond. Oxford: Oxford University Press.

[86] Ericson, R. V., and Haggerty, K. D., 1997. Policing the Risk Society. Oxford: Oxford University Press.

[87] EU Commission, 2005. Communication from the Commission to the Council and theEuropean Parliament: Developing a strategic concept on tackling organized crime. Brussels, COM (2005) 232 Final.

[88] EU council, 2002. Councildecision of February 28, 2002: Setting up Eurojust with a view to reinforcing the fight against serious crime. Official Journal of the European Communities, June 3, 2002, L63/1.

[89] EU Council, 2003. 2889th Council Meeting—Justice and Home Affairs,

Brussels, February 27 - 28, 2003. 6162/03 (Presse 42).

[90] EU Council, 2004. 2579th Council Meeting—Justice and Home Affairs, Luxembourg, April 20, 2004. 8694/04 (Presse 123).

[91] EU Council, 2005a. 2542nd Council Meeting—Justice and Home Affairs, Brussels, February 24, 2005. 6228/05 (Presse 28).

[92] EU Council, 2005b. Council Meeting—Justice and Home Affairs, Brussels, December 12, 2005. 12645/05 (Presse 247).

[93] EU Council, 2005c. EU Drugs Action Plan (2005 - 2008). Official Journal of theEuropean Union C168/01 08. 07. 2005.

[94] EU Presidency, 2004. Presidency Conclusions—Brussels, 4/5 November 2004. Document 14292/04.

[95] Europol, 2006a. The Threat Form OC. The Hague: Europol.

[96] Europol, 2006b. Financial and Property Crimes. The Hague: Europol.

[97] Europol, 2012, EU Terrorism Situation and Trend Report TE - SAT 2012. Hague: Europol.

[98] Evans, J., 2012. The Olympics and beyond. MI5. Retrieved from https://www. mi5. gov. uk/home/about - us/who - we - are/staff - and - management/director - general/speehes - by - the - director - general/the - olympics - and - beyond. html [accessed August 21, 2013].

[99] Felsen, D., and Kalaitzidis, A., 2005. A historical overview of transnational crime. In Reichel, p. (editor). Handbook of Transnational Crime and Justice. London: Sage.

[100] Fenwick, H., 2008. Proactive counter - terrorism strategies in conflict with human rights. International Review of Law, Computers and Technology 22 (3).

[101] Finckenauer, J. O., and Albenese, J., 2005. Organized crime in North America. In Reichel, p. (editor). Handbook of Transnational Crime and

Justice. London: Sage.

[102] Foucault, M., 1978. Discipline and Punish. London: Penguin Books.

[103] Garland, D., 2001. The Culture of Control: Crime and Social Order in Contemporary Society. Oxford: Oxford University Press.

[104] Gearty, C., 2013. Liberty and Security. Cambridge: Polity Press.

[105] Genson, R., 1998. The Schengen agreements—police cooperation and security aspects. In Cullen, p. J., and Gilmore, W. C. (editors), Crime Sans Frontiers: International and European Legal Approaches. Edinburgh: Edinburgh University Press.

[106] Gill, p., 1994. Policing Politics: Security Intelligence and the Liberal State. London: Frank Cass.

[107] Gill, p., 2000. Rounding up the Usual Suspects: Developments in Contemporary Law Enforcement Ingelligence. Aldershot: Ashgate.

[108] Githens - Mazer, J., 2008. Causes of jihadi terrorism: Beyond paintballing and social exclusion. Criminal Justice Matters 73 (1).

[109] Government of Canada, 2013. Building resilience against terrorism. Retrieved from http://www. publicsafety. gv. ca/cnt/rsrcs/pblctns/rslnc - gnst - trrrsm/indes - englaspx [accessed August 7, 2014].

[110] Grabbe, H., 2002. Justice and Home Affairs: Faster Decisions, Secure Rights. London: Centre for European Reform.

[111] Greenberg, M. R., Wechsler, W. F., and Wolosky, L. S., 2002. Terrorist Financing: Report of an Independent Task Force Sponsored by the Council on Foreign Relations. New York: Council on Foreign Relations.

[112] Greenwald, G., 2013. NSA collecting phone records of millions of Verizon customers daily. The Guardian, June 6, 2013. Retrieved from http://www. theguardian. com/world/2013/jun/06/nsa - phone - records - verizon - court - order [accessed September 1, 2013].

[113] Greenwald, G., 2014. No Place to Hide. New York: Metropolitan Books.

[114] Greer, S., 1995. Towards a sociological model of police informants. British Journal of Sociology 46 (3).

[115] Hall, S., Jefferson, T., and Clark, T., 1978. Policing the Crisis. London: Macmillan.

[116] Hansard, 2011. HC Vol. 529, col. 75, June 7, 2011, Yvette Cooper.

[117] Harden, T., 2000. Bandit Country: The IRA and South Armagh. London: Hodder and Stoughton.

[118] Harfield, C., 2012. Police informers and professional ethics. Criminal Justice Ethics 31 (2).

[119] Hayes, B., 2002. The Activities and Development of Europol: Towards and Unaccountable FBI in Europe. London: Statewatch.

[120] Hewitt, S., 2008. The British War on Terror. London: Continuum Books.

[121] Hewitt, S., 2010. Snitch: A History of the Modern Intelligence Informer. London: Continuum Books.

[122] Hesterman, J. L., 2013. The Terrorist – Criminal Nexus. Boca Raton: CRC Press.

[123] Hill, C., 2005. Measuring transnational crime. In Rachel, R. (editor), Handbook of Transnational Crime and Justice. London: Sage.

[124] HM Government, 2011. CONTEST: The United Kingdom's Strategy for Countering Terrorism. London: The Stationery office.

[125] HM Treasury, 2007. The Financial Challenge to Crime and Terrorism. London: HMSO.

[126] Holdaway, S., 1983. Inside the British Police. Oxford: Blackwell.

[127] Hopkins, N., 2013. UK gathering secret intelligence via covert NSA

operation. The Guardian, June 7, 2013. Retrieved from http://www.theguardian.com/technology/2013/jun/07/uk-gathering-secret-intelligence-nsa-prism [accessed September 2, 2013].

[128] Hopkins, N., and Ackermenn, S., 2013. Flexible laws and weak oversight give GCHQ room for manoeuvre. The Guardian, August 2, 2013. Retrieved from http://www.theguardian.com/uk-news/2013/aug/02/gchq-laws-oversight-nsa [accessed September 2, 2013].

[129] Hopkins, N., and Borger, J., 2013. Exclusive: NSA pays £100m in secret funding for GCHQ. The Guardian, August 1, 2013. Retrieved from http://www.theguardian.com/uk-news/2013/aug/01/nsa-paid-gchq-spying-edward-snowden [accessed September 2, 2013].

[130] Hopkins, N., Borger, J., and Harding, L., 2013. GCHQ: Inside the top secret world of Britain's giggest spy agency. The Guardian, August 2, 2013. Retrieved from http://www.theguardian.com/world/interactive/2013/aug/01/gchq-spy-agency-nsa-edward-snowden [accessed September 2, 2013].

[131] Horgan, J., 2009. Walking away from Terrorism. London: Routledge.

[132] Hutson, R., Long, T., and Page, M., 2009. Pathways to violent radicalization in the Middle East: A model for future studies of transnational jihad. Rusi Journal 154 (2).

[133] Independent Commission Against Corruption, 1993. Police Informants: A Discussion Paper. Sydney, New South Wales: Independent Commission Against Corruption.

[134] Innes, M., 2000. "Professionalising" the role of police informant. Policing and Society 9 (4).

[135] Innes, M., and Thiel, D., 2008. Policing terror. In Newburn, T. (editor), Handbook of Policing (2nd edition). Cullomption: Willan Publishing.

[136] International Commission of Jurists (ICJ), 2009. Assessing Damage, Urging Action. Geneva: ICR.

[137] Irish Independent, 2012. The truth about Alan Ryan and his funeral. Irish Independent, September 15, 2012. Retrieved from http://www.independent.ie/national-news/the-truth-about-alan-ryan-and-his-funeral-3229680.html [accessed January 30, 2013].

[138] Joffe, G., 2008. The European Union, democracy and counter-terrorism in the Maghreb. Journal of Common Market Studies 46 (1).

[139] Jones-Brown, D., and Shane, J., 2011. An Exploratory Study of the Use of Confidential Informants in New Jersey. Newark: American Civil Liberties Union of New Jersey.

[140] Kaczorowska, A., 2011. European Union Law (2nd edition). London: Routledge.

[141] Kaunert, C., 2010. Europol and EU counterterrorism: International security actorness in the external dimension. Studies in Conflict and Terrorism 33 (7).

[142] Keohane, D., 2008. The absent friend: EU foreign policy and counter-terrorism. Journal of Common Market Studies 46 (1).

[143] Kirby, A., 2007. London bombers as self-starters: A case study in indigenous radicalization and the emergence of autonomous cliques. Studies in Conflict and Terrorism 30 (Winter 2007).

[144] Klockers, C. B., 1976. The dirty Harry problem. In Blomburg, A. S., and Neiderhoffer, E. (editors), The Ambivalent Force: Perspectives on the Police. New York: Holt Reinhart & Winston.

[145] Liqueur, W., 1987. The Age of Terrorism. London: Little, Brown and Company.

[146] Lee, R., 2002. Terrorist Financing: The US and International Response Report for Congress. Washington: Congressional Research Service.

[147] Leiberman, B., 2007. Ethical issues in the use of confidential informants for narcotic operations. The Police Chief 74 (6).

[148] Lenaerts, K., and Nuffel, p., 2005. Community law. In Bray, R. (editor), Constitutional Law of the European Union (2006 reprint). London: Sweet and Maxwell.

[149] Leveson, 2012. The Right Honourable Lord Justice, An Inquiry into the Culture, Practice and Ethics of the Press, Vol. 1. London: The Stationery Office.

[150] Lewis, N., 2005. Expanding surveillance: Connecting biometric information systems to international police cooperation. In Zureil, E., and Salter, M. B. (editors), Global Surveillance and Policing: Borders, Security, Identity. Cullompton: Willan Publishing.

[151] Liebling, A., and Stanko, B., 2001. Allegiance and ambivalence: Some dilemmas in researching disorder and violence. British Journal of Criminology 41.

[152] Liu, E. C., 2013. Reauthorization of the FISA Amendments Act. CRS Report for Congress 7 – 5700.

[153] Loader, I., 2002. Policing, securitization and democratization in Europe. Criminal Justice: The International Journal of Policy and Practice 2 (2).

[154] Loader, I., and Walker, C., 2007. Civilizing Security. Cambridge: Cambridge University Press.

[155] Lord Macdonald, 2011. Review of Counter Terrorism and Security Powers. Cm, 8003.

[156] Lowe, D., 2010. Spooking the spooks: Researching National Security Agencies. In Roberson, C., and Das, D. (editors), Police without Borders. London: Routledge.

[157] Lynch, S., 2013. Congressman Lynch urges Attorney General Holder to strengthen guidelines on FBI confidential informants, August 23, 2013. Re-

trieved from http://lynch. house. gov/press - release/congressman - lynch - urges - attorney - general - holder - strengthen - guidelines - fbi - confidential [accessed May 27, 2014].

[158] MacAskell, E., Borger, J., Davies, N., and Ball, J., 2013. GCHQ taps fibre - optic cables for secret access to world's communications. The Guardian, June 21, 2013. Retrieved from http://www. theguardian. com/uk/2013/jun/21/gchq - cables - secret - world - communications - nsa [accessed September 1, 2013].

[159] MacDonald, S., 2008. MI5 targetsdissidents as Irish terror threat grows. The Guardian. Retrieved from http://www. theguardian. com/uk/2008/jul/28northernireland. [accessed May 6, 2015].

[160] Mackay, J., 1996. Michael Collins: A Life. Edinburgh: Mainstream Publishing.

[161] Martin, G., 2011. Essentials of Terrorism: Concepts and Controversies (2nd edition).

[162] Martin, K., 2004. Domestic intelligence and civil liberties. SAIS Review of International Affairs 24 (1).

[163] Martin, M., 2013. Understanding Terrorism: Challenges, Perspectives, and Issues (4th edition). London: Sage.

[164] McBarnett, D. J., 1992. It's not what you do but the way that you do it: Tax evasion, tax avoidance and the boundaries of deviance. In Downes, D. (editor), Unravelling Criminal Justice. London: Macmillan.

[165] McCann, E., 2012. The detention of IRA veteran Marian Price harks back to internment. The Guardian.

[166] McGartland, M., 1997. Fifty Dead Men Walking. London: Blake Publishing.

[167] McLaughlin, E., 2007. The New Policing. London: Sage.

[168] Middleton, B., 2013. Terrorism prevention and investigation meas-

ures: Constitutional evolution, not revolution? Journal of Criminal Law 77 (6).

[169] Miller, J. M., 2011. Becoming an informant. Justice Quarterly 26 (2).

[170] Miller, S., 1999. Noble cause corruption in policing. African Security Review 3 (8).

[171] Moran, J., 2010. Evaluating special branch and the use of informant intelligence in Northern Ireland. Intelligence and National Security 25 (1).

[172] Moriarty, G., 2012. Now is the time to "forge new friendships". The Irish Times.

[173] Muir, W. K., 1977. Police: Street Corner Politicians. Chicago: The University of Chicago Press.

[174] Muller – Wille, B., 2008. The effect of international terrorism on EU intelligence cooperation. Journal of Common Market Studies 46 (1).

[175] Munro, V. E., 2006. Stopping traffic? A comparative study of responses to the trafficking in women for prostitution. British Journal of Criminology 46.

[176] Murphy, C. C., 2012. EU Counter – Terrorism Law: Pre – Emption and the Rule of Law. Oxford: Hart Publishing.

[177] Mythen, G., and Walklate, S., 2006. Criminology and terrorism: Which thesis risk society of governmentality? British Journal of Criminology 46 (3).

[178] National Strategy for Counter – Terrorism, 2011. Fact sheet. Retrieved from http://www.whitehouse.gov/the – press – office/2011/06/29/fact – sheet – national – strategy – counterterrorism [accessed September 2, 2013].

[179] Newborn, T., 2006. Contrast in intolerance. In Newburn, T., and Rock, p. (editors), The politics of Crime Control. Oxford: Oxford University Press.

[180] Nolan, p., 2012. Northern Ireland Peace Monitoring Report. Belfast: Community Relations Council.

[181] Norris, C., and Dunningham, C., 2000. Subterranean blues: Council as an unfinished consequence of the police use of informants. Policing and Society 9 (3).

[182] O'Callaghan, S., 1998. The Informer. London: Bantam Press.

[183] O'Carroll, L., and Norton – Taylor, R., 2013. David Miranda detention prompts outcry over "gross misuse" of terror laws. The Guardian, August 19, 2013. Retrieved from http://www.theguardian.com/world/2013/aug/19/david – miranda – detention – outcry – terrorism – laws [accessed September 2, 2013].

[184] O'Connor, E., 2002. James Larkin. Cork: Cork University Press.

[185] Oltermann, p., 2013. Britain accused of trying to impede EU data protection law. The Guardian, September 27, 2013.. Retrieved from http://www.theguardian.com/technology/2013/sep/27/britain – eu – data – protection – law [accessed September 27, 2013].

[186] OT Institute for Safety, Security, and Crisis Management, 2008. Radicalization, Recruitment and the EU Counter – Radicalisation Strategy. Brussels: European Commission.

[187] Owen, T., Bailin, A., Knowles, J. B., Macdonal, A., Ryder, M., Sayers, D., and Tomlinson, H., 2005. Blackstone's Guide to the Serious Organised Crime and Police Act 2005. Oxford: Oxford University Press.

[188] Palmer, p., 2012. Dealing with the exceptional: Pre – crime anti – terrorism policy and practice. Policing and Society 22 (4).

[189] Pantucci, R., 2010. A contest to democracy? How the UK has responded to the current terrorist threat. Democratization 17 (2).

[190] Parker, A., 2013. MI5 security service director general's speech at RUSI. Retrieved from https://www.mi5.gov.uk/home/about – us/who – we – are/staff – and – managment/director – general/speeches – by – the – director – general/director – generals – speech – at – rusi – 2013.html [accessed March 1,

2014].

[191] Parmar, A., 2011. Stop and search in London: Counter – terrorism or counter – productive? Policing and Society 21 (4).

[192] Paul, R., 2013. Protect America for the protect America Act. Retrieved from http://antiwar.com/paul/? articleid = 12295 [accessed September 5, 2013].

[193] Peers, S., 2011. EU Justice and Home Affairs Law (3rd edition). Oxford: Oxford University Press.

[194] Pious, R. M., 2006. The War in Terrorism and the Rule of Law. Los Angeles, CA: Roxbury Publishing Company.

[195] Police Ombudsman for Northern Ireland, 2007. Investigate Report (Ballast Report). Belfast: Information Directorate.

[196] Porter, L. E., and Warrender, C., 2009. A multivariate model of police deviance: Examining the nature of corruption, crime and misconduct. Policing and Society 19 (1).

[197] Punch, M., 2012. State Violence, Collusion and the Troubles: Counter Insurgency, Government Deviance and Northern Ireland. London: Pluto Press.

[198] Ratcliffe, J., 2008. Intelligence – Led Policing. Cullompton: Willan Publishing.

[199] Rawlinson, R., 2003. Bad boys in the Baltics. In Edwards, A., and Gill, p. (editors), Transnational Organised Crime: Perspectives on Global Security. London: Routledge.

[200] Rees, G. W., and Webber, M., 2002. Fighting organized crime: The European Union and internal security. In Crawford, A. (editor), Crime and Insecurity: The Governance of Safety in Europe. Cullompton: Willan Publishing.

[201] Reiner, R., 1992. Policing a postmodern society. The Modern Law Review 55 (6).

[202] Reiner, R., 2000. The Politics of the Police (3rd edition). Oxford: Oxford University Press.

[203] Rifkin, J., 2004. The European Dream: How Europe's Vision of the Future is Quietly Eclipsing the American Dream. Cambridge: Polity Press.

[204] Robson, S., and Roberts, H., 2013. IRA militant on run from Italian police for alleged involvement in mafia money laundering scheme as luxury properties worth £390 million are seized. Daily Mail. Retrieved from http://www.dailymail.co.uk/news/article-2288630/police-seize-resorts-italy-IRA-militant-run-alleged-involvement-mafia-money-laundering-scheme.html [accessed May 6, 2015].

[205] Rosenfeld, R., Jacobs, B. A., and Wright, R., 2003. Snitching and the code of the street. British Journal of Criminology 43 (2).

[206] Rossington, B., 2012. Scouse/IRA gang ran massive drug trade across the UK, Bebington boxer Brett Flournoy trial told. Liverpool Echo, January 28, 2012. Retrieved from http://www.liverpoolecho.co.uk/liverpool-news/local-news/2012/01/28/scouse-ira-gang-ran-massive-drug-trade-across-the-uk-bebington-boxer-brett-flournoy-murder-trial-told-100252-30214775/ [accessed January 30, 2013].

[207] Rusbridger, A., 2013. David Miranda, schedule 7 and the danger that all reporters now face. The Guardian, August 19, 2013. Retrieved from http://www.theguardian.com/commentisfree/2013/aug/19/david-miranda-schedule7-danger-reporters [accessed September 2, 2013].

[208] Ryder, C., 1989. The RUC: A Force Under Fire. London: Methuen.

[209] Ryder, N., 2007. A false sense of security? An analysis of legislative approaches towards the prevention of terrorist finance in the United States and the United Kingdom. Journal of Business Law 821-850.

[210] Saar, J., 2004. Crime, crime control, and criminology in post-

communist Estonia. European Journal of Criminology 1 (4).

[211] Sageman, M., 2008. Leaderless Jihad: Terror Networks in the Twenty - First Century. Philadelphia, PA: University of Philadelphia Press.

[212] Sanders, A., and Young, R., 2012. From suspect to trial. In Maguire, M. et al. (editors), The Oxford Handbook of Criminology. Oxford: Oxford University Press.

[213] Sanders, A., Young, R., and Burton, M., 2010. Criminal Justice (4th edition). Oxford: Oxford University Press.

[214] Sarma, K., 2005. Informers and the battle against Republican terrorism: A review of 30 years of conflict. Police Practice and Research 6 (2).

[215] Saul, B., 2010. Defining Terrorism in International Law. Oxford: Oxford University Press.

[216] Seib, p., 2012. Public diplomacy versus terrorism. In Freedman, D., and Kishan Thussu, D. (editors), Media and Terrorism 14 (3).

[217] Sedgwick, M., 2004. Al Qaeda and the nature of religious terrorism. Terrorism and Political Violence 16 (4).

[218] Shelley, L., and Picarelli, J. T., 2002. Methods not motives: Implications of the convergence of international organized crime and terrorism. Police Practice and Research 3 (4).

[219] Sheptycki, J., 2007. High policing in the security control society. Policing 1 (1).

[220] Silke, A., 2008. Holy warriors: exploring the psychological processes of Jihadi radicalization. European Journal of Criminology 5 (1).

[221] Sledge, M., 2013. Supreme Court's Clapper v. Amnesty International decision could affect indefinite detention lawsuit. Huffington Post, February 27, 2013. Retrieved from http://www.huffingtonpost.com/2013/02/27/calpper - v - amnesty - international_ n_ 2769294.html [accessed September 5, 2013].

[222] Snell, K., and Tombs, S., 2011. How do you get your voice heard

when no - one will let you? Victimisation at work. Criminology and Criminal Justice 11 (3).

[223] Social Research Association's Ethical Guidelines, 2003. Available from www. the - sra. org. uk [accessed January 11, 2012].

[224] South, N., 2000. Informers, agents and accountability: Some matters arising from the use of human information sources by the Police and the Security Service. In Billingsley, R., Menitz, T., and Bean, p. (editors), Informers: Policing, Policy, Practice. Cullompton: Willan Publishing.

[225] Sparrow, A., Gabbat, A., and Quinn, B., 2013. Reactions to the detention of David Miranda at Heathrow Airport—as it happened. The Guardian, August 20, 2013. Retrieved from http://www. theguardian. com/politics/blog/2013/aug/19/glenn - greenwald - partner - detained - live - reaction [accessed September 3, 2013].

[226] Staniforth, A., 2010. Blackstone's Counter - terrorism Handbook (2nd edition). Oxford: Oxford University Press.

[227] Stuttmoeller, M. et al., 2011. Radicalization and risk assessment. In Kennedy, L. w., and McGarrell, E. F. (editors), Crime and Terrorism Risk: Studies in Criminology and Criminal Justice. London: Routledge.

[228] Surtees, R., 2008. Traffickers and trafficking in Southern and Eastern Europe: Considering the other side of human trafficking. European Journal of Criminology 5 (1).

[229] Taylor, p., 1997. Provos: the IRA and Sinn Fein. London: Bloomsbury.

[230] The European Parliament, 2005. The Hague Programme—Ten priorities for the next five years—a partnership for European renewal. Brussels, COM2005.

[231] The Poverty Site, 2011. Annual survey of hours and earnings 2010. Retrieved from www. poverty. org. uk [accessed March 31, 2012].

[232] The White House Blog, 2011. National strategy for counterterrorism, June 2011. Retrieved from http://www.whitehouse.gov/blog/2011/06/29/national-strategy-counterterrosim%20 [accessed August 29, 2013].

[233] Tuman, J. S., 2010. Communicating Terror: The Rhetorical Dimensions of Terrorism (2nd edition). London: Sage.

[234] Tupman, W. A., 1998. Where has all the money gone? The IRAS as a profit-making concern. Journal of Money Laundering Control 1 (4).

[235] Turcotte, M., 2008. Shifts in police informants negotiations. Global Crime 9 (11).

[236] United Nations General Assembly, 2001. Resolution 55/25: United Nations Convention against Transnational Organised Crime. A/Res/55/2.

[237] US Attorney General's Guidelines regarding the Use of Confidential Informants, 2006. Retrieved from https://www.fas.org.irp/agency/doj/fbi/dojguielines.pdf [accessed May 27, 2014].

[238] Valino, A. et al., 2010. The economics of terrorism: An overview and applied studies. In Buesa, M., and Baumert, T. (editors), The Economic Repercussions of Terrorism. Oxford: Oxford University Press.

[239] Van Cleef, C. R., 2003. USA Patriot Act: Statutory analysis and regulatoryimplementation. Journal of Financial Crime 11 (1).

[240] Vaughan, B., and Kilcommins, S., 2008. Terrorism, Rights and the Rule of Law. Cullompton: Willan Publishing.

[241] Vermeulen, F., 2014. Suspect communities—targeting violent extremism at the local level. Terrorism and Political Violence 26 (2).

[242] Vertigans, S., 2011. The Sociology of Terrorism: People, Places and Processes. London: Routledge.

[243] Waddington, p. A. J., 1999. Police (Canteen) sub-culture: An appreciation. British Journal of Criminology 39 (2).

[244] Walker, C., 2007. The legal definition of "terrorism" in United

Kingdom law and beyond. Public Law 331 – 352.

[245] Walker, C., 2009. Blackstone's Guide to the Anti – Terrorism Legislation (2nd edition). Oxford: Oxford University Press.

[246] Walker, C., 2012. The Terrorism Prevention and Investigation Measures Act 2011: One thing but not much the other? Criminal Law Review 6.

[247] Walkers, A., 2008. Democracy's double edge: Police and procedure in the United States. In Haberfeld, M. R., and Ibrahim, C. (editors), Comparative Policing: The Struggle for Democratization. London: Sage.

[248] Watt, N., 2013. Prism scandal: European commission to seek privacy guarantees from US. The Guardian, June 10, 2013. Retrieved from http://www.theguardian.com/world/2013/jun/10/prism – european – commissions – privacy – guarantees [accessed September 1, 2013].

[249] Weinberg, L. et al. 2004. The challenges of conceptualizing terrorism. Terrorism and Political Violence 16 (4).

[250] Weiss, M. A., 2005. Terrorist Financing: US Agency Efforts and Inter – Agency Coordination. Congressional Research Service: The Library of Congress.

[251] Western Australia Parliament Joint Standing Committee on the Corruption and Crime Commission, 2011. Corruptions Risks of Controlled Operations and Informants. Report No. 15 in the 38th Parliament. Perth: Legislative Assembly, Parliament of Western Australia.

[252] Westmarland, L., 2005. Police ethics and integrity: Breaking the blue code of silence. Policing and Society 15 (2).

[253] Whitman, J. Q., 2004. The two western cultures of privacy: Dignity versus liberty 113. Yale Law Journal 1151 – 1221.

[254] Whittaker, D., 2012. The Terrorism Reader (4th edition). London: Routledge.

[255] Williamson, T., and Bagshaw, p., 2001. The ethics of informer

handling. In Billingsley, R. Menitz, T. , and Bean, p. (editiors), Informers: Policing, Policy, Practice. Cullompton: Willan Publishing.

[256] Wyn Rees, G. , and Webber, M. , 2002. Fighting organized crime: The European Union and internal security. In Crawford, A. (editor), Crime and Insecurity: The Governance of Safety in Europe. Cullompton: Willan Publishing.

[257] Yoo, J. , 2010. Counterterrorism and the constitution: Does providing security require a trade - off with civil liberties? In Gottlieb, S. (editor), Debating Terrorism and Counterterrorism: Conflicting Perspective on Causes, Contexts and Response. Washington: CQ Press.

词汇表

A

Active service units　现役部队

Al Qaeda　“基地”组织

Al Qaeda orders　“基地”组织条例

Al Shabaab　（索马里）青年党

Anti – Terrorism, Crime and Security Act 2001　2001 年反恐怖主义、犯罪与安全法案

Australian counterterrorism strategy　澳大利亚反恐怖主义策略

B

Banned/proscribed groups　被禁止的团体

Banned terror groups　被禁止的恐怖团体

British support for Irish Republican groups　英国支持的爱尔兰共和组织

Brusselsization　布鲁塞尔化

C

Codes of practice　实施准则

Confidential Informant Accountability　机密线人责任

Confidential Informant Privilege　机密线人特权

Continuity IRA 延续派爱尔兰共和军

Coroners and Justice Act of 2009 2009 年验尸官与刑事司法法案

Council Framework Decision 理事会框架决定

Counterterrorism Units 反恐队

Court of First Instance（CFI） 初审法院

D

Detective Constables 侦探

Department of State Foreign Terrorist Organizations 国务院打击域外恐怖组织对策中心

Detective Inspector 高级探长

Detective Sergeant 初级探长

Detention 羁押

Dirty Harry Syndrome 肮脏哈里综合征

E

Easter Rising commemoration 复活节起义纪念会

ECHR，European Convention on Human rights 欧洲人权公约

European Court of Justice 欧洲法院

ECtHR，European Court of Human Rights 欧洲人权法院

European Union 欧盟

Definition of terrorism 恐怖主义定义

EU Framework of Decision 欧盟框架决定

Europol 欧洲警察组织

Euskadi Ta Askatasuna（ETA） 埃塔恐怖组织

Evidence of informants 线人证据

Expert advice 专家意见

F

FARC，Revolutionary Armed Forces of Columbia　哥伦比亚革命武装力量

FISA，Foreign intelligence surveillance Act 1978　1978 年外国情报监控法案

FISAA，foreign intelligence surveillance amendment act　外国情报监控修正法案

Force policy　武力政策

Free media　自由媒体

Funding terrorism　资助恐怖主义

　Provisions of Regulation No 881/2002　881/2002 号规定细则

　Provisions related to　相关的细则

　Terrorism Order　反恐怖主义法令

Funds to terror campaigns　恐怖活动资金

G

GCHQ，Government communications headquarters　政府通信总部

Geopolitical groups　地缘政治团体

Good Friday Agreement　好运星期五协议（也叫作北爱和平协议）

Government policies　政府政策

H

Handling informants　线人管控

Her Majesty's Treasury（HM Treasury）　英国财政部

High Court's decision in Miranda　高等法院米兰达决议

High Policing　高压式警务

Holdaway's research　霍尔德威研究

Home Office policy document　内政部政策文献

I

Informant　线人，特情

Informant recruitment　线人招募，特请招募

Innocent owner defense　无辜物主辩护

Intelligence exchange　情报交换

Intelligence gathering　情报收集

Intelligence services act of 1994　1994 年情报机构法案

Intersender role conflict　传讯者间角色冲突

Irish Republican Army（IRA）　爱尔兰共和军

Irish Troubles　爱尔兰动荡

J

JHA，Justice and Home Affairs Commission　司法与内政事务委员会

Justice and Home Affairs Council and Commission　司法与内政事务理事会与委员会

Jihadist　“圣战主义者”，“圣战”主义的

Journalistic material　新闻素材

Judiciary's clash with European court of human rights　与欧洲人权法院的审判冲突

L

Law Enforcement Act 1997　1997 年执法法案

Legal Challenges to US Surveillance Laws　美国监控法律面临的法律挑战

Londonistan　伦敦斯坦

Low policing　常规警务

M

Material support　物质资助

N

National security agency　国家安全局

National strategy for counterterrorism　国家反恐怖主义策略

New IRA　新爱尔兰共和军

New Jersey Brimage Guidelines　新泽西布里美奇指导方针

Noble cause corruption　崇高事业型腐败

Normalization process　正常化过程

O

Offenses　犯罪

P

Part III Patriot Act　爱国者法案第三部分

People's Mojahadeen Organization of Iran　“伊朗人民圣战”组织

Person – role conflict　个人的角色冲突

Police and criminal evidence act（PACE）　警察与刑事证据法案

Police integrity　警察操守

Power of language and symbolism　语言表象力

Presidential executive order 13224　总统行政命令 13224 号

Prevention of terrorism act（PTA）　防范恐怖主义法案

PRISM project　“棱镜”计划

Prosecution immunity　起诉豁免权

Provisional IRA（PIRA）　临时爱尔兰共和军

Q

Quasi – criminal　准刑事的

R

RAAD，republican action against drugs　反毒品共和行动组织

Radicalization　激进，激进化

Radicalization process in Ireland　爱尔兰激进化进程

Real IRA　正宗爱尔兰共和军

Regulation of Investigatory powers Act 2000，RIPA　2000 年调查权规范法案

Religious cause　宗教起因

Republican Action Against Drugs RAAD　反毒品共和行动组织

Republican flute bands　共和党笛乐队

Revolutionary armed forces of Columbia　哥伦比亚革命武装力量

Role conflict　角色冲突

Role theory　角色理论

Royal Ulster Constabulary（RUC）　北爱尔兰皇家警察

S

s11 of 2000 Act　2000 年反恐怖主义法案第 11 条

s58 Terrorism Act 2000　2000 年反恐怖主义法案第 58 条

Schedule 1 measures　附则 1 措施

Schedule 7 Terrorism Act 2000 Powers　2000 年反恐怖主义法案附则 7 权力

SCR，Security Council Resolutions　安理会决议

SDLP，Social Democratic Labor Party　社会民主劳动党

Section 1 of Terrorism Act 2000　2000 年反恐怖主义法案第 1 条

Section 32 of Terrorism Act 2006　2006 年反恐怖主义法案第 32 条

Semi – structured interview　半框架式访谈

Senior investigating officer（SIO）　高级侦查警官

Serious Organized Crime Agency（SOCA）　严重有组织犯罪侦查局

Serious organized crime and police act 2005（SOCPA）　2005 年严重有组织犯罪与警察法

Social research association (SRA)　社会研究协会

Statutory preventative measures　法定预防措施

St. James Boys (SJB)　圣詹姆斯男孩

Surveillance　监控，监视

Suspects into informants　嫌疑人转化为线人

Suspicious Activity Reports (SAR)　可疑活动报告

T

TAFA，Terror Asset－Freezing Act of 2010　2010年恐怖资产冻结法案

Taliban orders　塔利班法令

TD，Techta Dala　泰克塔·达拉

Terrorism prevention and investigation measures (TPIMs)　恐怖主义防范与侦查措施法案

TEU，Treaty of Union　联合条约

The Absent Obligation　消失的义务

Theft Act　盗窃法案

32 County Sovereignty Movement (32CSM)　32郡主权运动

ToL，Treaty of Lisbon　里斯本条约

TPIM Review Group (TRG)　恐怖主义防范与侦查措施审查组

TRA，terrorism related activity　涉恐活动

U

UDA，Ulster Defence Association　阿尔斯特安全防卫协会

UK definition of terrorism　英国的恐怖主义定义

UK Proscribed Organizations　英国禁止的组织

UK's regulation of investigatory Powers Act　英国的调查权规范法案

UK's terrorism legislation and funding terrorism　英国的恐怖主义立法与资助恐怖主义

Ulster Volunteer Force (UVF)　北爱尔兰志愿军

US Department of State Foreign Terrorist Organizations　美国国务院打击域外恐怖组织对策中心

V

Vehicle tagging　车辆电子跟踪标签